RETO WESTERMANN | ÜSÉ MEYER

Der Weg zum EIGENHEIM

Finanzierung, Kauf, Bau und Unterhalt

Beobachter EDITION

EIN RATGEBER AUS DER BEOBACHTER-PRAXIS

Dank
Die Autoren danken folgenden Personen und Institutionen für die Unterstützung beim Verfassen des Ratgebers: Peter Diggelmann, Archobau AG, Zürich und Chur; Christoph Enzler, Bundesamt für Wohnungswesen, Grenchen; Reto Coutalides, Coutalides Consulting, Schaffhausen; Thomas Rieder, Credit Suisse, Zürich; Stefan Fahrländer, Fahrländer Partner, Zürich; Markus Fritschi, Winterthur; Inspektorat für die Notariate, Grundbuch- und Konkursämter des Kantons Zürich; Thomas Graf, SVIT, Sektion Bern; Lorenz Heim, Nicola Waldmeier und Adrian Wenger, VZ VermögensZentrum, Zürich; Jörn Schellenberg, ZKB Immobilienresearch, Zürich.

Download-Angebot zu diesem Buch
Zu diesem Buch gehört ein Download-Angebot mit Berechnungshilfen, Checklisten und Vorlagen zum Herunterladen und Bearbeiten: www.beobachter.ch/download (Code 9155).

Beobachter-Edition
10., überarbeitete Auflage, 2020

www.beobachter.ch

Herausgeber: Der Schweizerische Beobachter, Zürich
Lektorat: Käthi Zeugin, Zürich
Umschlaggestaltung: fraufederer.ch
Umschlagfoto: iStock
Fotos: iStock
Grafisches Reihenkonzept: buchundgrafik.ch
Satz: Bruno Bolliger, Gudo
Herstellung: Bruno Bächtold
Druck: Grafisches Centrum Cuno GmbH & Co. KG, Calbe

ISBN 978-3-03875-206-6

Inhalt

Vorwort

Gut die Hälfte aller in der Schweiz lebenden Menschen träumt vom frei stehenden Einfamilienhaus. Für den Kauf einer Immobilie sprechen denn auch handfeste Gründe: Wer in einer Mietwohnung lebt, würde beim heutigen Zinsniveau mit einer vergleichbaren Eigentumswohnung schnell einmal 10 bis 20 Prozent günstiger fahren. Erst ab einem Hypothekarzinssatz von 2,2 Prozent, so die Resultate einer Studie der Credit Suisse, wäre die Miete für viele wieder preiswerter. Solche Zahlen motivieren zum Kauf eines Eigenheims, gleichzeitig zeigen sie aber auch, dass man sich von den aktuellen Zinssätzen nicht täuschen lassen sollte. Denn der Erwerb eines Eigenheims ist meist eine langfristige Investition, die auch in fünf, zehn oder fünfzehn Jahren noch tragbar sein sollte. Sonst endet der Traum von den eigenen vier Wänden unsanft.

Nicht nur bei der langfristigen Tragbarkeit und der Einschätzung der Immobilienpreise betreten Sie als künftiger Wohnungsbesitzer oder künftige Hausbesitzerin Neuland. Dieser Ratgeber begleitet Sie deshalb auf dem Weg zum eigenen Heim, beantwortet Ihre Fragen und macht Sie auf mögliche Fussangeln aufmerksam. Dabei werden sämtliche wichtigen Bereiche beleuchtet: angefangen beim Grundsatzentscheid, überhaupt Wohneigentum zu kaufen, über die Wahl des passenden Objekts oder die Suche nach dem geeigneten Architekten, die Finanzierung sowie die Unterzeichnung der umfangreichen Verträge bis hin zur Übernahme und zum Bezug des neuen Zuhauses.

Nicht zu kurz kommen dabei auch Themen, die in den letzten Jahren immer grössere Wichtigkeit erhalten haben: der Energieverbrauch von Liegenschaften, Fördergelder für die energetische Sanierung älterer Häuser, Massnahmen für eine altersgerechte Wohnumgebung sowie Tipps für einen späteren Wiederverkauf Ihres Eigenheims.

Wir wünschen Ihnen Erfolg bei der Realisierung Ihres Traums und viel Freude an den neuen vier Wänden.

Reto Westermann, Üsé Meyer
März 2020

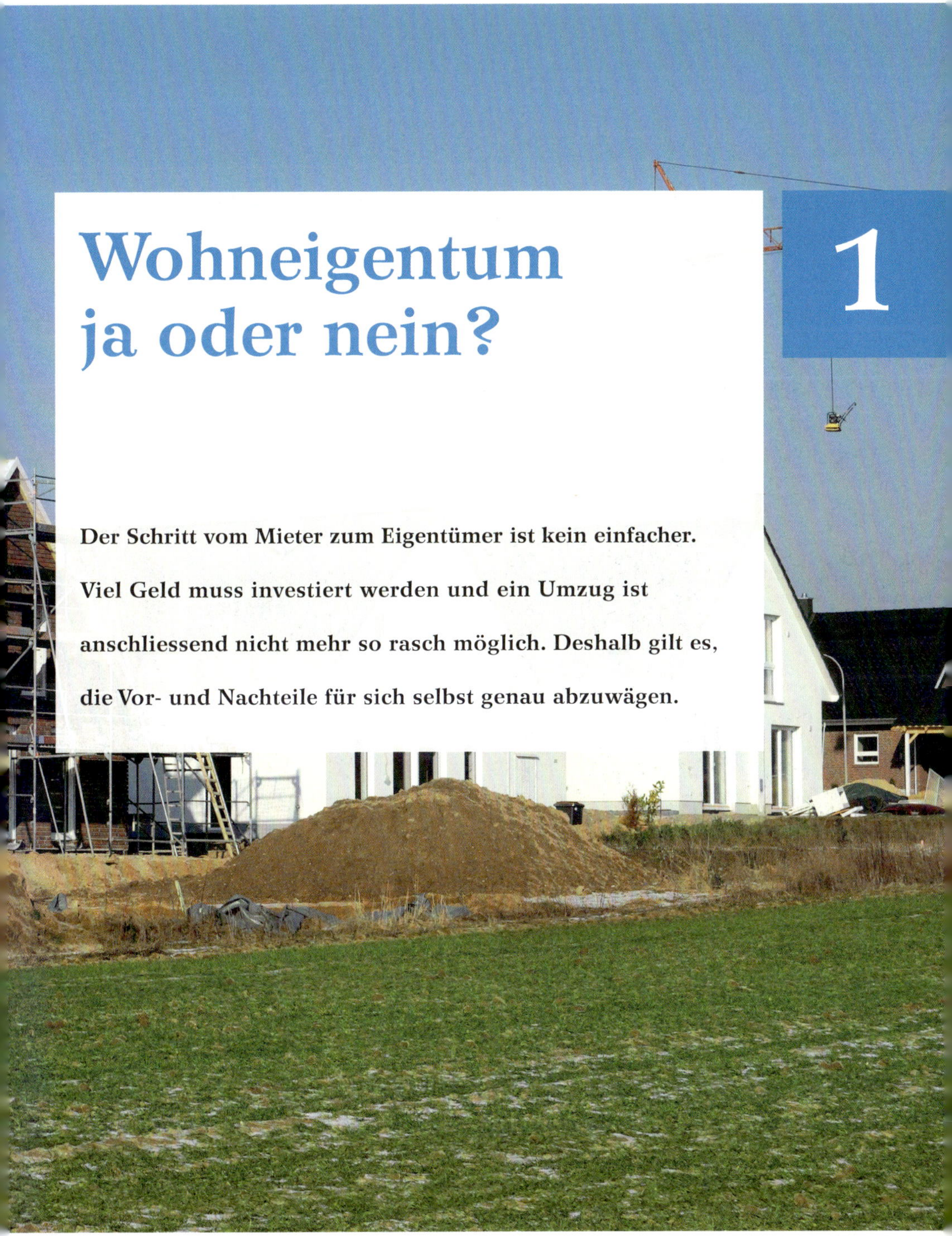

1

Wohneigentum ja oder nein?

Der Schritt vom Mieter zum Eigentümer ist kein einfacher. Viel Geld muss investiert werden und ein Umzug ist anschliessend nicht mehr so rasch möglich. Deshalb gilt es, die Vor- und Nachteile für sich selbst genau abzuwägen.

Mieter oder Eigentümer?

Kaufen ist günstiger als mieten – mit diesem Slogan wollen Banken und Immobilienmakler ihren potenziellen Kundinnen und Kunden den Kauf eines Hauses oder einer Wohnung schmackhaft machen. Doch der Entscheid, die gemietete Wohnung zugunsten eines Eigenheims aufzugeben, lässt sich nicht auf die rein finanzielle Ebene reduzieren. Er muss in jedem einzelnen Fall genau überprüft und auf die persönlichen Bedürfnisse abgestimmt werden.

Eine entscheidende Rolle spielt dabei die eigene Zukunftsplanung: Besteht etwa das Risiko, den Arbeitsplatz zu verlieren, befindet sich die Beziehung in einer Krise oder ist in den nächsten zwei, drei Jahren ein längerer Auslandaufenthalt geplant, so ist die Mietwohnung sicher die bessere Alternative. Sie kann meist innert dreier Monate gekündigt werden und bietet die nötige Flexibilität. Sind die persönlichen Verhältnisse hingegen gefestigt und die Aussichten für die nächsten Jahre klar, kann der Wechsel zum Wohneigentum eine gute Alternative sein. Er sollte aber umfassend geplant werden.

TIPP *Machen Sie sich rechtzeitig vor dem möglichen Kauf von Wohneigentum Gedanken über Ihre persönliche Situation und Ihre Pläne für die nächsten zwei bis fünf Jahre. Spielen Sie dabei mehrere Szenarien durch und überlegen Sie sich, welche Auswirkungen diese auf einen Kaufentscheid haben.*

Ein Volk von Mietern

Gemäss Schätzungen besitzen 39 Prozent der Schweizer Bevölkerung ein Haus oder eine Wohnung. Obwohl dieser Anteil gestiegen ist, bildet die Schweiz im internationalen Vergleich immer noch das Schlusslicht in Sachen Wohneigentum. In Deutschland und Österreich liegt der Anteil über 50 Prozent, in Frankreich über 60 und in Kroatien gar bei 90 Prozent (siehe Grafik).

Für die vergleichsweise tiefe Wohneigentumsquote in der Schweiz sind folgende Gründe mitverantwortlich:

- Die Schweiz hat einen grossen Bestand an Mietwohnungen.
- Die Mietwohnungen weisen im Vergleich zum Ausland einen hohen Standard auf und sind oft gut gelegen.
- Das Angebot an freien Mietwohnungen ist – ausserhalb der Ballungszentren – ausreichend gross.
- Zahlreiche Baugenossenschaften haben in den letzten Jahren hochwertige Wohnungen zu zahlbaren Preisen erstellt.
- 75 Prozent der Mieterinnen und Mieter fühlen sich gemäss der eidgenössischen Verbrauchserhebung in ihrer Wohnung wohl.
- Das Leben in der Stadt liegt wieder im Trend. Obwohl dort heute vermehrt Eigentumswohnungen gebaut werden, ist ein Grossteil der Wohnungen in städtischen Zentren immer noch nur zur Miete zu haben. In der Stadt wird traditionellerweise in Mietwohnungen gewohnt.
- Gerade bei sehr hochpreisigen Wohnungen zieht es die Kundschaft vor, diese zu mieten statt zu kaufen.
- Die Ansprüche an die Lage und den Ausbau eines Eigenheims sind in der Schweiz mehrheitlich sehr hoch und deshalb nicht immer bezahlbar.

WOHNEIGENTUMSQUOTEN IN EUROPA

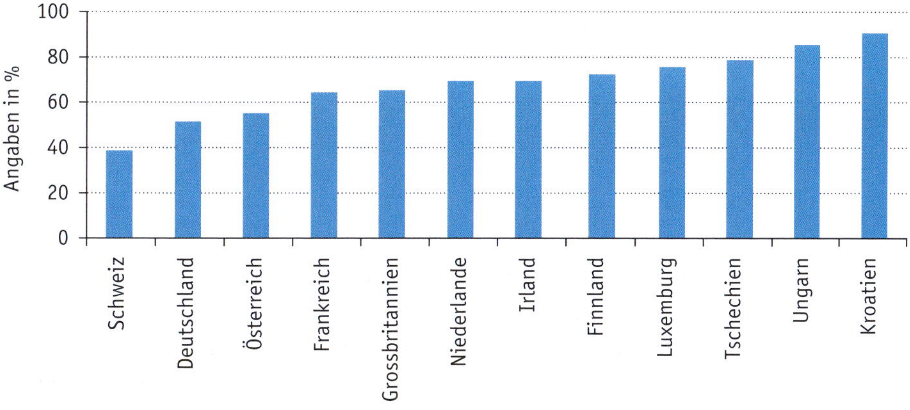

Quelle: Eurostat/Moneypark/Alacasa, 2017

Langsamer Trend zum Eigenheim

Trotz des guten Angebots an Mietwohnungen träumen gemäss einer Studie der ETH Lausanne 82 Prozent der Schweizerinnen und Schweizer von einem eigenen Haus oder einer eigenen Wohnung. Noch zu Beginn der Neunzigerjahre hätten sich nur die wenigsten diesen Traum erfüllen können. Baupreise und Hypothekarzinsen erreichten damals Rekordhöhe und die Beschaffung des Eigenkapitals war wesentlich schwieriger. Das sieht heute anders aus:

- Die Hypothekarzinsen bewegen sich nach wie vor auf rekordtiefem Niveau. Das gilt selbst für feste Hypotheken mit langen Laufzeiten von bis zu zehn Jahren. Dadurch lässt sich die finanzielle Belastung tief halten und ist auf Jahre hinaus planbar.
- Seit 1995 kann Geld aus der 2. Säule (BVG) und der Säule 3a zum Erwerb von Wohneigentum genutzt werden. Dadurch ist es einer breiteren Schicht möglich geworden, das Eigenkapital für einen Haus- oder Wohnungskauf aufzubringen.
- Insbesondere im städtischen Umfeld werden vermehrt Eigentumswohnungen gebaut.

Dass ein Eigenheim heute für eine breitere Bevölkerungsschicht erschwinglich ist als noch vor zwanzig Jahren, zeigen Erhebungen der Credit Suisse zur Tragbarkeit von Wohneigentum. So betrug 1996 die Belastung durch ein Einfamilienhaus bei einem durchschnittlichen Einkommen 28,4 Prozent, 2019 waren es noch 20,5 Prozent. Ähnlich sieht es bei Eigentumswohnungen aus: 1996 gab der Durchschnittsverdiener 19,2 Prozent seines Einkommens dafür aus, 23 Jahre später waren es noch 14,5 Prozent. Einen grossen Einfluss auf den sinkenden Anteil der Wohneigentumskosten am gesamten Einkommen haben vor allem die rekordtiefen Hypothekarzinsen. Sie machen die gestiegenen Baukosten mehr als wett.

Miete und Eigentum im Direktvergleich

Vor- und Nachteile lassen sich zahlreiche aufführen – sowohl von Miete als auch von Wohneigentum. Die nebenstehende Tabelle zeigt die Hauptkriterien, die Sie in Ihre persönliche Abwägung einbeziehen sollten.

VOR- UND NACHTEILE VON KAUF UND MIETE

Kauf	Miete
+ Kein Kündigungsrisiko – Wohnortwechsel wird aufwendiger und riskanter (Verkauf oder Vermietung nötig).	+ Hohe Mobilität dank kurzer Kündigungsfristen – Risiko einer Kündigung – Abhängigkeit vom Liegenschaftenbesitzer
+ Mehr Komfort und Platz + Gestaltungsfreiheit in den eigenen vier Wänden	+ Mit Ausnahme der städtischen Zentren grosses Angebot an qualitativ guten Wohnungen in allen Preislagen – Keine grossen Veränderungen an der Wohnung möglich
+ Im Vergleich zur Wohnungsmiete oft tiefere monatliche Belastung – Reduktion des Sparguthabens durch die Investition ins Wohneigentum – Verlust des Zinsertrags auf dem Sparguthaben – Finanzielle Bindung durch Hypothekarschuld – Möglicher Wertverlust (= Verlust von Eigenkapital), wenn sich die Lage verschlechtert oder die Nachfrage ändert – Unterhalt und Reparaturen sind selber zu bezahlen.	+ Keine finanzielle Bindung + Sparguthaben kann eventuell gewinnbringend angelegt werden. + Unterhalt und Reparaturen – abgesehen von einfachen Reinigungs- und Ausbesserungsarbeiten – gehen zulasten des Liegenschaftenbesitzers. – Mietzinsschwankungen
+ Mögliche Steuervorteile dank Abzug von Schuldzinsen und Aufwand für werterhaltende Arbeiten	– In fast allen Kantonen keine Steuerabzüge möglich

Eine wichtige Entscheidungshilfe vor dem Kauf eines Eigenheims ist ein erster provisorischer Kostenvergleich zwischen Ihrer Mietwohnung und aktuellen Angeboten auf dem Markt (eine Vorlage finden Sie unter www.beobachter.ch/download). Die dafür nötigen Angaben zu den Zinssätzen für Hypotheken gibt es auf den Websites der Banken, aktuelle Verkaufsangebote in Ihrer Region ebenfalls im Internet. Bei vielen Banken können Sie einen solchen Kostenvergleich auch direkt online vornehmen.

Zu beachten ist aber: Der Vergleich zwischen Miet- und Eigentumswohnungen ist nur bedingt möglich. Denn in den seltensten Fällen könnten Sie dieselbe Wohnung mieten oder kaufen.

PREISVERGLEICHE

LENZBURG AG

Mietwohnung			Eigentumswohnung		
Baujahr		2007	Baujahr		2012
Grösse		113 m²	Grösse		117 m²
Anzahl Zimmer		4,5	Anzahl Zimmer		4,5
Mietzins pro Monat	Fr.	1 660.–	Kaufpreis	Fr.	660 000.–
Nebenkosten	Fr.	280.–	Eigenkapital 20 %	Fr.	132 000.–
Kosten pro Monat	**Fr.**	**1 940.–**	Zins Hypothek 0,75 %* auf 528 000.–	Fr.	3 960.–
			Amortisation 15 Jahre auf 99 000.–	Fr.	6 600.–
			Nebenkosten 1 %	Fr.	6 600.–
			Wegfall Rendite Eigenkapital 0,15 %**	Fr.	198.–
			Kosten pro Jahr	Fr.	17 358.–
			Kosten pro Monat	**Fr.**	**1 447.–**

CHUR GR

Mietwohnung			Eigentumswohnung		
Baujahr		2017	Baujahr		2019
Grösse		85 m²	Grösse		100 m²
Anzahl Zimmer		3,5	Anzahl Zimmer		3,5
Mietzins pro Monat	Fr.	1 520.–	Kaufpreis	Fr.	713 000.–
Nebenkosten	Fr.	200.–	Eigenkapital 20 %	Fr.	142 600.–
Kosten pro Monat	**Fr.**	**1 720.–**	Zins Hypothek 0,75 %* auf 570 400.–	Fr.	4 278.–
			Amortisation 15 Jahre auf 107 000.–	Fr.	7 130.–
			Nebenkosten 1 %	Fr.	7 130.–
			Wegfall Rendite Eigenkapital 0,25 %**	Fr.	214.–
			Kosten pro Jahr	Fr.	18 752.–
			Kosten pro Monat	**Fr.**	**1 563.–**

* Zinssatz für achtjährige Festhypothek (Anfang 2020)

** Annahme: Sparkonto

Quelle: www.moneypark.ch; www.homegate.ch; www.immoscout24.ch

Preisentwicklung auf dem Immobilienmarkt

Wer einen Computer kauft, ist schnelle Preisänderungen gewohnt. Das Gerät, das man für einen als günstig geltenden Preis erworben hat, steht nur wenig später nochmals 30 Prozent billiger im Schaufenster. Die Preise auf dem Immobilienmarkt hingegen verändern sich langsamer, die Preissprünge sind kleiner. Höchstens dort, wo eine stark anziehende Nachfrage einem zu kleinen Angebot gegenübersteht, sind eine schnellere Preisentwicklung und grössere Sprünge festzustellen.

Die Entwicklung der Preise für Eigentumswohnungen, Ein- und Mehrfamilienhäuser wird seit Jahren von spezialisierten Unternehmen genau verfolgt und mittels Zahlenreihen dokumentiert. Heute ist es auch möglich, Prognosen für die künftige Entwicklung der Immobilienpreise zu machen. Diese Berechnungen basieren auf den erwähnten Zahlenreihen

PREISENTWICKLUNG EINFAMILIENHÄUSER UND EIGENTUMSWOHNUNGEN

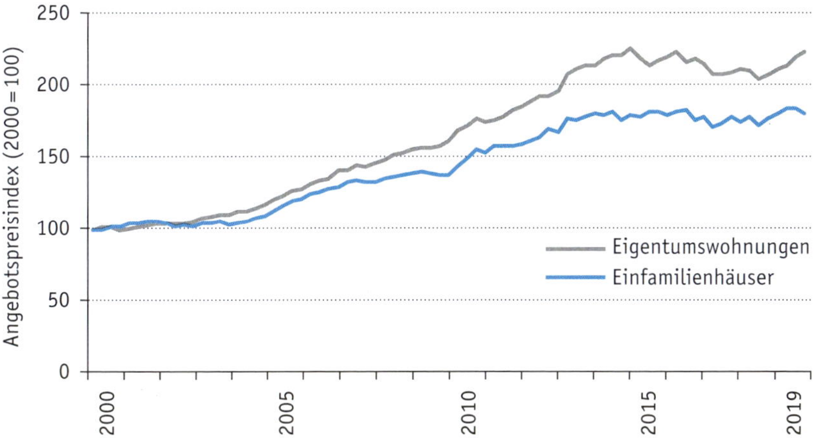

*Quelle: Transaktionspreisindizes Fahrländer Partner, 2019

VERÄNDERTE LEBENSGEWOHNHEITEN

Die Anstellung fürs Leben gehört ebenso der Vergangenheit an wie die Wohnung oder das Haus für die Ewigkeit. Unsere Gesellschaft ist in den letzten 30 Jahren mobiler geworden. Wenn Sie Ihre Flexibilität trotz des Kaufs einer Immobilie behalten wollen, sollten Sie eines beachten: Schnell und zu einem guten Preis wieder verkaufen lassen sich nur Häuser und Wohnungen an guten Lagen und mit guter Bauqualität. Trifft dies auf Ihr Objekt nicht zu, müssen Sie unter Umständen viel Zeit für den Verkauf einrechnen und mit Werteinbussen rechnen. ■

und einer ganzen Zahl weiterer Faktoren aus der Volkswirtschaft, der Bauwirtschaft und der Immobilienbranche: beispielsweise auf der Entwicklung der Einkommen, dem Bruttoinlandprodukt, dem Wohnungsleerstand oder der Investitionstätigkeit.

Eine Auswertung der Zahlen der letzten 30 Jahre hat gezeigt, dass sich Zusammenhänge zwischen den Faktoren aus der Volks- und Bauwirtschaft sowie der Immobilienbranche und den Immobilienpreisen herstellen lassen. Legt beispielsweise das Bruttoinlandprodukt zu, ziehen mit einiger Verzögerung auch die Preise für Einfamilienhäuser an. Mit speziellen Statistikprogrammen lässt sich so der kumulierte Einfluss aller Faktoren auf die künftigen Preise für Häuser und Wohnungen errechnen und eine zuverlässige Prognose erstellen. Für Immobilieninvestoren, Banken und die Bauwirtschaft sind solche Prognosen wichtige Planungsinstrumente.

PREISANSTIEG FÜR WOHNEIGENTUM

In den Letzten Jahren sind die Preise für Wohneigentum zum Teil stark gestiegen – einige Beispiele:

Einfamilienhäuser		Eigentumswohnungen	
Ort	**Preisanstieg in % 2009–2019**	**Ort**	**Preisanstieg in % 2009–2019**
Basel (Breite)	66,0	Aarau	20,5
Entlebuch	63,1	Abtwil	71,2
Küblis	25,1	Bern (Kirchenfeld)	49,8
Luzern (Dreilinden)	52,0	Neuenkirch	49,1
Wil SG	58,7	Zürich (Wollishofen)	73,6

Quelle: IMBAS Fahrländer Partner, Stand September 2019

Ihnen als Käuferin oder Käufer einer einzelnen Immobilie geben solche Zahlen einen Hinweis darauf, wie sich der Wert Ihrer Wohnung oder Ihres Einfamilienhauses in Zukunft entwickeln könnte. Wenig helfen die Zahlen hingegen denjenigen, die meinen, aufgrund der Prognosen auf ein Schnäppchen warten zu können. Denn anders als beim Computer kann man mit dem Kauf einer Immobilie nicht zuwarten, bis eine prognostizierte Preissenkung eintritt. Bis dann hat das Haus, für das man sich interessiert, meist längst einen anderen Käufer gefunden.

Angaben zur aktuellen Entwicklung der Preise für Eigentumswohnungen und Einfamilienhäuser finden Sie regelmässig im Internet und auch in allen grossen Tageszeitungen.

TIPP *Wegen der grossen Nachfrage sind die Preise für Häuser und Wohnungen in den letzten Jahren in einigen Regionen der Schweiz zum Teil sehr stark gestiegen (siehe nebenstehende Zusammenstellung). Damit nimmt auch das Risiko einer Immobilienblase zu. Von einer solchen Blase spricht man, wenn sich die Preise für Immobilien immer weiter vom realen Wert entfernen. Wer in einer solchen Situation ein überteuertes Objekt kauft, muss in der Regel mehr Eigenkapital aufbringen, da die Bank für die Hypothek nur den realen Wert einsetzt. Zudem ist die Gefahr gross, dass die Liegenschaft bei einem Platzen der Immobilienblase sehr viel an Wert einbüsst und damit auch das eingesetzte Eigenkapital verloren geht. Wo das Risiko einer Immobilienblase besteht, zeigt beispielsweise der regelmässig von der UBS veröffentlichte Immobilienblasen-Index, den man im Internet findet (www.ubs.com/swissrealestatebubbleindex-de).*

Die erste Bedürfnisabklärung

Je nachdem, in welcher Region der Schweiz Sie Ihr Traumobjekt suchen: Entweder wird Sie das Angebot an Häusern, Wohnungen und Bauland fast erschlagen oder Sie finden einen ziemlich ausgetrockneten Markt vor.

Wie auch immer – bevor Sie sich wahllos auf alle Angebote stürzen, sollten Sie sich erst einmal bewusst werden, welche Art Immobilie Ihnen überhaupt entspricht, in welcher Umgebung sie stehen sollte und wie Ihr persönlicher Lebensplan für die nähere, aber auch fernere Zukunft aussieht. Denn, so abgedroschen es klingen mag: Nur wer weiss, wonach er sucht, kann fündig werden.

ANFANGS BEMÜHTE SICH FAMILIE K. aus Lenzburg gut dreimal pro Woche zu einer Hausbesichtigung. Das nahm viel Zeit in Anspruch, die Eltern mussten sogar den einen oder anderen Ferientag opfern. So richtig sagte ihnen aber keines der Objekte zu. Das eine war etwas klein, beim anderen suchten sie im Ort vergeblich nach einem Bahnhof, das dritte war ein dunkles Loch. Daraufhin nahmen sich die K.s ein Wochenende lang Zeit, um sich mit ihrer Situation und ihren Ansprüchen an ein Haus auseinanderzusetzen. Anhand der zu Papier gebrachten Mindestanforderungen an das neue Zuhause kontrollieren sie jetzt jedes Immobilieninserat auf seine Tauglichkeit. Seither besichtigt Familie K. zwar nur noch drei Objekte pro Monat – zwei davon kommen dafür meist in die engere Auswahl.

Eine erste Bedürfnisabklärung ist für angehende Eigenheimbesitzer Pflicht (siehe Checkliste). In einem zweiten Schritt müssen Sie abklären, wie viel Sie maximal für Ihr Wohneigentum bezahlen können (siehe Seite 26). Dann kann es mit der Suche losgehen. Haben Sie ein Objekt gefunden, das infrage kommt, werden Sie es unverbindlich besichtigen und erst dann von Grund auf prüfen (siehe Seite 59).

Sie müssen noch nicht alle Fragen abschliessend beantworten. Wichtig ist, dass Sie sich in einem ersten Schritt der Anforderungen bewusst wer-

CHECKLISTE: ERSTE BEDÜRFNISABKLÄRUNG

Raum

- Wie viele und welche Personen werden das Objekt zu Beginn bewohnen?
- Wie viele und welche Personen werden das Objekt in fünf bis zehn Jahren bewohnen (Kinderwunsch; ältere Kinder, die ausziehen; Eltern, die eventuell in Pflege genommen werden)?
- Wie viele Rückzugsmöglichkeiten brauchen Sie? Ist Ihnen ein eigenes Zimmer pro Person wichtig?
- Arbeitet jemand jetzt oder eventuell in Zukunft von zu Hause aus und ist dafür ein eigenes Büro nötig?
- Hat jemand ein Hobby, das viel Platz in Anspruch nimmt oder ein separates Zimmer belegt (Werkstatt, Musikzimmer etc.)?
- Hat ein Partner Kinder, die getrennt von Ihnen leben, aber beispielsweise jedes zweite Wochenende bei Ihnen wohnen und deshalb ein Zimmer oder mehrere benötigen?
- Haben Sie oft Besuch, der über Nacht bleibt und ein Gästezimmer braucht?

Denken Sie alle möglichen Szenarien für die weitere Zukunft durch und finden Sie heraus, wie viele Zimmer Sie für welches Szenario benötigen würden und wie gross die einzelnen Räume ungefähr sein sollten.

Standort

- Möchten Sie auf dem Land, in einem Vorort oder in der Stadt leben?
- Wollen Sie den Arbeitsweg mit öffentlichen Verkehrsmitteln oder mit dem eigenen Auto zurücklegen?
- Wie viel Zeit wollen Sie für den Arbeitsweg maximal aufwenden?
- Wie viel Infrastruktur soll der Ort bieten (Kinderbetreuung, Schulen, Läden, Bank, Post, medizinische Versorgung, Ausgehen, Kultur, Sport, Vereine, Anschluss an den öffentlichen Verkehr, nächster Autobahnanschluss)?
- Wie viel Umschwung brauchen Sie (Garten, Spielwiese etc.)?
- Welche Qualitäten soll die nächste Umgebung bieten (zum Beispiel Natur, Strassen, Nachbarschaft)?
- Wie viele Lärm- oder Geruchsimmissionen vertragen Sie?
- Wie viel Wert legen Sie auf Besonnung, Lichtverhältnisse und Aussicht?
- Ist für Sie der Steuerfuss der Gemeinde ausschlaggebend?

Objekt

- Welche Haus- oder Wohnungsform favorisieren Sie (allein stehendes Haus, Doppeleinfamilienhaus, Reihenhaus, Wohnung etc.)?
- Welchen Architekturstil bzw. welche Art von Objekt suchen Sie (alt, klassisch, urban, modern, ökologisch)?
- Wie wünschen Sie sich den Grundriss des Objekts (möglichst grosse Zimmer, flexibel für spätere Anpassungen, alles auf einer Ebene etc.)?
- Wie wichtig ist Ihnen eine Terrasse oder ein Balkon?
- Wie wünschen Sie sich den Innenausbau des Objekts (modern, praktisch, edel, strapazierfähig etc.)?
- Soll das Objekt auch im Alter noch genutzt werden können (rollstuhlgängig, Lift etc.)?

den, die Sie an Ihr zukünftiges Objekt stellen. Notieren Sie Ihre Antworten und Sie werden erkennen, dass Sie bereits ein relativ klares Profil Ihres zukünftigen Eigenheims entworfen haben (siehe nächste Seite).

Mit einem solchen Profil können Sie die Angebote auf dem Immobilienmarkt daraufhin prüfen, ob sie möglichst vielen Ihrer Ansprüche genügen. Haben Sie sich etwa notiert, dass der Arbeitsweg mit öffentlichen Verkehrsmitteln nicht länger als 45 Minuten dauern darf, können Sie alle weiter entfernten Angebote von vornherein streichen.

Virtuelles Wohnen im Traumhaus

Eine gute Möglichkeit, die eigenen Vorstellungen zu konkretisieren, ist das «virtuelle Wohnen»: Alle Mitglieder des Haushalts sollen in Gedanken schon einmal in ihrem Traumhaus leben. Vergegenwärtigen Sie sich in einem ersten Schritt Ihren heutigen normalen Tagesablauf. Notieren Sie sich diesen über eine Woche in einem Wohntagebuch. Wie stehen Sie am Morgen auf? Welche Rituale haben Sie? Was machen Sie unter der Woche am Abend? Wie viel Zeit verbringen Sie in welchem Raum? Wie sieht ein normales Wochenende bei Ihnen zu Hause aus?

In einem zweiten Schritt überlegen Sie anhand Ihres Wohntagebuchs, was für Sie an Ihrem heutigen Alltag positiv ist und was Sie stört. Dann schreiben Sie frei von der Leber weg auf, wie für Sie ein perfekter Tagesablauf aussehen würde. Das kann beispielsweise beinhalten, dass in Ihrem zukünftigen Haus das WC ganz sicher auf dem gleichen Stock wie Ihr Schlafzimmer liegen soll (nicht wie heute nur über die Treppe erreichbar) oder dass Sie, wie jetzt schon, bei jedem Aufwachen in die Morgensonne blinzeln wollen.

Schliessen Sie in Ihre Überlegungen auch unterschiedliche Voraussetzungen ein: Wie ändert sich Ihr Alltag im Verlauf der Jahreszeiten, bei schönem und bei schlechtem Wetter?

BEISPIEL: ANFORDERUNGSPROFIL

Raum

- Heute 1 grosses Wohnzimmer und mindestens 3 weitere grosse Zimmer – später ausbaubar auf mindestens 5 Zimmer
- 1 Zimmer muss als Büro benutzbar sein (möglichst ruhig gelegen) und soll gleichzeitig auch als Gästezimmer dienen (Platz für Pult, Regal, Bett).
- Der Keller muss neben Stauraum auch genügend Platz für eine Werkstatt bieten.

Standort

- In der Agglomeration von Zürich
- Arbeitsweg mit öffentlichem Verkehrsmittel nach Zürich nicht länger als 45 Minuten von Tür zu Tür
- Der Ort soll Schulen bis zur Oberstufe bieten, einen Kinderhort, einen Lebensmittelladen (zu Fuss erreichbar), einen Volleyballklub.
- Der Garten muss nicht gross sein.
- Die Nachbarschaft sollte die gleiche Altersstruktur haben.
- Besonnung wichtig: Ausrichtung der Wohnräume unbedingt nach Süden oder Südwesten

Objekt

- Haus oder Reihenhaus
- Baustil egal, aber möglichst ökologisch sollte es sein.
- Unbedingt mit Terrasse
- Der Grundriss muss eine spätere Anpassung auf 5 Zimmer zulassen.
- Nicht mehr als ein Stockwerk
- Innenausbau mit möglichst vielen Naturmaterialien

Mit diesem fiktiven Wohntagebuch können Sie Ihre eigenen Anforderungen auf lockere Art formulieren und sie mit denjenigen Ihrer Mitbewohner vergleichen. Ausserdem wird Ihr Architekt – falls Sie ein eigenes Haus bauen – anhand eines solchen Wohntagebuchs von Anfang an besser auf Ihre Wünsche eingehen können.

Wie viel Wohneigentum liegt finanziell drin?

Nun haben Sie ein grobes Anforderungsprofil für Ihr zukünftiges Heim erstellt. Ob Sie sich dieses leisten können, ist die nächste Frage, die es zu klären gilt. In erster Linie hängt das von Ihren finanziellen Eigenmitteln und von Ihrem Einkommen ab.

Eine Immobilie wird üblicherweise mit Eigenkapital und Fremdkapital finanziert. Das Eigenkapital besteht aus Mitteln, die Sie selber aufbringen – von Ihrem Konto, aus dem Verkauf von Wertschriften, aus einem privaten Darlehen, aus einem Erbvorbezug oder über einen Vorbezug von Pensionskassenguthaben. Das Fremdkapital kommt in Form eines Hypothekarkredits von einem Finanzinstitut: einer Bank, einem Versicherer oder einem spezialisierten Anbieter von Hypotheken. Der Kredit teilt sich meist auf in eine erste Hypothek (65 bis 70 Prozent der Kauf- oder Bausumme) und eine zweite Hypothek (10 bis 15 Prozent). Für die zweite Hypothek wird vereinzelt ein höherer Zins verlangt und sie muss innert 15 Jahren amortisiert – also zurückgezahlt – werden. Damit Sie für einen Kredit überhaupt infrage kommen, verlangen die Finanzinstitute in der Regel, dass Sie mindestens 20 Prozent des Kaufpreises als Eigenkapital einbringen können (Details zur Finanzierung siehe Seite 81).

Die Tragbarkeitsrechnung

Ein weiterer Prüfstein ist Ihr jährliches Bruttoeinkommen. Eine Faustregel besagt, dass die jährliche Belastung durch die Immobilie nicht mehr als ein Drittel davon ausmachen darf. Nach diesem Kriterium wird später auch die Bank Ihr Kreditgesuch beurteilen – und, wenn Sie es nicht erfüllen, die Hypothek verweigern. Wichtig zu wissen: Das Einkommen des Partners, der Partnerin darf nur zum Haupteinkommen dazugerechnet werden, wenn eine Solidarschuldnerschaft besteht. Dies betrifft vor allem Konkubinatspaare.

Nicht vergessen dürfen Sie, dass das eigene Haus neben dem Hypothekarzins noch andere Kosten verursacht: die Amortisation der zweiten Hypothek, die Nebenkosten sowie Rückstellungen für Unterhalt und Reparaturen oder Renovationen (siehe Kasten und Seite 228).

Um zu prüfen, ob eine ins Auge gefasste Immobilie für Sie finanziell tragbar ist – und ob Sie für die Finanzinstitute grundsätzlich kreditwürdig sind –, können Sie selbst eine Tragbarkeitsrechnung aufstellen. In dieser Rechnung wird eruiert, wie hoch Ihre monatliche Belastung mit einem bestimmten Objekt sein wird und in welchem Verhältnis diese Belastung zu Ihrem Bruttoeinkommen steht. Ein Beispiel finden Sie auf der nächsten Seite.

NICHT UNTERSCHÄTZEN: NEBENKOSTEN INKLUSIVE RÜCKSTELLUNGEN

Die Nebenkosten können beim Budgetieren leicht vergessen gehen, da sie im Mietzins häufig bereits eingeschlossen sind. Wenn Sie ein Eigenheim besitzen, werden die Nebenkosten aber voll zu Ihren Lasten gehen. Die wichtigsten sind:

- Versicherungsprämien, beispielsweise für die Gebäudeversicherung, für Glasbruch, Wasserschaden, Gebäudehaftpflicht (siehe Seite 233)
- Gebühren für Kehrichtabfuhr, Abwasser, Frischwasser (inkl. Anschlussgebühr), Telekommunikationsanschluss
- Kosten für Gas, Öl und Strom
- Regelmässige Unterhaltsarbeiten: kleine Reparaturen, Kaminreinigung, Kanalisationsreinigung oder das Serviceabonnement für die Heizung und den Öltank
- Rückstellungen für spätere Renovationen und den Ersatz von defekten Haushaltsgeräten wie Spülmaschine, Dampfabzug etc.

SO SIEHT EINE TRAGBARKEITSRECHNUNG AUS

Ausgangslage		
Kaufpreis der Liegenschaft	Fr.	750 000.–
Eigene Mittel in bar (davon 50 000.– aus privatem Darlehen)*	Fr.	200 000.–
Jährliches Bruttoeinkommen	Fr.	120 000.–
Benötigtes Fremdkapital	Fr.	550 000.–
1. Hypothek (65 % vom Kaufpreis oder weniger)	Fr.	487 500.–
2. Hypothek (Differenz zwischen Fremdkapital und 1. Hypothek, maximal 15 % vom Kaufpreis)	Fr.	62 500.–
Jährliche Kosten		
Zinskosten 1. und 2. Hypothek (4,75 %)	Fr.	26 125.–
Amortisation (62 500.– in 15 Jahren)	Fr.	4 167.–
Zinskosten für privates Darlehen (1 %, je nach Vereinbarung mit Darlehensgeber)	Fr.	500.–
Nebenkosten (1 % des Liegenschaftswerts)	Fr.	7 500.–
Jahreskosten total	Fr.	38 292.–
Tragbarkeit		
33 % des Bruttoeinkommens	Fr.	39 600.–
– Jahreskosten für Wohneigentum	– Fr.	38 292.–
Überschuss	Fr.	1 308.–

Wenn die Rechnung aufgeht oder einen Überschuss ergibt, ist die Liegenschaft finanziell tragbar.

* Wird nicht von allen Banken akzeptiert.

Als Hypothekarzins wird in der Tragbarkeitsrechnung jedoch nicht der gerade aktuelle Zinssatz verwendet, sondern ein künftig zu erwartender Durchschnittszins. Wie hoch dieser angesetzt wird, variiert von Bank zu Bank: Eine konservativ rechnende Bank etwa setzte Ende 2019 für die erste und die zweite Hypothek 5 Prozent ein, progressive Banken rechneten mit 4,5 Prozent. Erkundigen Sie sich nach den gegenwärtigen Sätzen, die die Banken anwenden, und verwenden Sie für Ihre Berechnung einen Durchschnitt. Für Frühling 2020 setzen Sie also je 4,75

Prozent ein. Für die Nebenkosten inklusive Rückstellungen gehen die Finanzinstitute von jährlichen Ausgaben in der Höhe von 1 Prozent des Liegenschaftswerts aus (Kosten für Haus und Land).

Viele Finanzinstitute bieten im Internet automatische Tragbarkeitsrechner an (beispielsweise www.vermoegenszentrum.ch/immorechner). Dort müssen Sie nur noch die entsprechenden Zahlen einsetzen und wissen sofort, ob Sie sich das gewünschte Objekt leisten können.

Bleiben Sie realistisch

Es hat wenig Sinn, in der Vorfreude aufs eigene Heim zu optimistisch zu rechnen. Beziehen Sie auch folgende Überlegungen mit ein:

- Je weniger Überschuss in der Tragbarkeitsrechnung resultiert, desto schwieriger wird es, einen Kredit zu erhalten. Zudem kann dies bedeuten, dass Sie persönliche Einschränkungen auf sich nehmen müssen (bei Konsum, Freizeit, Ferien, Auto). Auch ist eine solche Tragbarkeitsrechnung bloss eine Momentaufnahme. Sie berücksichtigt weder zukünftige Risiken wie Arbeitsplatzverlust, Invalidität oder Scheidung noch Chancen wie Lohnerhöhungen oder eine Erbschaft.
- Zurzeit (Anfang 2020) sind die Preise für Wohneigentum an den meisten Orten hoch. Angesichts der aktuell sehr tiefen Hypothekarzinsen könnte man in Versuchung kommen, ein Objekt zu kaufen, obwohl es überteuert ist. Sollten die Immobilienpreise in Zukunft aber wieder stark sinken – und mit ihnen auch der Wert Ihrer Liegenschaft –, kann es sein, dass das Finanzinstitut Ihnen dann die Hypothek reduziert und Sie zur Tilgung des Fehlbetrags plötzlich neues Bargeld aufbringen müssen.

Wie viel kosten Wohnungen und Häuser in der Schweiz?

Auf den ersten Blick sind die Kosten für Häuser und Wohnungen in der Schweiz verglichen mit anderen Ländern hoch. Setzt man die Preise aber in Relation zu den Einkommen, zeigt sich, dass ein Eigenheim für viele bezahlbar ist – vorausgesetzt, man bringt das nötige Eigenkapital auf. Zwei Faktoren beeinflussen den Preis: die Kosten für das Land und die Kosten für das Gebäude. Während die Kosten für den Bau eines Hauses schweiz-

MARKTWERTE FÜR MUSTEROBJEKTE

	Einfamilienhäuser		Eigentumswohnungen	
	Mittleres Segment [1)]	Gehobenes Segment [2)]	Mittleres Segment [3)]	Gehobenes Segment [4)]
Aarau	1725 479.–	3 228 486.–	816 537.–	1721 506.–
Abtwil	1368 799.–	2 561 114.–	1 024 869.–	2 160 735.–
Basel (Breite)	2 625 203.–	4 911 929.–	1 386 336.–	2 922 817.–
Bern (Kirchenfeld)	2 457 702.–	4 598 524.–	1 532 637.–	3 231 263.–
Buckten	874 248.–	1 635 775.–	556 002.–	1 172 222.–
Chur	1 486 419.–	2 781 188.–	1 173 589.–	2 474 282.–
Ebikon	1 307 421.–	2 446 271.–	965 804.–	2 036 208.–
Entlebuch	1 067 431.–	1 997 234.–	812 522.–	1 713 043.–
Köniz	1 531 211.–	2 864 997.–	990 945.–	2 089 212.–
Küblis	946 716.–	1 771 368.–	648 934.–	1 368 150.–
Liestal	1 371 743.–	2 566 622.–	967 021.–	2 038 773.–
Luzern (Dreilinden)	1 622 268.–	3 035 371.–	1 205 551.–	2 541 667.–
Neuenkirch	1 018 498.–	1 905 677.–	791 134.–	1 667 949.–
Reinach (BL)	1 590 021.–	2 975 036.–	1 140 515.–	2 404 552.–
Schmitten (GR)	734 246.–	1 373 822.–	758 123.–	1 598 354.–
St. Gallen (St. Georgen)	1 580 723.–	2 957 638.–	1 052 793.–	2 219 606.–
Thun	1 144 129.–	2 140 740.–	787 772.–	1 660 861.–
Volketswil	1 691 208.–	3 164 363.–	1 173 464.–	2 474 017.–
Wil (SG)	1 336 791.–	2 501 224.–	888 740.–	1 873 734.–
Zürich (Wollishofen)	2 547 429.–	4 766 410.–	1 846 497.–	3 892 975.–

1) Frei stehend, Grundstück 500 m^2, Kubatur 710 m^3 SIA 416, gute Lage, durchschnittlicher Ausbau, Neubau.
2) Frei stehend, Grundstück 900 m^2, Kubatur 1250 m^3 SIA 416, beste Lage, luxuriöser Ausbau, Neubau.
3) Im 1. OG, mit Aussenraum, Wohnfläche 115 m^2 SIA 416, 4,5 Zimmer, gute Lage, durchschnittlicher Ausbau, Neubau.
4) Attikageschoss, mit Terrasse 60 m^2, Wohnfläche 180 m^2 SIA 416, 4,5 Zimmer, beste Lage, luxuriöser Ausbau, Neubau.

Quelle: IMBAS Fahrländer Partner, Datenstand September 2019

weit nur kleine Differenzen aufweisen – bedingt etwa durch längere Transportwege in abgelegene Gebiete oder wenig Konkurrenz unter den Handwerkern –, schwanken die Landpreise gewaltig. Die Tabelle veranschaulicht, wie unterschiedlich teuer die gleiche Wohnung, das gleiche Haus mit gleich grossem Landanteil in verschiedenen Regionen der Schweiz sein kann.

2

Was bietet der Markt?

Wer darüber nachdenkt, Wohneigentum zu erwerben, wird mit einer Vielzahl von Möglichkeiten konfrontiert. Zur Wahl stehen verschiedene Eigentumsformen wie auch eine grosse Zahl an Haus- und Wohnungstypen. Das folgende Kapitel zeigt einen Querschnitt durch das Angebot auf dem Immobilienmarkt.

Welche Eigentumsform ist die richtige?

Vor dem ersten Blick auf Immobilienplattformen im Web sollten Sie sich mit der Frage auseinandersetzen, welche Form des Wohneigentums sich für Sie am besten eignet. Ein Eigenheim kann in der Schweiz auf mehrere Arten erworben werden (siehe Seite 114). Die häufigsten sind das Alleineigentum und das Stockwerkeigentum (bei Eigentumswohnungen üblich). Darüber hinaus existiert die Möglichkeit, eine Immobilie gemeinsam mit anderen zu erwerben.

Welche Form für Sie die richtige ist, hängt ab vom gewünschten Wohnort, vom Preis, den Sie maximal bezahlen können, und von Ihren persönlichen Vorlieben. Möchten Sie beispielsweise in einer grösseren Stadt Wohneigentum kaufen, kommt in erster Linie eine Eigentumswohnung infrage, die im Stockwerkeigentum erworben wird. Einfamilienhäuser sind, weil sie relativ viel Land benötigen, im städtischen Umfeld meist unerschwinglich. Zieht es Sie hingegen aufs Land, könnte Ihr zukünftiges Heim auch ein Einfamilienhaus sein, das Sie im Alleineigentum erwerben. Oder haben Sie Lust, mit Freunden zusammen ein Mehrfamilienhaus zu kaufen oder zu bauen? Dann ist die Gründung einer Wohnbaugenossenschaft oder einer einfachen Gesellschaft ein erprobter Weg.

STOCKWERKEIGENTUM: WOHNFORM MIT KONFLIKTPOTENZIAL

Vor allem im städtischen Umfeld bietet sich der Kauf einer Eigentumswohnung an. Wichtig zu wissen: Diese Form des Immobilienbesitzes beinhaltet Konfliktpotenzial. Das gilt insbesondere für Entscheide, die von einer Mehrheit der Wohnungseigentümer gemeinsam gefällt werden müssen, zum Beispiel über die Renovation der Fassade oder die Sanierung des Dachs. Deshalb sollten Sie vor dem Kauf einer Wohnung sich der möglichen Stolpersteine bewusst sein und genau prüfen, ob sich diese Form des Eigentums für Sie eignet. Alle Informationen dazu finden Sie im Beobachter-Ratgeber «Stockwerkeigentum. Kauf, Finanzierung, Regelungen der Eigentümerschaft» (www.beobachter.ch/buchshop). ■

Haus- und Wohnungsformen

Wer Immobilienanzeigen im Internet durchforstet, sieht sich einer Vielzahl von Wohnungs- und Haustypen gegenüber: Geschosswohnungen, Doppelhaushälften, Attikas, Lofts, Duplexwohnungen, Terrassenhäuser und Terrassenwohnungen. Für Laien sind diese Bezeichnungen nicht immer einfach auseinanderzuhalten, und es ist schwierig, sich konkret vorzustellen, wie das jeweilige Objekt in der Realität aussehen könnte.

In der folgenden Zusammenstellung finden Sie einen Überblick über die gängigsten Haus- und Wohnungstypen, wie sie in Inseraten angepriesen werden – jeweils ergänzt mit den wichtigsten Vor- und Nachteilen.

Frei stehendes Einfamilienhaus

Das allein stehende Haus, umgeben von einem grossen Garten, ist immer noch der Traum der meisten Immobilienkäufer. Zur Realisierung eines zweistöckigen Einfamilienhauses üblicher Grösse mit 150 Quadratmeter Wohnfläche und einer Garage fürs Auto werden 400 bis 500 Quadratmeter Land benötigt. Entsprechend lässt sich dieser Traum meist nur abseits der Zentren realisieren, wo die Landpreise moderat sind.

+ **Vorteile:** Viel Privatsphäre, wenig Reibungsfläche mit den Nachbarn, alleinige Verfügungsgewalt, viel Freiheit bei der Gestaltung von Gebäude und Grundriss.
– **Nachteile:** Hohe Grundstückskosten wegen des grossen Landbedarfs, höhere Kauf- bzw. Baukosten als bei aneinandergebauten Häusern.

Doppeleinfamilienhaus

Werden zwei Einfamilienhäuser aneinandergebaut, spricht man von einem Doppeleinfamilienhaus. Jede Haushälfte orientiert sich dadurch zwar nur noch nach drei Seiten, dafür sinken der Landbedarf und die Baukosten.

Zudem ist es möglich, teure Installationen, beispielsweise die Heizungsanlage, nur einmal zu erstellen und gemeinsam zu nutzen.

+ **Vorteile:** Geringerer Landbedarf und tiefere Kauf- bzw. Baukosten.
– **Nachteile:** Weniger Privatsphäre, da man Wand an Wand mit den Nachbarn lebt; weniger Freiheit in der Gestaltung des Grundrisses, da an einer Wand keine Fenster eingebaut werden können.

Reihenhaus

In den englischen Industriestädten gehören die Reihenhäuser mit ihren typischen Backsteinfassaden seit mehr als hundert Jahren zum gewohnten Bild. Auch bei uns hat sich das Reihenhaus in den letzten Jahrzehnten zu einer gefragten Wohnform entwickelt. Dank geringem Landbedarf – 200 Quadratmeter genügen – und der aneinandergereihten Bauweise sind die Häuser um einiges billiger als frei stehende.

Dafür wohnt man mit den Nachbarn auf beiden Seiten Wand an Wand, der Garten besteht nur aus einem Streifen Grün, die Grundrisse sind oft schmal und lang und die Wohnräume auf bis zu drei Stockwerken übereinandergestapelt. Entsprechend oft müssen Reihenhausbesitzer Treppen hoch- und runtersteigen.

+ **Vorteile:** Günstiger Preis, kompakte Bauweise hilft Energie sparen.
– **Nachteile:** Wenig Privatsphäre und oft recht enge, schmale Grundrisslösungen mit schlecht möblierbaren Zimmern.

Terrassenhaus

In den Sechziger- und Siebzigerjahren entdeckten Architekten und Investoren in der Schweiz das Bauen am Hang. Treppenstufen vergleichbar, wurden die Wohnungen entlang der Hangschräge versetzt übereinandergestapelt. So entstand eine Zwitterlösung zwischen Haus und Wohnung: das Terrassenhaus. Gewohnt wird meist auf einem Stockwerk, die Fenster gehen nach drei Seiten. Zur Talseite ist eine grosse Terrasse angeordnet, die den Häusern, die eigentlich Wohnungen sind, ihren Namen gibt. Einen Garten haben diese Wohnungen meist nicht. Verkauft werden sie deshalb oft nicht im Allein-, sondern im Stockwerkeigentum.

Durch die grossflächige Verbauung der Hänge gerieten die Terrassenhäuser bald schon in Verruf. Aufgrund des Mangels an gut gelegenem Bauland und der vermehrten Nachfrage nach Wohnungen werden sie heute wieder gebaut.

+ **Vorteile:** Unverbaubare Aussicht, grosse Terrasse, mehr Privatsphäre als in einer normalen Wohnung.
– **Nachteile:** Aufwendige und teure Erschliessung mit langen Treppen oder seilbahnartigen Liftanlagen, höherer Kaufpreis als bei üblichen Wohnungen.

Geschosswohnung

Die klassischste aller Wohnungsformen ist die auf einem Stockwerk gelegene Wohnung, kurz Geschosswohnung genannt. Die Mehrheit der auf dem Immobilienmarkt angebotenen Eigentumswohnungen gehört zu dieser Kategorie. Im Gegensatz zu Häusern mit Mietwohnungen, in denen oft drei oder mehr Einheiten auf einem Stockwerk angeordnet sind, findet man im Eigentumswohnungsbau meist eine oder zwei Wohnungen pro Geschoss.

+ **Vorteile:** Alle Räume auf einem Geschoss, bezahlbarer Preis, im Vergleich oft günstiger als Mietwohnungen gleicher Grösse.
– **Nachteile:** Weniger Privatsphäre, die Nachbarn wohnen – wie in der Mietwohnung – meist oben, unten und nebenan.

Attikawohnung

Als Attika bezeichnet man das oberste Stockwerk eines Mehrfamilienhauses. Die dort gelegenen Wohnungen verfügen meist über grosse Terrassen oder Balkone und eine bessere Aussicht als die Einheiten in den darunterliegenden Stockwerken. Sie verbinden so ein Wohngefühl wie im Einfamilienhaus mit den Vorteilen einer Eigentumswohnung. Auf dem Immobilienmarkt ist die Nachfrage nach Attikawohnungen hoch. In neu erstellten Häusern mit Eigentumswohnungen sind sie meist schon nach kurzer Zeit verkauft. Das besondere Wohngefühl hat aber seinen Preis; Attikawohnungen sind meist einiges teurer als andere gleich grosse Wohnungen im Haus.

+ **Vorteile:** Privatsphäre, wenig Reibungsfläche mit Nachbarn, viel Licht und Aussicht.
– **Nachteile:** Meist wesentlich teurer als vergleichbare Geschosswohnungen im Haus, Preise oft ähnlich hoch wie beim Einfamilienhaus.

Duplexwohnung oder Maisonette

Berühmte Architekten wie der Schweizer Le Corbusier haben immer wieder versucht, Wohnungen in Mehrfamilienhäusern so zu planen, dass sie den Charakter eines Einfamilienhauses haben. Entstanden ist daraus die zweistöckige Wohnung, die in Fachkreisen meist Duplex genannt wird. Häufig teilen sich Wohnzimmer, Esszimmer und Küche ein Stockwerk, während die Schlafzimmer das andere Geschoss belegen.

+ **Vorteile:** Wohngefühl wie im Einfamilienhaus, gute Rückzugsmöglichkeiten innerhalb der Wohnung.
– **Nachteile:** Meist teurer als eine eingeschossige Wohnung, die interne Treppe kann im Alter zum Hindernis werden.

Loft

In der Zeit nach dem Zweiten Weltkrieg mieteten viele Künstler in New York leere Lagerhäuser im Hafengebiet als Ateliers. Da sie kein Geld für eine separate Wohnung hatten, lebten sie – verbotenerweise – auch gleich in ihrem Atelier, das sie Loft nannten. Daraus entstand eine urbane Wohnform, die sich heute in allen grösseren Städten der Welt grosser Beliebtheit erfreut. Das klassische Loft besteht aus einem einzigen, hohen Raum, in dem gewohnt, gekocht, gegessen und geschlafen wird. Nur Bad und WC befinden sich in abgetrennten Räumen. Aufgrund der Beliebtheit und des Mangels an passenden Fabrikgebäuden werden heute Lofts in der Schweiz auch neu gebaut.

+ **Vorteile:** Viel Raum und Licht, sehr individuelle Wohnform, freie Gestaltung des Grundrisses durch die Bewohner.
– **Nachteile:** Wenig Rückzugsmöglichkeiten innerhalb der Wohnung; durch die gute Lage, den aufwendigen Ausbau und die grossen Flächen meist hohe Kaufpreise.

Aktuelle Standards im Eigenheimbau

Mehr Platz und mehr Komfort als in der Mietwohnung – auf diese einfache Formel lassen sich die Hauptwünsche von Eigenheimkäufern an die Ausstattung reduzieren. Dass der Wunsch nach mehr Platz ganz oben auf der Liste steht, zeigten schon die Zahlen der letzten Volkszählung im Jahr 2000: Noch 1990 hatte jede Person in der Schweiz im Schnitt 30 Quadratmeter Wohnfläche belegt, zehn Jahre später waren es bereits 44 Quadratmeter.

Der Platzbedarf hat seither nochmals etwas zugenommen. Im Kanton Zürich zum Beispiel beanspruchte 1980 jede Person 31,4 Quadratmeter Wohnfläche, 2000 waren es 43,6 Quadratmeter, heute sind es sogar 45 Quadratmeter pro Person.

Die Erhebungen zeigen aber auch die Unterschiede zwischen Mietern und Eigentümern. Den Bewohnerinnen und Bewohnern von Eigentumswohnungen stehen fast 30 Prozent mehr Wohnfläche zur Verfügung als den Mietenden. Gut die Hälfte der Eigentumswohnungen hat denn auch fünf und mehr Zimmer.

Das sollte ein Eigenheim heute bieten

Offizielle Mindeststandards für neu gebaute Eigentumswohnungen und Einfamilienhäuser existieren nicht. Selbst bei preiswerten Neubauten können Sie heute aber eine Ausstattung erwarten, die über dem Durchschnitt von Mietwohnungen liegt. Als Anhaltspunkt für die Beurteilung eines Objekts dient die folgende Zusammenstellung:

- **Grundsätzlich:** Neu gebaute Eigentumswohnungen und Einfamilienhäuser sollten heute mindestens dem Minergie-Standard entsprechen, noch besser ist der Standard Minergie-P (siehe Seite 190).
- **Wohnfläche:** Bei gleicher Zimmerzahl bieten Einfamilienhäuser und Eigentumswohnungen üblicherweise 20 bis 25 Prozent mehr Fläche als

eine Mietwohnung. Eigentumswohnungen mit drei Zimmern bringen es meist auf 100 Quadratmeter, Vierzimmerwohnungen auf 120 bis 130 Quadratmeter. Ein Reihenhaus mit fünf Zimmern bietet in der Regel zwischen 140 und 150 Quadratmeter Wohnfläche.

- **Raumhöhe:** Üblich sind, wie bei den Mietwohnungen, Raumhöhen um die 2,4 Meter. Vermehrt sind aber auch Wohnungen oder Häuser mit 2,6 und mehr Meter Raumhöhe im Angebot.
- **Grundrissaufteilung:** Standard ist heute ein grosses Wohn- und Esszimmer (mindestens 30 Quadratmeter) mit offener Küche, zwei Badezimmer (eines mit Badewanne, eines mit Dusche) und Schlafzimmer mit mindestens 14 Quadratmeter Fläche. Haben die Planer ihre Arbeit gut gemacht, sind die Schlafzimmer in etwa quadratisch. Fenster und Türen sind so angeordnet, dass sich die Möbel auf mehrere Arten aufstellen lassen und zwischen Tür und Wand mindestens ein Schrank Platz findet. In günstigen Reihenhäusern sind aber auch heute noch kleine, schmale, schlauchartige Zimmer zu finden, die sich nur schlecht möblieren lassen.
- **Aussenräume:** Bei Häusern ist ein Gartensitzplatz, bei Wohnungen eine Terrasse oder ein grosszügiger Balkon Standard. Wichtig ist, dass die Tiefe des Balkons mindestens 1,5 Meter beträgt. Sonst findet ein Tisch mit Stühlen für vier Personen kaum Platz. Oft anzutreffen sind heute Balkone, die sich mit Faltwänden aus Glas schliessen und so in der kalten Jahreszeit zu einem kleinen Wintergarten umfunktionieren lassen.
- **Erschliessung:** Ein helles Treppenhaus gehört zu jedem modernen Mehrfamilienhaus. Standard ist auch ein Lift, der alle Stockwerke erschliesst.
- **Badezimmer**
  - Badewanne mindestens 1,8 Meter lang oder schräg in der Ecke stehend (Eckbadewanne)
  - Duschkabine aus Aluminium und Glas
  - Grosser Spiegelschrank
  - Stauraum für Reinigungsmittel und Handtücher
- **Küche**
  - Abdeckung aus Stein oder Chromstahl
  - Auszugschränke
  - Glaskeramikkochfeld mit Induktion

- Backofen auf Augenhöhe mit Steam-Funktion (Klasse A+)
- Geschirrspüler (Klasse A+++/A)
- Eingebaute Arbeitsflächenbeleuchtung
- Kühlschrank mit ***-Gefrierfach oder Gefrierschrank (Klasse A+++)

■ **Bodenbeläge**
- Parkett oder Keramikplatten in den Wohnräumen
- Keramikplatten in Bädern und Küche

■ **Elektroinstallationen**
- Spezieller Elektrokasten für die Platzierung des WLAN-Routers inklusive Möglichkeit zum Anschluss ans Glasfasernetz
- Anschluss ans Glasfasernetz
- Dose für universelle Gebäudeverkabelung (Computernetzwerk und Telefon) in jedem Zimmer
- Geschaltete Steckdosen für Stehlampen
- Schaltung von Steckdosen, Lampen, Storen etc. über Bussystem

■ **Fenster**
- Fenster mit Wärmeschutzverglasung (U-Wert max. 0,7)
- Rafflamellenstoren

■ **Heizung und Lüftung**
- Boden- oder Radiatorheizung in allen Räumen
- Radiator zum Trocknen von Handtüchern in den Badezimmern
- Kontrollierte Lüftung mit Wärmerückgewinnung (heute besonders wichtig, da Wände und Fenster sehr dicht konstruiert sind)

■ **Einbaumöbel**
- Einbauschränke in den Schlafzimmern
- Eingebaute Garderobe mit Putzschrank

■ **Keller**
- Kellerabteil mit massiven Wänden (kein Lattenverschlag)

■ **Waschküche**
- Eigene Waschküche im Keller mit Waschmaschine und Tumbler und/oder Waschmaschine und Tumbler in der Wohnung

■ **Garage**
- Mehrfamilienhäuser oder Reihenhaussiedlungen: Garagenplatz in der Tiefgarage mit abschliessbarem Schrank für Pneus, Dachträger etc.
- Frei stehende Einfamilienhäuser oder Reihenhäuser ohne Tiefgarage: abschliessbare Garagenbox für zwei Autos

Wohnen im Alter

Immer häufiger geht die Pensionierung auch mit einem Wechsel der Wohnumgebung einher. Das Einfamilienhaus auf dem Land, das während der Familienphase ideal war, wird mit zunehmendem Alter zur Belastung: Das Treppensteigen ist anstrengend, das Haus zu gross und der Garten macht viel Arbeit. Oft entscheiden sich Pensionäre deshalb, in ein zentral gelegenes, kleineres Haus oder eine Eigentumswohnung umzuziehen. Falls Sie für die zweite Lebenshälfte eine Immobilie kaufen möchten, sollten Sie dem altersgerechten Bauen besondere Aufmerksamkeit schenken. Die wichtigsten Punkte im Überblick:

- **Generell:** Alle Wege und Räume im und ums Haus oder in der Wohnung müssen mit einer rollbaren Gehhilfe (Rollator) problemlos benutzt werden können.
- **Ort/Quartier:** Einkaufsmöglichkeiten, Ärzte, Restaurants, Spitex und eine Haltestelle des öffentlichen Verkehrs mit regelmässigen Verbindungen sollten in kurzer Distanz und möglichst ohne Treppen zu Fuss erreichbar sein.
- **Hausumgebung:** Die Haustür muss von der Strasse aus eben und ohne Stufen erreichbar sein. Der Zugangsweg sollte eine glatte Oberfläche (kein Kies) und eine gute Beleuchtung aufweisen.
- **Einfamilienhaus:** Optimal ist ein eingeschossiges Objekt. Ist das nicht der Fall, sollte die Treppe im Notfall mit einem Treppenlift nachgerüstet werden können.
- **Mehrfamilienhaus:** Ideal ist eine eingeschossige Wohnung. Eingangstür, Waschküche, Keller, Tiefgarage und Wohnungstüre müssen direkt mit einem Lift verbunden sein. Der Lift sollte mindestens so gross sein, dass darin eine Person mit Rollator Platz hat.
- **Türen:** Sämtliche Türen innerhalb der Wohnung oder des Hauses müssen mindestens 80 Zentimeter breit sein und dürfen keine Schwellen haben. Gleiches gilt auch für den Zugang zum Balkon oder zur Terrasse. Hier sollte die Schwelle maximal 2,5 Zentimeter hoch sein. So ist sichergestellt, dass sie mit dem Rollator oder einem Rollstuhl überquert werden kann.
- **Bad:** Mindestens ein Badezimmer sollte so konzipiert sein, dass es sich durch einfache Umbauten an die Bedürfnisse Behinderter anpassen lässt.

TIPP *Nicht selten ist es schwierig, anhand der Baupläne zu beurteilen, ob eine Wohnung altersgerecht ist. Es lohnt sich deshalb, die Pläne vor dem Kauf einer Fachperson für alters- und behindertengerechtes Bauen zu zeigen (siehe Adressen im Anhang). In der Regel ist eine solche Beratung kostenlos.*

Haus ab Stange oder Designerhaus?

Der Traum vom Eigenheim beinhaltet in den meisten Fällen das individuell vom Architekten gestaltete Haus. Doch die Realität sieht anders aus: Die meisten neuen Liegenschaften werden heute ab Plan verkauft und sind Teil einer grösseren Überbauung. Das gilt insbesondere für Eigentumswohnungen und Reihenhäuser. Individuell vom Architekten geplante, frei stehende Einfamilienhäuser machen nur einen kleinen Teil des Marktvolumens aus. An Wichtigkeit zugelegt haben gebrauchte Häuser. Denn viele ältere Menschen, die ihr Eigenheim in den Jahren nach dem Zweiten Weltkrieg gekauft haben, trennen sich heute davon.

Kauf ab Plan

Ein Grossteil der Immobilien, die heute die Hand wechseln, werden ab Plan verkauft. Der Grund ist simpel: Die Initianten von grösseren Über-

VERGLEICH DER VERSCHIEDENEN LIEGENSCHAFTEN AUF DEM MARKT

	Kostensicherheit	Terminsicherheit	Möglichkeit für individuelle Wünsche	Zeitaufwand für die Bauherrschaft
Kauf ab Plan	Hoch	Hoch	Mittel	Mittel
Gebrauchtes Objekt (ohne Umbau)	Mittel	Hoch	Tief	Tief
Typenhaus	Hoch	Hoch	Mittel	Mittel
Fertighaus	Hoch	Hoch	Mittel	Mittel
Haus vom Architekten	Mittel	Mittel	Hoch	Hoch

bauungen erhalten erst dann einen Baukredit von der Bank, wenn die Hälfte der Einheiten oder mehr verkauft oder zumindest reserviert sind.

Abgewickelt wird ein solcher Kauf ab Plan auf zwei Arten: Entweder werden die Häuser bzw. Wohnungen inklusive Landanteil zu einem fixen Preis von einem Anbieter verkauft. Oder die Käuferin schliesst zwei Verträge ab: einen über den Kauf des Landes mit dem Landbesitzer und einen Werkvertrag für die Erstellung des Hauses oder der Wohnung zu einem fixen Preis mit einem Generalunternehmer.

+ **Vorteile:** Fixer Preis und definitiver Bezugstermin, alles aus einer Hand, Vorauswahl an Grundriss- und Ausbauvarianten mit Preis.
– **Nachteile:** Grundriss und Optik des Hauses oder der Wohnung können nur beschränkt verändert werden.

TIPP *Beim Kauf ab Plan sollten Sie genau darauf achten, welche Leistungen im Preis eingeschlossen sind und zu welchen Tarifen Änderungswünsche ausgeführt werden. Sonst besteht die Gefahr von happigen Preisaufschlägen für Sonderwünsche (mehr zum Kauf ab Plan auf Seite 143).*

Gebrauchtes Objekt

Seit einiger Zeit finden sich auf dem Schweizer Immobilienmarkt vermehrt gebrauchte Objekte. Meist handelt es sich dabei um frei stehende Einfamilienhäuser oder ältere Eigentumswohnungen.

+ **Vorteile:** Besichtigung vor Kauf möglich, Aussicht, Lage und Nachbarschaft einfach überprüfbar, nicht selten befinden sich die Objekte an guter Lage.
– **Nachteile:** Anpassungen an eigene Wünsche erfordern Um- oder Anbauten, die Geld kosten. Oft sind gebrauchte Objekte technisch nicht auf dem aktuellen Stand. Entsprechend hoch ist der Energieverbrauch, eine Sanierung wird deshalb meist unumgänglich (siehe Seite 193).

ACHTUNG *Beim Kauf von privater Seite entspricht der geforderte Preis oft den Wunschvorstellungen des Verkäufers und nicht unbedingt den Marktpreisen. Liegt keine neutrale Schätzung vor, sollten Sie deshalb einen Schätzer beauftragen oder eine Schätzung im Internet durchführen (siehe Seite 55). Im Zweifelsfall lassen Sie einen Experten den Bau vom Keller bis zum Dach prüfen.*

Typen- und Fertighaus

Typenhäuser werden nach dem gleichen Plan Dutzende Male an verschiedenen Orten zu einem fixen Preis schlüsselfertig erstellt. Die Aufsicht über die Arbeiten obliegt dabei dem Typenhausanbieter.

Auch sogenannte Fertighäuser werden immer häufiger aufgestellt. Im Gegensatz zum Typenhaus entstehen sie aber in Fabriken und werden auf dem Bauplatz nur noch zusammengesetzt.

+ **Vorteile:** Besichtigung von Musterhäusern möglich, fixe Preise, kurze Bauzeit (Fertighaus) hilft Baukreditzinsen sparen.
– **Nachteile:** Begrenzte Veränderungsmöglichkeiten, dasselbe Haus steht dutzendfach an anderen Orten.

ACHTUNG *Die Preise für Typen- oder Fertighäuser haben oft Lockvogelcharakter und beziehen sich auf die einfachste Variante ohne Land. Zusatzwünsche – etwa ein Keller, eine Garage oder der Ausbau des Dachgeschosses – kosten meist extra. Deshalb sollten Sie genau prüfen, ob eine Offerte alle gewünschten Elemente beinhaltet.*

Individueller Bau mit Architekt

Das Haus vom Architekten entworfen gilt als Rolls-Royce unter den Eigenheimen. Jeder Bau ist ein Unikat und entsteht in enger Zusammenarbeit zwischen Bauherrschaft und Architekt. Dieser hat die Aufgabe, die Wünsche der zukünftigen Bewohnerinnen und Bewohner möglichst weitgehend zu erfüllen.

+ **Vorteile:** Individuelle Lösung, Berücksichtigung eigener Wünsche, Unikat.
– **Nachteile:** Zeitaufwendige Planungs- und Ausführungsphase für Bauherrschaft, Kostengenauigkeit im Bereich von +/–10 Prozent, Einzugstermin nur bedingt fix.

INFO *Bei der üblichen Arbeits- und Verantwortungsaufteilung zwischen Architekt und Bauherrschaft unterschreiben Sie als Bauherr oder Bauherrin alle Verträge mit den Handwerkern. Die Pflicht des Architekten beschränkt sich auf die Überwachung der Arbeiten und der Kosten und auf die rechtzeitige Warnung, falls etwas nicht klappt. Eine finanzielle Verantwortung übernimmt er aber nicht, und auch für die von den Handwerkern verschuldeten Mängel muss er nicht persönlich einstehen.*

Das Traumobjekt suchen und finden

3

Die Suche nach dem passenden Grundstück oder der richtigen Liegenschaft ist aufwendig. Das Internet ist heute die wichtigste Informationsquelle. Ist man auf ein interessantes Objekt gestossen, gilt es, dieses vom Keller bis zum Dach zu durchleuchten. Dazu gehört auch eine genaue Überprüfung des Preises.

Viele Wege führen zum passenden Objekt

Zeit ist der wichtigste Faktor bei der Suche nach einem Grundstück, einem Haus oder einer Wohnung. Nur in den seltensten Fällen werden Sie das passende Objekt gleich auf Anhieb finden. Je mehr Häuser und Wohnungen Sie besichtigen, je mehr Websites von Immobilienmaklern Sie durchforsten, umso eher werden Sie ein Gespür dafür bekommen, ob Ihnen ein Objekt passt.

Waren noch vor wenigen Jahren Zeitungen fast die einzige Quelle bei der Suche, steht heute mit dem Internet ein Medium zur Verfügung, das mit einem Mausklick Tausende von Immobilien offeriert. Nicht zu vernachlässigen sind aber auch informelle Wege – das Herumfragen in der Nachbarschaft, das Kundeninserat im Quartierladen oder die Versteigerungsanzeigen der Konkursämter. So oder so sollten Sie sich auf eine längere Suche einstellen. Gemäss Erhebungen im Rahmen der Wohntraumstudie von Moneypark und Alacasa sucht jeder Dritte länger als ein Jahr nach seiner Traumimmobilie.

TIPP *Damit Sie sich bei der Suche nicht verzetteln, sollten Sie unbedingt ein Anforderungsprofil für Ihr künftiges Heim erstellen (Beispiel siehe Seite 25).*

Immobilieninserate

Immobilien werden heute vorwiegend im Internet angeboten. Im Printbereich finden sich fast nur noch Inserate für hochpreisige und sehr spezielle Objekte sowie Teaseranzeigen für grössere Überbauungen, die dann ebenfalls aufs Web verweisen. Das Internetangebot lässt sich in zwei Bereiche unterteilen: Websites, die speziell für die Vermarktung eines Wohnprojekts erstellt wurden, und die grossen Plattformen, etwa Homegate oder Immoscout24, mit Zehntausenden von Inseraten. Wobei auch die Objekte mit einer eigenen Website in der Regel zusätzlich auf den grossen Plattformen zu finden sind.

Die projektspezifischen Websites warten meist mit einer Fülle an Informationen, Visualisierungen und teilweise sogar Kurzfilmen auf. Die grossen Immobilienplattformen wiederum funktionieren alle ähnlich: Mithilfe einer Eingabemaske geben Sie die Parameter für Ihre Suche ein (Region, Preisspektrum, Grösse, Anzahl Zimmer), und das Programm liefert die pas-

DAS INTERNET HILFT BEI DER TRIAGE

Wenn Sie via Internet ein Suchabo für Ihre Traumliegenschaft schalten, erhalten Sie täglich mehrere Angebote. Doch taugen die Objekte wirklich etwas? Passt die Lage? Dank moderner Technologien liefert das Internet nach ein paar Mausklicks erste Antworten. Das erspart Ihnen unnütze Besichtigungen vor Ort. Diese Möglichkeiten stehen Ihnen zur Verfügung:

- Oft sind die Adressen in den Onlineinseraten direkt mit einer Karte verknüpft. Falls nicht, können Sie die Adresse manuell in einer Internetkarte eingeben, etwa bei Google Maps (www.google.ch/maps) oder Search.ch (map.search.ch). So sehen Sie schnell, ob in der Nähe laute Strassen oder eine Bahnlinie vorbeiführen, wie die umliegende Bebauung aussieht, wo sich Haltestellen des öffentlichen Verkehrs, Restaurants, Läden und Schulen befinden. Street-View ermöglicht Ihnen zudem vielerorts einen virtuellen Gang durch das Quartier.
- Verschiedene Kantone, darunter Zürich, bieten einen sogenannten GIS-Browser an (www.gis.zh.ch). Dahinter verstecken sich detaillierte Karten zu verschiedensten Themen. So können Sie etwa eine soziodemografische Analyse der Umgebung durchführen. Sie zeigt Ihnen, welchen Bildungsgrad die Bewohner in einem gewissen Umkreis haben, wie es mit der Altersstruktur oder der Herkunft (Ausländeranteil) aussieht.
- Der Onlinefahrplan der SBB (www.sbb.ch) sowie ein Routenplaner (zum Beispiel Google Maps) zeigen schnell, wie gut erreichbar ein Objekt ist.
- Hilfreich sind auch elektronische Telefonbücher (www.local.ch), Personensuchseiten (wie www.yasni.ch) sowie Social-Media-Plattformen (zum Beispiel Facebook und Instagram), um mehr über die künftigen Nachbarn zu erfahren.
- Der Richtplan des Standortkantons liefert wichtige Hinweise zu geplanten Verkehrswegen, Deponien oder anderen Infrastrukturprojekten, die einen Einfluss auf die Qualität der Wohnumgebung haben könnten. Eingetragen sind beispielsweise Flächen, die für den künftigen Bau von Strassen, Bahnlinien oder Tunnels vorgesehen sind. Zu finden ist der Richtplan auf der Website des jeweiligen Kantons. Ergänzt wird er durch regionale und kommunale Richtpläne.

senden Objekte. Viele dieser Plattformen bieten Bilder und Pläne, hinzu kommen praktische Hilfsmittel, zum Beispiel eine Karte mit dem genauen Standort, Fahrpläne oder Angaben zum Steuerfuss. Findet sich kein geeignetes Objekt, können Sie ein Suchabonnement mit Ihren Anforderungen aufschalten und werden via E-Mail oder SMS informiert, wenn ein passendes Objekt inseriert wird.

TIPP *Neben schweizweiten Immobilienplattformen wie www.homegate.ch oder www.immoscout24.ch existiert eine Vielzahl an regionalen Anbietern. Eine gute Suchmöglichkeit sind zudem übergeordnete Plattformen wie www.alle-immobilien.ch. Diese durchforsten ähnlich einer Suchmaschine die Seiten mehrerer Anbieter (weitere Links im Anhang). Hilfreich ist die Installation der von Homegate und Immoscout24 angebotenen Apps für Mobiltelefone. So erfahren Sie auch unterwegs sofort, wenn ein passendes Objekt verfügbar ist.*

Auftrag an Makler

Wenn Sie wenig Zeit haben oder ein sehr spezielles Objekt suchen, können Sie einen Immobilienmakler beauftragen. Mit Vorteil wählen Sie dabei einen Makler, eine Maklerin aus der Region, in der Sie später wohnen möchten. Ein solcher Service ist aber nicht günstig. Üblicherweise werden Makler im Stundenlohn bezahlt. Die Ansätze dafür bewegen sich zwischen 120 und 190 Franken.

TIPP *Lassen Sie sich vor der Auftragsvergabe Referenzen geben und überprüfen Sie diese. Vereinbaren Sie, wie lange der Auftrag laufen soll und welche Entschädigung Sie zu zahlen haben. Da es sich um einen Auftrag handelt, können Sie ihn jederzeit vorzeitig kündigen und den Makler für seine bis dahin geleistete Arbeit entschädigen.*

Übernahme von den Eltern

Die Übernahme des Hauses oder der Eigentumswohnung von den Eltern noch zu deren Lebzeiten ist eine weitere Möglichkeit, ein Eigenheim zu finden. Gerade Einfamilienhäuser mit vielen Treppen sind für ältere Menschen oft mehr Last als Freude, da ist eine vorzeitige Weitergabe an die Nachkommen sinnvoll.

Für die Übernahme des Elternhauses bestehen zwei Möglichkeiten: Entweder die Eltern verkaufen das Haus dem Sohn, der Tochter oder sie schenken es ihnen in Form eines Erbvorbezugs (siehe Seite 87). Beide Varianten erfordern eine öffentliche Beurkundung durch einen Notar (siehe auch Seite 136) und einen Eintrag im Grundbuch.

BUCHTIPP

Alle Informationen zu einer Übernahme der elterlichen Liegenschaft schon zu Lebzeiten der Eltern finden Sie in diesem Beobachter-Ratgeber: **Das Eigenheim verkaufen, vererben oder vermieten.**

www.beobachter.ch/buchshop

In beiden Fällen lohnt es sich zudem, sich von Fachleuten (Juristin, Notar) beraten zu lassen, um alle erbrechtlichen Aspekte zu klären. Dies gilt vor allem dann, wenn das Haus verschenkt oder zu einem Preis unter dem Marktwert verkauft wird und es mehrere Nachkommen gibt. Denn dann können die leer ausgehenden Kinder nach dem Tod der Eltern einen finanziellen Ausgleich verlangen.

Versteigerung

Jede Woche werden in der Schweiz gegen 50 Wohnungen und Häuser versteigert (zu finden beispielsweise unter zwangsversteigerung.ch). Auch dies kann ein Weg zu Ihrem neuen Heim sein; Ihre Chancen auf einen Zuschlag sind an einer solchen Gant durchaus intakt. Denn bei durchschnittlichen Objekten ist die Zahl der Mitbietenden gering, und die Preise sind meist nur so hoch angesetzt, dass sie die Schulden des ehemaligen Besitzers bei der Bank decken. Trotzdem geht es bei Immobilienversteigerungen um hohe Werte, und der Zuschlag erfolgt schnell. Deshalb sollten Sie sich gut vorbereiten.

- Besichtigen Sie das Objekt ausführlich und ziehen Sie wenn nötig eine Architektin zurate, um Schwachstellen zu erkennen. Denn bei einer Versteigerung sind sämtliche Mängelrechte ausgeschlossen.

- Das Konkursamt gibt einen Schätzpreis bekannt. Überprüfen Sie diesen sorgfältig und geben Sie im Zweifelsfall eine eigene Schätzung in Auftrag.
- Lassen Sie sich vom Konkursamt das Gläubiger- und Lastenverzeichnis zeigen. Es kann vorkommen, dass Sie mit der Liegenschaft auch Schulden oder Verträge übernehmen müssen.
- Werfen Sie einen Blick ins Grundbuch und klären Sie ab, welche Lasten, Rechte und Pflichten zum Objekt gehören.

TIPPS UND TRICKS FÜR DIE SUCHE IN AUSGETROCKNETEN MÄRKTEN

An zentralen Lagen und in besonders beliebten Gemeinden sind bezahlbare Wohnungen und Häuser Mangelware. Über das Internet oder Zeitungsinserate kommt man dort nur selten zum passenden Objekt. Mehr Chancen bieten informelle Kanäle:

- Informieren Sie möglichst viele Bekannte, Verwandte und Freunde, die in der Nähe des gewünschten Standorts wohnen, über Ihre Suche. Neben der mündlichen Propaganda können Sie dabei auch mit Rundmails arbeiten und die sozialen Netzwerke wie Facebook, Instagram und Twitter nutzen.
- Nutzen Sie die Möglichkeit, im Intranet Ihres Arbeitgebers ein Suchinserat zu platzieren.
- Nutzen Sie Websites wie www.erstbezug.ch oder www.neubauprojekte.ch, die über Neubauprojekte berichten. Interessant sind auch alternative Sites, etwa www.ronorp.net.
- Verschiedene Städte und Gemeinden (zum Beispiel Winterthur) bieten die Möglichkeit, einen Newsletter des Bauamts zu abonnieren. Darin sind alle Baugesuche aufgelistet. So entdecken Sie früh, wenn für ein neues Wohnbauprojekt ein Baugesuch eingereicht wird.
- Hängen Sie im Quartier- oder Dorfladen ein Suchinserat auf.
- Spazieren Sie möglichst häufig durchs Quartier; so fallen Ihnen Veränderungen auf und Sie stossen auf Häuser, die vielleicht leer stehen.
- Werfen Sie in die Briefkästen aller Häuser im Quartier auffällige Zettel mit Ihrem Suchinserat. Gestalten Sie das Inserat möglichst persönlich, indem Sie sich und Ihre Familie kurz vorstellen. Je nachdem können Sie für die Vermittlung eines passenden Objekts auch eine Belohnung aussetzen.
- Fragen Sie Bewohner des Quartiers, mit denen Sie bei Spaziergängen vor Ort in Kontakt kommen, nach leer stehenden oder bald leer werdenden Wohnungen oder Häusern. Nicht selten stösst man so auf Objekte, deren Bewohner vielleicht den Wechsel ins Altersheim oder einen Umzug planen.

- Klären Sie die Finanzierung im Voraus. Wenden Sie sich aber nicht an die Bank des Schuldners, denn diese wird Ihren Antrag unter Umständen ablehnen.
- Setzen Sie sich vor Beginn der Versteigerung eine oberste Limite. Diese setzt sich zusammen aus der Kreditzusicherung der Bank und Ihrem Eigenkapital.
- Halten Sie einen Scheck für die Anzahlung bereit. In der Regel müssen Sie 10 bis 20 Prozent des Schätzwerts direkt nach Abschluss der Versteigerung zahlen.

Während 30 Tagen nach der Versteigerung können beispielsweise die Gläubiger des früheren Besitzers noch Einsprache erheben. So lange mindestens müssen Sie warten, bis Sie Ihr neues Heim beziehen dürfen.

Stimmt der Preis?

Den exakt richtigen Preis für eine Immobilie gibt es nicht. Schlussendlich ist ein Objekt so viel wert, wie jemand dafür zu zahlen bereit ist. Trotzdem lässt sich bei den meisten Immobilien überprüfen, ob die geforderte Summe mehr oder weniger angemessen ist. Ausser bei Liebhaberobjekten: Hier richten sich die Preise nach dem Liebhaberwert, nicht nach messbaren Faktoren.

Die Preiskontrolle lohnt sich in jedem Fall. Zum einen, weil die Banken nicht bereit sind, überteuerte Objekte zu den üblichen Konditionen zu finanzieren, zum andern, weil Sie sonst bei einem späteren Wiederverkauf unter Umständen drauflegen.

Preisbestimmende Faktoren und ihre Überprüfung

Die Preisunterschiede zwischen verschiedenen Regionen der Schweiz sind massiv. Das gleiche Haus auf dem gleich grossen Grundstück kostet im

Oberengadin beispielsweise mehr als doppelt so viel wie im luzernischen Entlebuch. Dafür verantwortlich sind nicht die Baukosten, sondern in erster Linie die Landpreise. Diese sind im Oberengadin je nach Lage drei- bis achtmal so hoch wie im Entlebuch.

Die Lage eines Grundstücks gilt also als der wichtigste Faktor für den Preis. Bestimmt wird der Wert durch Faktoren wie die Aussicht, die Nachbarschaft, die Erschliessung, die Besonnung, die Lärmbelastung, der Steuerfuss der Gemeinde, die Nachfrage nach Land und das entsprechende Angebot in der Region sowie die auf dem Grundstück mögliche Ausnutzung.

Erst in zweiter Linie trägt das Objekt selbst zum Gesamtpreis bei. Bestimmt wird dieser Wert durch die Wohnfläche, den Ausbaustandard, das Alter, die Grundrissaufteilung und die Architektur des Gebäudes.

INFO *Bei alten und schlecht unterhaltenen Immobilien kann es vorkommen, dass das Gebäude selbst praktisch keinen Wert mehr hat und lediglich noch das Grundstück für den Kaufpreis ausschlaggebend ist.*

Wer den Preis einer Liegenschaft selber überprüfen will, stösst schnell an Grenzen. Denn der Vergleich mit ähnlichen Objekten liefert nur ein ungefähres Bild. Es lohnt sich, im Zweifelsfall die Hilfe eines Schätzers in Anspruch zu nehmen oder im Internet eine Schätzung durchzuführen (siehe nächste Seite). Gemessen am Kaufpreis sind die Kosten für eine solche neutrale Beurteilung gering. Zudem werden die Finanzinstitute, wenn Sie einen Hypothekarkredit beantragen, sowieso eine Schätzung verlangen.

Grundstückspreis überprüfen

Am einfachsten überprüfen lässt sich der Wert eines Grundstücks. Der Bausekretär der Gemeinde, in einer grösseren Stadt der Kreisarchitekt, weiss oft recht genau, in welchen Quartieren Grundstücke zu welchen Preisen gehandelt werden. Kann man nicht auf diese Quellen zurückgreifen, genügt es manchmal schon, in der Nachbarschaft Erkundigungen einzuziehen. Einige Kantone publizieren zudem in regelmässigen Abständen Karten mit Landpreisen. Zu finden sind diese auf den Websites der statistischen Ämter.

Wohnungs- oder Hauspreis überprüfen

Der klassische Weg, eine Immobilie zu beurteilen, ist der Beizug eines **Schätzers.** Meist handelt es sich dabei um Architekten mit einer Zusatzausbildung. Sie besichtigen das Objekt und erstellen einen ausführlichen Bericht, der sowohl die Lage als auch den Zustand des Hauses oder der Wohnung beurteilt. Mit dazu gehört die Berechnung des sogenannten Verkehrswerts, der am ehesten dem auf dem Markt erzielbaren Preis entspricht (+/–10 Prozent). Der Aufwand eines Immobilienschätzers hängt von der Grösse des Objekts ab und bewegt sich im Rahmen von 700 bis 1500 Franken.

TIPP *Einen versierten Schätzer, der mit den örtlichen Verhältnissen vertraut ist, finden Sie am einfachsten über die Gemeinde. Denn diese beauftragt oft Schätzer, etwa bei Erbschaften oder konkursamtlichen Versteigerungen. Eine weitere gute Quelle sind die Banken. Beauftragen Sie einen von der Bank empfohlenen Schätzer, erleichtert dies zudem später die Finanzierung.*

Günstiger als der Schätzer ist eine **hedonische Bewertung.** Angeboten wird diese Art der Bewertung derzeit vom Informations- und Ausbildungszentrum für Immobilien (IAZI, www.iazicifi.ch), von Wüest Partner (www.wuestpartner.com), Fahrländer Partner (www.fpre.ch) sowie von Homegate und weiteren Immobilienplattformen (wobei diese im Hintergrund mit einem der Tools der drei grossen Anbieter arbeiten). Für eine solche Bewertung werden verschiedene Eckdaten zum Objekt benötigt. Diese geben Sie jeweils selber online ein. Das hedonische Modell vergleicht Ihre Angaben mit denen von Tausenden anderen Liegenschaften, die in den letzten Jahren die Hand gewechselt haben und deren Preis bekannt ist. So lässt sich der Wert einer Immobilie ähnlich genau bestimmen wie mit der Hilfe eines Schätzers. Alle grossen Banken benutzen heute solche Modelle, wenn sie Liegenschaften bewerten. Einzig bei Liebhaberobjekten und sehr alten Häusern lässt sich der Wert mit der hedonischen Methode nicht ermitteln.

NADINE UND XAVER A. haben kürzlich in ihrem Lieblingsquartier ein älteres Haus gefunden, das sie erwerben möchten. Der Besitzer verlangt 850 000 Franken und beruft sich dabei auf die zwei Jahre alte Einschätzung eines Architekten und Liegenschaftenschätzers. Herr und Frau A. sind unsicher, ob der Preis für die Immobilie wirklich stimmt, denn ein ähnliches Haus in der Nachbarschaft wurde sechs Monate zuvor für nur gerade 650 000 Franken verkauft. Deshalb füllen sie im Internet ein Formular für eine hedonische Bewertung aus. Das Computerprogramm schätzt den Wert des Hauses auf 830 000 Franken (Genauigkeit 5 bis 10 Prozent). Für die A.s ist damit klar, dass der Verkäufer von einem reellen Preis ausgeht.

ACHTUNG *Bei der Internetbewertung beurteilen Sie als Laie den Zustand der Immobilie. Stimmt Ihre Einschätzung nicht, wird das Resultat verfälscht und der ermittelte Wert entspricht nicht mehr dem wirklichen.*

Preisverhandlung

Auch wenn es auf dem Papier so wirkt: Der Preis einer Immobilie ist nie fest, verhandeln ist immer möglich.

Insbesondere bei Altbauten besteht ein Spielraum. Für eine erfolgreiche Preisverhandlung ist eine gute Vorbereitung wichtig. Wenn Sie ohne stichhaltige Argumente einfach den Preis drücken wollen, laufen Sie schnell ins Leere. Deshalb sollten Sie den lokalen Immobilienmarkt genau studieren und eventuell eine Architektin beiziehen, die Ihnen hilft, gute Argumente für einen Preisnachlass zu finden. Hilfreich ist auch eine neutrale Einschätzung des Marktwerts durch einen Schätzer oder im Internet (siehe vorangehende Seite).

Natürlich besteht beim Feilschen das Risiko, zu hoch zu pokern, vor allem wenn viele andere Interessenten mitbieten.

Auch bei Neubauten sind Preisnachlässe möglich. Hier geht es aber weniger darum, um den Kaufpreis zu feilschen, als Zugeständnisse beim Ausbau herauszuholen. Oft sind Immobilienverkäufer bereit, auf gewisse Deals einzugehen – etwa statt des vorgesehenen Teppichs ohne Aufpreis einen Parkettboden zu verlegen. Verhandlungsspielraum besteht auch bei den Parkplätzen in der Tiefgarage. Wer zwei nimmt, kann für den zweiten meist einen tieferen Preis aushandeln.

ACHTUNG *Halten Sie Ausbauwünsche, die Ihnen ohne Aufpreis gewährt werden, schriftlich fest. Am besten im Baubeschrieb, der Teil des Kaufvertrags sein sollte (siehe Seite 134 und 148).*

Bieterrunden

Bei gefragten Altbauten drehen die Verkäufer den Spiess gern um. Statt eines fixen Preises geben sie eine Verhandlungsbasis an und lassen die Interessenten Angebote einreichen. Nach der ersten Runde gibt der Verkäufer den höchsten gebotenen Preis bekannt, und alle haben die Chance, ihr Angebot nochmals zu erhöhen. Den Zuschlag erhält schliesslich der Meistbietende.

Bevor Sie sich auf ein solches Bietverfahren einlassen, sollten Sie sicher sein, dass Sie das Objekt wirklich kaufen wollen. Grundsätzlich kann Sie zwar kein Anbieter zwingen, ein Haus zu kaufen. Doch der Grundsatz von Treu und Glauben verlangt, dass Sie nur bei Objekten mitbieten, die Sie sich auch leisten können.

TIPP *Klären Sie vor der Teilnahme an einer Bieterrunde, wie viel Geld Sie von Ihrer Bank bekommen, und lassen Sie sich dies schriftlich bestätigen. Die Höhe des Kredits sollte zusammen mit Ihrem Eigenkapital die oberste Limite für Ihr Angebot darstellen. Viele Mitinteressenten in Bieterrunden setzen jeweils einen geraden Betrag ein. Erhöhen Sie Ihre Chancen, indem Sie einen ungeraden Preis bieten. Also zum Beispiel 631 000 Franken statt 630 000 Franken.*

Besichtigungen: So gehen Sie richtig vor

Sie haben ein Objekt gefunden, das auf den ersten Blick Ihren Wünschen entspricht, und auch der angegebene Preis wäre für Sie tragbar. Sie machen also mit dem Verkäufer einen Termin ab, um die Liegenschaft zu besichtigen.

Bei dieser ersten Besichtigung wird es allerdings nicht bleiben. Um ein Objekt genau prüfen zu können, werden Sie mehrmals vorbeigehen, zu verschiedenen Tageszeiten und bei unterschiedlichen Wetterlagen.

Die erste Besichtigung

Bei der ersten Besichtigung geht es um den Gesamteindruck. Gleichzeitig können Sie alle Angaben sammeln, um dann das Haus oder die Wohnung anhand von Checklisten zu bewerten (siehe Seite 68). Bitten Sie den Verkäufer, fehlende Unterlagen – etwa Pläne oder Grundbuchauszüge – zum Termin mitzubringen. Klären Sie mit ihm anlässlich der Besichtigung das weitere Vorgehen und fixieren Sie eventuell schon die nächsten Termine. Lassen Sie sich aber auf keinen Fall zu einer Unterschrift hinreissen – bleiben Sie unverbindlich und ignorieren Sie Argumente wie: «Ich habe neben Ihnen noch viele andere Interessenten an der Hand.»

TIPP *Nehmen Sie eine Kamera mit und fotografieren Sie Gebäude, Grundstück, Aussicht, Umgebung, einzelne Zimmer … Gehen Sie in Begleitung (Partner, Partnerin, Bekannte) an die erste Besichtigung. So können Sie vom Erinnerungsvermögen und von den individuellen Eindrücken dieser Personen profitieren.*

Kommt das Objekt nach der ersten Besichtigung für Sie immer noch infrage, sollten weitere Besichtigungen folgen. Suchen Sie das Haus oder die Wohnung mehrmals auf: zu verschiedenen Tageszeiten, an Werk-

BLUMEN FÜR DEN VERKÄUFER?

Bei gefragten Objekten lohnt es sich, zu überlegen, wie man aus der Masse der Interessenten hervorstechen kann. Welches Vorgehen dabei das richtige ist, hängt stark von der Situation ab. Wickelt die Besitzerin den Verkauf selber ab, ist es sicher wichtig, mit ihr an der Besichtigung ins Gespräch zu kommen und sich persönlich vorzustellen. Ein sympathischer Brief, in dem man sich und die eigene Familie kurz vorstellt und darlegt, warum man gern gerade in dieses Quartier ziehen möchte, ist eine weitere Möglichkeit, auf sich aufmerksam zu machen. Eher abzuraten ist hingegen von Geschenken an die derzeitigen Besitzer.

Ist eine Maklerfirma für den Verkauf zuständig, zählen meist harte Fakten. Hier ist es wichtig, sauber aufzuzeigen, dass die Finanzierung der Liegenschaft gesichert und dass man bereit ist, das Objekt auf den genannten Termin zu übernehmen. ■

tagen und am Wochenende, bei Sonne und bei Regen. Nur so erhalten Sie einen umfassenden Eindruck von der Besonnung, dem Lärm und dem Quartierleben.

Haben Sie anhand all dieser Abklärungen sämtliche Checklisten in diesem Kapitel ausgefüllt und mit den Daten anderer Immobilien verglichen, erfolgt die abschliessende Besichtigung des Objekts Ihrer Wahl. Dabei können Sie letzte offene Punkte vor Ort nochmals überprüfen oder nachfragen. Ist alles zu Ihrer Zufriedenheit, werden Sie dem Verkäufer Ihre konkrete Kaufabsicht mitteilen.

Die genaue Überprüfung des Objekts

JUTTA Z. UND LINUS A. konnten damals ihr Glück kaum fassen: Sie hatten den Zuschlag bekommen für ein traumhaftes Haus in Grindelwald, mit Blick auf den Eiger und Besonnung während des ganzen Tages. Zwei Jahre später der Schock: Direkt vor ihrer Nase wurde ein dreistöckiges Mehrfamilienhaus hochgezogen. Vom Eiger sehen sie seither nur noch die Spitze, und ihre Terrasse liegt selbst im Hochsommer ab drei Uhr nachmittags im Schatten. Am meisten ärgern sich die beiden über sich selbst: Hätten sie vor dem Kauf kurz beim Bauamt nachgefragt, hätte man ihnen damals bereits sagen können, dass auf dem angrenzenden Grundstück ein Wohnblock geplant sei.

CHECKLISTEN ERLEICHTERN DIE BEWERTUNG

Vier Themenbereiche gilt es sorgfältig zu prüfen: den Standort (siehe unten), das Quartier und die Umgebung (siehe Seite 63), das Grundstück (siehe Seite 65) und das Gebäude (siehe Seite 76). Zu allen Bereichen finden Sie ab Seite 68 Checklisten (diese sind auch online verfügbar: www.beobachter.ch/download. Die Kriterien darin können Sie mit eigenen, Ihnen wichtigen Faktoren ergänzen. Und so funktioniert die Auswertung:

- In der Spalte «Gewichtung» tragen Sie ein, wie wichtig Ihnen persönlich das Kriterium ist: von 1 = unwichtig bis 5 = sehr wichtig.
- Nachdem Sie alle relevanten Informationen über ein Objekt zusammengetragen haben, können Sie in der Spalte «Bewertung» zu jedem einzelnen Kriterium eine Note vergeben: von 1 = schlecht bis 10 = sehr gut.
- Die Gewichtungszahl multiplizieren Sie mit der Bewertungszahl und tragen das Resultat ins Feld «Totale Punktzahl» ein.
- Addieren Sie für jedes Objekt die Punktzahlen aller vier Checklisten. So erhalten Sie den Gesamtwert, anhand dessen Sie die verschiedenen Objekte vergleichen können.

Sind die Bewertungsfelder in den Checklisten mit XXX ausgefüllt, handelt es sich um Faktoren, die qualitativ nicht gewichtet werden können, aber meist für die finanzielle Kalkulation ausschlaggebend sind.

Es ist erstaunlich, wie oberflächlich und rasch manche Eigenheimkäufe heute abgewickelt werden. Immerhin geht es dabei für die meisten um die grösste Investition ihres Lebens. Und ganz im Gegensatz zum Mieter kann man als Hausbesitzer nicht einfach nach drei Monaten wieder kündigen, weil man gemerkt hat, dass einem etwas nicht passt. Für zukünftige Eigenheimbesitzer gilt es also, sich intensiv mit den einzelnen Objekten auseinanderzusetzen – diese vom Keller bis zum Dachstock zu prüfen. Nur so lässt sich späterer Frust oder ein finanzielles Debakel vermeiden.

Der Standort

Richten Sie Ihr Augenmerk vor allem auf die Lage des Objekts, denn diese zählt bei einer Immobilie immer. Passt Ihnen die Abdeckung in der Küche oder die Farbe der Fassade nicht, lässt sich dies relativ einfach ändern. Nicht ändern können Sie Faktoren wie Sonneneinstrahlung, Aussicht, Infrastruktur im Ort, Distanzen zu Schulen oder zum Arbeitsort. Genau diese Faktoren aber werden darüber entscheiden, ob Sie sich auch in fünf Jahren in Ihrem Haus und am Wohnort noch wohlfühlen.

Oft unterschätzt man den Aufwand und die Folgekosten, die ein abgelegenes Objekt mit sich bringen kann. Das günstige Haus in einem Weiler auf dem Land wird schnell teuer, wenn die Familie ein zweites Auto benötigt, um einzukaufen oder die Kinder in den Sportverein zu fahren. Und liegt der Arbeitsplatz weit entfernt vom Wohnort, bedeutet das nicht nur mehr Kosten, sondern auch einen grossen Zeitaufwand für den Arbeitsweg (Checkliste zum Standort siehe Seite 68).

Wohnkosten versus Pendelzeit

Eine Möglichkeit, den hohen Eigenheimpreisen in den Städten ein Schnippchen zu schlagen, ohne gerade ganz abseits zu wohnen, sind gut erschlossene Gemeinden in den Agglomerationen. Die in den letzten 30 Jahren entstandenen S-Bahn-Netze im Umfeld der grösseren Städte erlauben es, günstiger als in der Stadt zu wohnen und trotzdem schnell ins Zentrum fahren zu können.

Doch wie weit muss man von der Stadt wegziehen, um das Optimum zwischen längerer Fahrzeit und tieferem Preis fürs Eigenheim herauszuholen? Die Abteilung Immobilienresearch der Zürcher Kantonalbank hat dies exemplarisch anhand der S-Bahn-Linie 15 geprüft, die von Rapperswil über Zürich nach Niederweningen führt. Dazu haben die Spezialisten der Bank berechnet, was der Kauf eines fiktiven Musterwohnobjekts in Bahnhofsnähe kosten würde (siehe Kasten auf der nächsten Seite).

Die Ergebnisse zeigen unter anderem, dass dank der 34 Minuten Fahrzeit ab Zürich die Kaufpreise der Musterobjekte im ländlichen Niederweningen rund 50 Prozent tiefer liegen als in der Stadt. Die Preise sinken aber nicht konstant zur Fahrzeit, sonst würde man im gerade mal 14 Minuten von Zürich entfernten Uster für die Musterobjekte theoretisch nur gut 20 Prozent weniger bezahlen. Gemäss den Rechenbeispielen kostet die Muster-Eigentumswohnung in Uster aber 26 Prozent weniger als in Zürich, beim Einfamilienhaus beträgt die Differenz gar 31 Prozent. Wer also in Zürich arbeitet, nicht gern allzu weit pendelt und die Preise in Uster bezahlen kann, würde dort das persönliche Optimum zwischen Fahrzeit und Immobilienpreisen finden.

FAHRZEIT UND IMMOBILIENPREISE

Haltestelle	Fahrzeit nach Zürich HB in Minuten	Preis Eigentumswohnung[1] in Franken	Preis Einfamilienhaus[2] in Franken
Rapperswil	36	1210000	1700000
Jona	34	1180000	1670000
Rüti ZH	29	990000	1490000
Bubikon	26	990000	1490000
Wetzikon	20	1010000	1540000
Uster	14	1190000	1820000
Zürich Stadelhofen	3	1650000	2730000
Zürich HB	0	1600000	2730000
Hardbrücke	4	1740000	2950000
Zürich Oerlikon	8	1560000	2620000
Glattbrugg	11	1130000	1740000
Rümlang	15	990000	1510000
Oberglatt	18	1020000	1530000
Niederhasli	22	930000	1390000
Dielsdorf	24	940000	1400000
Steinmaur	27	980000	1470000
Schöfflisdorf-Oberweningen	30	940000	1420000
Niederweningen Dorf	33	860000	1290000
Niederweningen	34	880000	1310000

[1] Stockwerkeigentum: Etagenwohnung, Neubau, in direkter Nähe zum Bahnhof, 4 Zimmer, 120 m² Wohnfläche.

[2] Einfamilienhaus: Reihenhaus, Neubau, gute Bauqualität, in direkter Nähe zum Bahnhof, 5 Zimmer, 165 m² Wohnfläche, 500 m² Land.

Quelle: ZKB Immobilienresearch, 2019

Dass die Preise näher bei der Stadt im Verhältnis zur Fahrzeit schneller abnehmen, hat gemäss den Research-Spezialisten der Zürcher Kantonalbank seinen Grund: Zum einen sind die Baukosten überall etwa gleich hoch, nur der Preis für das zugehörige Grundstück variiert. Zum andern sinkt der Landpreis in den ersten Fahrminuten vom Zentrum weg am stärksten, danach verflacht sich die Kurve. Die fiktiven Beispiele zeigen also, dass es sich durchaus lohnt, einen Vergleich zwischen den Fahrzeiten und den Immobilienpreisen anzustellen, um das Optimum für die eigene Situation herauszuholen. Dabei gilt das Augenmerk insbesondere den Gemeinden im ersten Agglomerationsgürtel um die Stadt herum, die oft ein interessantes Verhältnis zwischen Immobilienpreisen und Fahrzeiten zu bieten haben.

Das Quartier und die Umgebung

Je nach Ihrer persönlichen Situation kommt dem Quartier eine grössere oder kleinere Bedeutung zu: Haben Sie keine Kinder, arbeiten Sie zu 100 Prozent auswärts und sind Sie übers Wochenende oft weg, wird es für Sie weniger wichtig sein, wer in Ihrer nächsten Umgebung wohnt und wie die soziale Zusammensetzung des Quartiers aussieht. Umgekehrt verhält es sich, wenn Sie kleine Kinder haben und sich Ihr Leben die meiste Zeit im engeren Umkreis Ihres Heims abspielt. Interessieren Sie sich für ein Haus, ein Reihenhaus oder eine Eigentumswohnung in einer Siedlung, sollten Sie sich im Voraus ein möglichst gutes Bild vom vorherrschenden Klima machen. Denn hier ist das Zusammenleben meist relativ eng. Wie gehen die Bewohner miteinander um? Welchen Eindruck macht die Verwaltung?

Ebenfalls nicht zu vernachlässigen sind Immissionen wie Lärm oder Gestank. Gerade wenn diese nur sporadisch auftreten, werden sie Ihnen bei einer ersten Besichtigung vielleicht gar nicht auffallen. Darum sollten Sie ein Objekt immer mehrmals zu verschiedenen Zeiten und an verschiedenen Tagen besichtigen. So entdecken Sie beispielsweise Lärm- und Geruchsimmissionen, gegen die man, wenn überhaupt, meist nur mit grossem Aufwand ankommt – was entsprechend hohe Kosten verursacht.

Ein weiterer Punkt, den Sie bei der Gemeinde unbedingt prüfen sollten, ist die Frage, ob in der nächsten Umgebung grössere Bauprojekte geplant sind, die sich auf Ihre Wohnqualität negativ auswirken könnten (Checkliste zum Quartier siehe Seite 70).

Familienfreundlich wohnen

Wenn Sie die Gründung einer Familie planen oder bereits kleine Kinder haben, sollten Sie das künftige Wohneigentum auf seine Familientauglichkeit überprüfen. Dabei gilt das Augenmerk nicht nur dem Objekt selbst, sondern auch seiner näheren und weiteren Umgebung. Es geht vor allem um folgende Punkte:

- **Weitere Umgebung**
  - Wie sieht das Angebot an Krippen, Kindergärten, Schulen und Vereinen aus?
  - Können die Kinder diese Einrichtungen zu Fuss oder mit dem Velo ohne Begleitung der Eltern erreichen?
  - Befindet sich in der Nähe eine Bus- oder Bahnhaltestelle, die es den Kindern ermöglicht, die für sie wichtigen Orte selbständig zu erreichen (den Fussballklub, die Ballettstunde oder eine weiterführende Schule)?
  - Wie weit entfernt sind stark befahrene Strassen, die für kleine Kinder gefährlich sein könnten?
- **Nähere Umgebung**
  - Wie viele gleichaltrige Kinder leben in der Nachbarschaft?
  - Ist die Nachbarschaft überaltert, sodass mit Konflikten zu rechnen ist (Reklamationen wegen Lärm von spielenden Kindern etc.)?
  - Welche Spielmöglichkeiten bietet die nähere Umgebung?
  - Sind Rückzugsräume vorhanden, die den Kindern ein unbeaufsichtigtes Spielen ermöglichen (Abenteuerspielplatz, frei nutzbare Sportanlage, Wald)?
  - Kann in der näheren Umgebung gefahrlos draussen gespielt werden (Spielstrasse, Zone mit reduzierter Geschwindigkeit, Quartierstrasse ohne viel Verkehr)?
- **Objekt**
  - Können auch kleinere Kinder das Haus selber betreten und verlassen (Türmechanismus, Gewicht der Tür)?
  - Sind im Haus oder direkt ums Haus Rückzugsmöglichkeiten vorhanden, wo die Kinder unbeaufsichtigt spielen können (Garten mit Zaun zur Strasse oder Ähnliches)?

- Sind die Kinderzimmer mindestens 14 Quadratmeter gross und lassen sie sich auf verschiedene Arten möblieren?
- Sind im oder ums Haus genügend Stauräume für Spielzeug, Kindervelos, Trottinette und Sportgeräte vorhanden?
- Sind alle gefährlichen Orte wie Treppengeländer, Balkone, Terrassen und Fenster ausreichend gesichert oder lässt sich eine Sicherung einfach einbauen?

Das Grundstück

Die Grundlage für Ihre Immobilie bildet das Grundstück. Mit seiner Topografie und der Qualität des Baugrunds hat es einen direkten Einfluss auf die Kosten des Bauvorhabens. Auch seine Fläche ist massgebend. Sie entscheidet über die maximale Grösse des Hauses, über die Möglichkeiten der Nutzung (Garten, Spielplatz etc.), über den Aufwand für die Pflege und natürlich über den Preis – je mehr Land, desto teurer wird Ihr Objekt. Die folgenden Faktoren sind zu beachten (Checkliste zum Grundstück siehe Seite 72):

- **Erschliessung:** Als voll erschlossen gilt eine Parzelle, wenn Strassenzufahrt, Frisch- und Abwasserleitungen, Anschlüsse für Strom, Telefon, Fernsehen und eventuell Gas vorhanden sind. Ist dies nicht der Fall und müssen Sie als Grundeigentümer oder Grundeigentümerin selbst für die Kosten aufkommen oder diese gemeinsam mit dem benachbarten Eigentümer tragen, kann das schnell ins Geld gehen.
- **Auflagen:** Unbedingt prüfen sollten Sie, welche Rechte und Pflichten zum Grundstück gehören. Im Grundbuch sind die meisten dieser sogenannten Dienstbarkeiten ersichtlich (siehe nächste Seite). Sie regeln den Gebrauch des eigenen und der angrenzenden Grundstücke: Darf der Nachbar den Fussweg, der über Ihr Grundstück zur Strasse führt, mitbenutzen? Wie nahe dürfen Sie an die Grenze bauen? In einigen Kantonen sind die Grundbuchdaten bereits elektronisch verfügbar, andere Kantone stellen in den nächsten Jahren um.
- **Bauzone:** Die Bauzone, in der das Grundstück liegt, bestimmt unter anderem, wie hoch die Ausnützungsziffer (maximal zulässige Wohnfläche) und die maximale Geschosszahl sein dürfen. Ausserdem sind in der Bauverordnung und im Zonenplan auch die zulässigen Grenzabstände

definiert. Die Gemeinden können für einzelne Gebiete zusätzlich Erschliessungs- oder Gestaltungspläne erlassen, die weitere Vorschriften enthalten – beispielsweise zum Baustil oder zur Dachgestaltung. Solche Faktoren sind besonders für spätere Um- und Ausbauten von Bedeutung und können auch den Verkaufswert Ihrer Liegenschaft beeinflussen. Prüfen Sie, was für Ihr Grundstück gilt, und informieren Sie sich zudem bei der Gemeinde, ob Änderungen in den Zonenplänen anstehen.

- **Altlasten:** Wenn der Boden Ihres Grundstücks mit versickerten oder abgelagerten Industrieabfällen verseucht ist, muss der Untergrund erst für teures Geld beseitigt werden (siehe auch Seite 155). Kaufen Sie ein belastetes Grundstück, ohne vorher geregelt zu haben, wer für die Beseitigung aufkommen muss, haften automatisch Sie als neuer Eigentümer. Darum sollten Sie, wenn Sie in dieser Hinsicht unsicher sind, im Kaufvertrag festhalten, dass der Verkäufer für allfällige Altlasten haftbar bleibt.

Dienstbarkeiten und öffentlich-rechtliche Eigentumsbeschränkungen

Für viele Grundstücke existierten Dienstbarkeiten oder öffentlich-rechtliche Eigentumsbeschränkungen. Sie sind in der Regel im Grundbuch eingetragen.

Dienstbarkeiten beinhalten spezielle Rechte zulasten oder zugunsten eines Grundstücks. Typische Beispiele sind:

- **Wegrecht:** Ist ein Grundstück nicht genügend ans öffentliche Strassennetz angeschlossen, kann den Bewohnern das Recht eingeräumt werden, private Wege und Zufahrten auf dem Nachbargrundstück mitzubenutzen.
- **Näherbaurecht:** Damit werden Abweichungen von den öffentlichen Bauvorschriften über die zulässigen Abstände zwischen Bauten geregelt. Beispielsweise, dass der Nachbar näher als eigentlich erlaubt an die Grundstücksgrenze bauen darf (wird oft für den Bau einer Garage eingeräumt).
- **Mitbenützungsrecht:** Darin wird festgehalten, wer etwa sein Auto auf dem gemeinsamen Parkplatz abstellen kann oder wer im Kriegs- oder Katastrophenfall den Zivilschutzraum mitbenutzen darf.
- **Aussichtsservitut:** Ein solches Servitut kann zum Beispiel festhalten, dass die Aussicht des Nachbarn auf den See nicht verbaut werden darf.

Öffentlich-rechtliche Eigentumsbeschränkungen halten fest, welche Rechte die öffentliche Hand bezüglich einem Grundstück hat. Dazu zählen beispielsweise:

- **Durchleitungsrecht:** Dieses Recht hält fest, dass die öffentlichen Werke Leitungen für Gas, Strom, Wasser und Abwasser auf dem Grundstück verlegen dürfen.
- **Baulinien:** Diese sichern einen möglichen späteren Ausbau von Strassen oder Trottoirs zulasten des Grundstücks. Die von einer Baulinie betroffene Fläche darf nicht bebaut werden oder muss innert kurzer Zeit freigeräumt werden können. Zu diesem Zweck wird meist auch ein «Beseitigungsrevers» eingetragen. Es verpflichtet den Eigentümer des Grundstücks beispielsweise einen Parkplatz oder einen Velounterstand, der sich im Bereich der Baulinie befindet, auf Anweisung der Gemeinde zu entfernen, damit diese die Strasse verbreitern kann.

Prüfen Sie vor dem Kauf unbedingt, welche Dienstbarkeiten und öffentlich-rechtlichen Eigentumsbeschränkungen für Ihr Grundstück existieren, aber auch, welche Rechte Sie an angrenzenden Parzellen haben. Die Einträge dazu im Grundbuch sind für Laien nicht immer verständlich. Fragen Sie deshalb im Zweifelsfall den Notar oder ziehen Sie eine Fachperson bei – etwa eine Baujuristin. Oft ist es auch sinnvoll, sich die zu den Einträgen gehörenden Protokolle aushändigen zu lassen. Diese liefern meist detailliertere Informationen.

TIPP *Öffentlich-rechtliche Eigentumsbeschränkungen können in der Regel nicht gelöscht werden, private Dienstbarkeiten möglicherweise hingegen schon. Finden sich im Grundbuch Einträge, die nicht mehr benötigt werden – typisches Beispiel: ein nicht mehr genutztes Wegrecht –, sollten Sie sie entfernen lassen. Das setzt aber das Einverständnis des betroffenen Grundstückbesitzers voraus. Umgekehrt ist es sinnvoll, wichtige Dienstbarkeiten, die Sie gegenüber Nachbarn beanspruchen wollen, vor dem Kauf zu regeln. Beispielsweise ein Näherbaurecht, ohne das Sie Ihren geplanten Erweiterungsbau nicht realisiert könnten.*

CHECKLISTE: ÜBERPRÜFUNG DES STANDORTS

Kriterien	Gewichtung	Bewertung	Totale Punktzahl	Darauf ist zu achten
Öffentlicher Verkehr (ÖV)				Wie oft? Ab wann morgens, bis wann abends? Am Wochenende? Umsteigen? Standort der nächsten Haltestelle? Könnte die Buslinie, Bahnstrecke eingestellt werden?
Individueller Verkehr				Wo ist der nächste Autobahnanschluss bzw. die nächste Hauptstrasse? Staugefahr?
Arbeitsweg				Distanz zum Arbeitsplatz? Ist der Arbeitsort mit ÖV, Auto, Velo erreichbar? Wie lange dauert der Weg von Tür zu Tür?
Schulen, Ausbildung				Sind Kindergärten, Schulen in der Nähe? Werden sie weitergeführt? Wie ist ihr Ruf? Können die Kinder zu Fuss, per Velo oder ÖV in die Schule (keine Taxidienste)? Wie sicher ist der Schulweg?
Kinderbetreuung				Gibt es Hort, Krippe, Spielgruppe im Ort? Gibt es Tagesplätze für Kinder? Wie weit sind sie entfernt? Wohnen Bekannte, Verwandte zum Hüten in der Nähe?
Einkauf				Geschäfte und ihr Angebot in der Nähe? Ist der Fortbestand gesichert? Distanz zum regionalen Zentrum mit ÖV oder Auto?
Medizinische Versorgung				Gibt es Apotheken, Ärzte, Spitäler vor Ort?
Kulturelles Angebot, Freizeit				Gibt es Vereine (für Kinder und Erwachsene), Restaurants, Kino, Theater, Sportangebote, Ausflugsmöglichkeiten, Naherholungsgebiete?
Steuerfuss				Wie hoch wird die Steuerbelastung sein?
Verwandte, Freunde				Wie weit leben Sie vom neuen Heim entfernt? Sind Sie bereit, die gewohnte Umgebung aufzugeben? Gehen durch die Distanz Kontakte verloren?
Besonnung, Aussicht				Sind Fenster und Balkone gross genug und nach der Sonne ausgerichtet? Werfen Nachbarhäuser Schatten? Wie ist der Sonnenverlauf im Sommer und Winter? Sind Gebäude geplant, die die Sicht versperren könnten?
Eigene Kriterien				

Objekt:

Hier können Infos beschafft werden	Eigene Bemerkungen
Fahrpläne und Haltestellenpläne (Internet) / bei Verkehrsbetrieben nachfragen / VCS oder Pro Bahn Schweiz haben Infos zu gefährdeten Linien	
Strassenkarten konsultieren / Autofahrer im Quartier und Polizei wissen über regelmässige Staus Bescheid / Routenplaner im Internet berechnen Weglänge und Fahrzeit	
Fahrpläne (Internet) / Strassenkarten / Routenplaner (Internet), die die Fahrzeit berechnen	
Gemeinde, Schulbehörden, Nachbarn fragen / Schulwege am besten selbst erkunden	
Gemeinde / Schulamt / Nachbarn / Anschlagbretter / Elternvereine	
Im Quartier und in den Läden selbst fragen / Karten und Fahrpläne konsultieren / Wege ablaufen bzw. abfahren	
Gemeinde / Nachbarn / Telefonbuch	
Telefonbuch / Nachbarn / Gemeinde / Veranstaltungskalender / Aushänge / Regionalzeitung / Internet	
Steuerbehörden von Gemeinde und Kanton / Internet	
Kinder und deren Freundeskreis einbeziehen / mit Freunden, Verwandten sprechen	
Augenschein vor Ort / Gestaltungsplan der Überbauung / Modelle / Schnittpläne / Nachbarn fragen / bei geplanten Bauten neutralen Architekten oder Bauherrenberater beiziehen / Bauprojekte beim Bauamt abklären	

CHECKLISTE: ÜBERPRÜFUNG DES QUARTIERS UND DER UMGEBUNG

Kriterien	Gewichtung	Bewertung	Totale Punktzahl	Darauf ist zu achten
Umgebung				Fühlen Sie sich hier wohl? Auch nachts? Entspricht die Umgebung Ihrem Geschmack (Nachbarhäuser, Natur)?
Verkehr, Sicherheit				Liegt das Quartier in einer Tempo-30-Zone? Wie hoch ist das Verkehrsaufkommen? Sind Umfahrungsstrassen geplant?
Lärm				Sind Strassen, Bahngeleise, Industriebauten, Spielplätze in der Nähe? Wo befinden sich Garageneinfahrt, Lüftungskanäle, Parkplätze? Wie steht es mit dem Fluglärm (heute, in Zukunft)? Sind Massnahmen gegen bestehenden Lärm geplant (Schallschutzwände etc.)?
Geruchsimmissionen				Gibt es in der Nähe Industrieanlagen mit Geruchsimmissionen (windabhängig)? Befindet sich ein Miststock oder eine Kläranlage in der Nähe?
Nachbarn				Wer wird nebenan wohnen? Sind die zukünftigen Nachbarn sympathisch und offen? Passen Sie selbst in die neue Umgebung?
Kinder				Gibt es im Umkreis gleichaltrige Kinder (Voraussetzung für kinderfreundliches Klima)? Hat es in der Nähe einen Spielplatz?
Soziale Struktur				Welche Schicht Menschen besiedelt grösstenteils das Quartier? Aus welchen Kulturkreisen stammen die Bewohner? Wie ist die Mentalität im Quartier, Ort?
Geplante Veränderungen				Sind Strassen, Bahngeleise, Industriebauten in der Nähe geplant? Wird die Siedlung weiter ausgebaut? Sind Änderungen der Flugrouten geplant, die Auswirkungen auf das Quartier haben?
Eigene Kriterien				

Objekt:	
Hier können Infos beschafft werden	**Eigene Bemerkungen**
Augenschein vor Ort, zu verschiedenen Tageszeiten, insbesondere auch nachts	
Augenschein vor Ort / Nachbarn / Gemeinde	
Beim Bauamt den Lärmkataster einsehen / Hörprobe vor Ort zu verschiedenen Tageszeiten, Wochentagen und Windverhältnissen / Nachbarn fragen / kantonalen Richtplan konsultieren	
Geruchsprobe vor Ort / Nachbarn	
Verkäufer fragen / Nachbarn besuchen / mit Leuten in der Umgebung sprechen / Infoveranstaltungen der Immobilienhändler besuchen (bei Siedlungsprojekten)	
Augenschein vor Ort / Nachbarn fragen	
Quartiervereine / Gemeinde / Nachbarn	
Umgebungspläne verlangen / über Bauprojekte wissen die Bauämter Bescheid / kantonalen Richtplan konsultieren / Nachbarn fragen	

CHECKLISTE: ÜBERPRÜFUNG DES GRUNDSTÜCKS

Kriterien	Gewichtung	Bewertung	Totale Punktzahl	Darauf ist zu achten
Grösse				Bietet das Grundstück genug Fläche für das geplante Haus? Soll noch ein Garten, Spielplatz, Teich, Velounterstand … darauf Platz finden?
Topografie				Ist das Gelände eben? Gibt es Niveauunterschiede?
Erschliessung	XXX	XXX		Ist das Grundstück baureif und voll erschlossen?
Auflagen	XXX	XXX		Belasten Dienstbarkeiten das Grundstück? Sind Dienstbarkeiten, die für Sie wichtig sind, auf angrenzenden Grundstücken eingetragen?
Angrenzende Grundstücke				Sind die noch nicht bebauten, angrenzenden Grundstücke Bau- oder Landwirtschaftsland?
Baugrund	XXX	XXX		Ist der Grundwasserspiegel zu hoch? Sind gute Fundationsmöglichkeiten vorhanden?
Bauzone				Was ist in dieser Zone gemäss Baureglement zulässig? Wie hoch ist die Ausnützungsziffer? Besteht ein Gestaltungsplan für das Gebiet?
Altlasten	XXX	XXX		Gab es auf dem Grundstück früher eine Deponie? Wurde das Grundstück industriell genutzt?
Eigene Kriterien				

Objekt:	
Hier können Infos beschafft werden	**Eigene Bemerkungen**
Verbindliche Umgebungspläne samt Quer- oder Längsschnitt / Katasterplan	
Verbindliche Umgebungspläne samt Quer- oder Längsschnitt	
Gemeinde / Verkäufer	
Gemeinde / Grundbuchamt	
Gemeinde / Zonenplan	
Architekt / Gemeinde / Geologe	
Gemeinde / Architekt / Zonenplan	
Gemeinde / Kanton: Altlastenverdachtsflächenkataster / Umweltfachstelle von Gemeinde oder Kanton	

CHECKLISTE: ÜBERPRÜFUNG DES GEBÄUDES

Kriterien	Gewichtung	Bewertung	Totale Punktzahl	Darauf ist zu achten
Raumbedarf				Wer benötigt wann welche Räume? Genügen sie auch in Zukunft (Kinder, Büro, Eltern)?
Raum-anordnung/ Raumgrössen				Sind die Räume genügend gross und quadratisch? Haben Schränke hinter den Türen Platz? Liegen die Räume günstig zueinander? Lassen sich Möbel verschieden anordnen? Haben Ihre Möbel Platz oder müssen neue gekauft werden?
Nassräume				Entsprechen Bad und WC Ihren Anforderungen? Sind genügend Nassräume vorhanden?
Küche				Entspricht die Küche Ihren Anforderungen? Bietet sie genügend Platz und Arbeitsfläche? Ist sie zweckmässig eingerichtet? Sind die gewünschten Geräte vorhanden?
Extras				Existiert der gewünschte Balkon, die Terrasse? Ist genügend Stauraum vorhanden (Estrich, Keller, Einbauschränke)?
Anschlüsse				Sind genügend Steckdosen vorhanden? Befinden sich TV-, Telefon- und Multimediaanschlüsse in jedem Raum am richtigen Ort?
Fahrzeugpark				Sind genügend Parkplätze vorhanden (Gästeparkplätze)? Hat es einen Abstellraum für Fahrräder etc.?
Verände-rungs-potenzial/ Flexibilität				Können Wände herausgenommen oder eingezogen werden? Welche Wände sind tragend? Kann das Haus ausgebaut werden? Ist es im Alter noch bewohnbar? Kann man auch nur im Erdgeschoss wohnen? Lässt sich das Haus unterteilen und als zwei Wohnungen verkaufen?
Lärm				Sind die Schutzwerte nach SIA-Norm 181 eingehalten (für neu erstellte Objekte)? Wie sind die Trennwände zu Nachbarn bzw. zwischen den Zimmern beschaffen? Ist die Trittschall-isolation gut? Existieren womöglich Schallbrücken?
Bauweise, Materialien				Sind die Materialien dauerhaft? Wie gut ist das Gebäude gegen Wärmeverlust isoliert? Neubauten: Sind die Materialien im Baubeschrieb aufgeführt? Ist er verbindlich? Altbauten: Sind Renovationen, etwa beim Dach oder bei der Fassade, nötig?

Objekt:

Hier können Infos beschafft werden	Eigene Bemerkungen
Nehmen Sie Ihr Wohntagebuch und das Anforderungsprofil von Seite 25 zur Hand (Raumbedarf)	
Pläne und Modelle / Verkaufsunterlagen / Beizug von Fachperson / Möbel im Massstab aufzeichnen, ausschneiden und die Wohnung auf dem Plan möblieren oder Einrichtungs-Apps nutzen	
Anforderungsliste / Pläne / Verkäufer / Architekt / Augenschein vor Ort	
Anforderungsliste / Pläne / Verkäufer / Architekt / Augenschein vor Ort	
Pläne / Augenschein vor Ort	
Pläne / Verkäufer / Architekt / Augenschein vor Ort	
Pläne / Augenschein vor Ort	
Pläne / Architekt / Bauherrenberater	
Pläne / Dezibel-Nachweis / Nachfrage bei Verkäufer / Beizug von Bauphysiker	
Pläne / Baubeschrieb / Verkäufer / Bauherrenberater	

CHECKLISTE: ÜBERPRÜFUNG DES GEBÄUDES (TEIL 2)

Kriterien	Gewichtung	Bewertung	Totale Punktzahl	Darauf ist zu achten
Altlasten				Wurden Baumaterialien wie Asbest, Formaldehyd etc. verwendet (bei Objekten, die vor 1990 gebaut wurden)?
Innenausbau				Entspricht der Ausbau Ihren Anforderungen (optisch und funktional)? Wie dauerhaft sind die Materialien? Sind Reparaturen nötig?
Ästhetik				Gefallen Ihnen das Objekt und der Innenausbau? Können Sie sich vorstellen, dort auf Dauer zu wohnen?
Heizung				Entspricht das Heizsystem den heutigen Ansprüchen? Wie hoch ist die erwartete Lebensdauer?
Ökologie				Entspricht das Objekt Ihren ökologischen Ansprüchen?
Auflagen				Steht das Gebäude unter Denkmalschutz?
Eigene Kriterien				

Das Gebäude

Sie haben sich bereits beim Ausarbeiten der ersten Bedürfnisabklärung wichtige Gedanken zu den Anforderungen an Ihr Haus gemacht (siehe Seite 22). Egal ob Sie sich für ein bestehendes Objekt oder einen Neubau interessieren: Nun gilt es, anhand der Checkliste auf Seite 74 genau zu prüfen, wie weit ein Haus diese Anforderungen erfüllt. Und denken Sie daran: Je flexibler das Objekt, desto besser kann es auch auf längere Zeit Ihren Ansprüchen genügen.

Achten Sie zudem darauf, wie die Räume zueinander angeordnet sind. Räume für Tätigkeiten, die im Wohnalltag zusammengehören – etwa die Küche und das Esszimmer –, sollten nahe beieinanderliegen, um die Wege kurz zu halten. Andere Zimmer hingegen sollten möglichst getrennt voneinander sein (zum Beispiel das Arbeits- und das Spielzimmer).

Objekt:

Hier können Infos beschafft werden	Eigene Bemerkungen
Verkäufer / neutrale Fachperson / Bauchemiker	
Augenschein vor Ort / Baubeschrieb / Verkäufer / Innenarchitekt / Bauherrenberater	
Augenschein vor Ort	
Fachperson / Architekt / Verkäufer	
Pläne / Architekt / Bauökologe / Baubiologe	
Gemeinde / Architek / Verkäufer / Heimatschutz	

TIPP *Wenn Sie sich für ein gebrauchtes Objekt interessieren, sollten Sie es unbedingt von einer Fachperson beurteilen lassen. Diese wird Ihnen eine Einschätzung zur Qualität der Bausubstanz sowie zu kurz- und langfristig notwndigen Investitionen geben. Nur so haben Sie die Sicherheit, nicht die Katze im Sack zu kaufen. Achten Sie auf Altlasten in Gebäuden, die vor 1990 gebaut wurden (siehe Seite 155).*

Flexible Häuser und Wohnungen

Wohnbedürfnisse können sich schnell ändern. Das kinderlose Paar hat vielleicht schon bald zwei Kinder. Ein Elternpaar trennt sich und ein neuer Partner zieht ein. Oder vielleicht macht sich die Partnerin selbständig und möchte ihr Büro zu Hause einrichten. Als Mieter zieht man in einer solchen Situation in eine passendere Wohnung um. Für Eigenheimbesitzer ist dieser Schritt schwieriger und mit viel Aufwand verbunden.

Deshalb sollte das eigene Haus oder die Wohnung ohne übermässigen Aufwand an veränderte Bedürfnisse angepasst werden können.

Seit Jahren propagieren Fachleute den «anpassbaren Wohnungsbau»: Gemeint sind Wohnungen und Häuser, deren Räume sich verändern lassen oder die so konzipiert sind, dass die Zimmer aufgrund ihrer Grösse und Form verschieden genutzt werden können. Doch die Realität sieht heute immer noch anders aus: Oft sind die Grundrisse starr und den einzelnen Zimmern werden feste Nutzungen – Elternzimmer, Kinderzimmer, repräsentatives Wohnzimmer – zugeordnet.

Egal ob Sie ein Haus oder eine Wohnung ab Stange kaufen oder es vom Architekten neu planen lassen, achten Sie auf folgende Punkte:

- Bei einem Neubau sollten möglichst alle Innenwände – ausser denjenigen von Küche und Bad – nichttragend sein. Kaufen Sie ein bestehendes Objekt, lassen Sie sich von der Verkäuferin oder vom Architekten erklären, welche Wände problemlos entfernt werden können. Je mehr nichttragende Wände eine Wohnung oder ein Haus hat, desto einfacher ist später eine andere Aufteilung möglich.
- Alle Schlafzimmer sollten mindestens 14 Quadratmeter gross sein und eine annähernd quadratische Grundform haben. So lassen sie sich frei nutzen und auf verschiedenste Arten möblieren.
- Jedes Zimmer sollte mit einer Multimediadose ausgerüstet sein. So lässt es sich ohne Anpassungen auch als Büro benutzen.
- Bauen Sie ein mehrstöckiges Haus, sollte dieses mit wenigen Eingriffen in zwei Wohnungen aufgeteilt werden können. Dann können Sie beispielsweise im Alter im Erdgeschoss ohne lästige Treppen wohnen bleiben und die Wohnung im oberen Stockwerk vermieten.

Bauten mit flexibler Nutzbarkeit müssen nicht teurer sein als solche mit starren Strukturen. Voraussetzung ist aber, dass die Veränderbarkeit bereits bei der Bauplanung mit berücksichtigt wird.

RÜCKBLICKEND SIND SILVANA UND SIMON B. äusserst zufrieden mit ihrer Wahl des Eigenheims. Bevor sie vor 20 Jahren den Altbau kauften, hatten sie sich intensiv mit ihren Anforderungen an das zukünftige Heim auseinandergesetzt. Damals waren ihre beiden Kinder, Nicola und Bastian, fünf bzw. sieben Jahre alt. Für Bastian war wichtig, dass es im Ort eine Pfadi gab, und Vater Simon freute sich über den Schachklub im Dorf. Als Nicola in der nahe gelegenen Stadt das Gymnasium besuchte und Bastian seine Lehre als Schreiner im Ort anfing, begann auch Silvana wieder als Journalistin zu arbeiten. Da die B.s diese Situation vorausgesehen hatten, war schon bei der ersten Renovation ein Zimmer als späteres Büro geplant und mit allen nötigen Anschlüssen ausgestattet worden. So hatte Silvana die Möglichkeit, von zu Hause aus zu arbeiten. Und heute, da Bastian und Nicola ausgezogen sind, überlegen sich Silvana und Simon B., den obersten Stock als Mansardenwohnung auszubauen und zu vermieten. Die Vorinstallationen für Bad und Küche liessen sie bereits vor acht Jahren machen, als die Leitungsrohre sowieso ersetzt werden mussten.

Ökologische Aspekte

Bauen und Wohnen verbrauchen Energie und Ressourcen. Bei der Abwägung, ob Sie ein Eigenheim kaufen wollen oder nicht, sollten Sie deshalb auch ökologische Aspekte berücksichtigen – vor allem beim Kauf oder Bau eines Einfamilienhauses. Folgende Punkte fallen ins Gewicht:

- Einfamilienhausquartiere auf der grünen Wiese sind mitverantwortlich für die Zersiedelung der Landschaft.
- Ein Einfamilienhaus benötigt mehr Ressourcen als eine Wohnung im Mehrfamilienhaus: mehr Land, mehr Strassenfläche zur Erschliessung und mehr Energie im Betrieb.
- Bauen verbraucht viel Energie. Ein Teil davon steckt in den Materialien selber, der andere Teil im Transport der Materialien, der oft über weite Distanzen führt (siehe Seite 187). Der Kauf eines bestehenden Hauses ist aus dieser Sicht ökologisch sinnvoller als ein Neubau – vorausgesetzt, der Heizenergieverbrauch bewegt sich in einem vernünftigen Rahmen oder das Gebäude lässt sich nachträglich gut dämmen.
- Durch den Umzug verlängert sich oft die Distanz zu Arbeitsstelle, Einkaufsgeschäften, Schulen und Freizeiteinrichtungen. Entsprechend mehr Kilometer werden mit Auto, Bus und Bahn zurückgelegt.
- Das Eigenheim ist meist grösser als die frühere Mietwohnung. Mehr Wohnfläche pro Kopf bedeutet oft auch mehr Heizenergieverbrauch.

Durch eine kluge Wahl des Standorts, der Bauweise, der Baumaterialien, der Isolation und des Heizsystems lassen sich viele der ökologisch heiklen Punkte optimieren (ausführliche Tipps dazu ab Seite 186).

Die Finanzierung

4

Kaum ist das passende Objekt gefunden, stellen sich die nächsten Fragen: Wie kann genügend Eigenkapital beschafft werden? Welches ist die richtige Hypothek und welches Finanzinstitut gewährt die günstigste?

Erster Schritt: das Eigenkapital

Egal ob Sie kaufen oder bauen: Das Kapital dafür teilt sich meist in zwei Komponenten auf – Ihr Eigenkapital und das Fremdkapital von einem Finanzinstitut, das heisst von einer Bank, einer Versicherungsgesellschaft, der Pensionskasse oder einem spezialisierten Anbieter von Hypotheken. Meist ist der Finanzpartner eine Bank.

Üblicherweise verlangt die Bank, dass Sie 20 Prozent der Kauf- oder Bausumme selber aufbringen – das ist Ihr Eigenkapital. Die restlichen 80 Prozent stammen von der Bank in Form eines Hypothekarkredits. Dieser ist bei einigen Banken unterteilt: in eine erste Hypothek (65 bis 70 Prozent der Kauf- oder Bausumme) und eine zweite Hypothek (10 bis 15 Prozent). Für die zweite Hypothek wird vereinzelt ein höherer Zins verlangt, zudem müssen Sie diese Summe innert 15 Jahren amortisieren – das heisst zurückzahlen. Immer mehr Banken verzichten heute jedoch auf die Unterscheidung zwischen erster und zweiter Hypothek und bieten eine sogenannte Einheits- oder Monohypothek mit nur einem Zinssatz für die gesamte belehnte Summe an. Auch eine Monohypothek muss man aber bis auf 65 Prozent amortisieren.

TIPPS *Bevor Sie die Übersicht über die diversen Finanzierungsmöglichkeiten verlieren, empfiehlt sich allenfalls der Gang zu einem Finanzberater (Adressen im Anhang). Dieser gibt Ihnen Tipps zur günstigen Beschaffung von Eigenkapital und hilft bei der Suche nach einer Hypothek. Bei vielen Finanzberatern ist das Erstgespräch kostenlos, andere verlangen rund 200 Franken für eine erste Beratung. Diese Kosten entfallen jedoch meist, wenn Sie den Abschluss der Finanzierung anschliessend über den Berater tätigen und er von der Bank eine Provision erhält (eine Vorlage für die Übersicht über Ihre Eigenkapitalquellen finden Sie unter www.beobachter.ch/download).*

Da die Provisionen der Banken teilweise unterschiedlich hoch ausfallen, kann dies die Unabhängigkeit des Beraters tangieren. Grundsätzlich sind Zweifel angebracht, wenn ein Berater gratis oder sehr billig arbeitet. Keine Garantie, aber doch ein Indiz für seriöse Arbeit ist es, wenn sich der Berater auf Honorarbasis – also im Stundenlohn – bezahlen lässt (150 bis 250 Franken pro Stunde).

Wenn Sie mit einem Finanzberater zusammenarbeiten möchten, sollten Sie vorher Referenzen verlangen und diese auch überprüfen.

Die Bezeichnung Eigenkapital kann irreleiten: Damit sind nicht nur die Summen gemeint, die Sie von Ihrem Bankkonto oder aus dem Verkauf Ihrer Wertschriften aufbringen, sondern alle Mittel, also auch der Vorbezug Ihres Pensionskassenguthabens oder (je nach Bank) das Darlehen eines Bekannten.

Im Juli 2012 und im September 2014 haben sich die Banken selbst neue Mindestanforderungen für die Vergabe von Hypotheken auferlegt. Nach diesen Bestimmungen müssen mindestens 10 Prozent des Belehnungswerts als «echtes» Eigenkapital eingebracht werden. Vorbezogene Pensionskassenguthaben zählen nicht dazu. Heute kann also nicht mehr das gesamte Eigenkapital mit Geld aus der 2. Säule finanziert werden.

Ausserdem muss die Hypothekarschuld innerhalb von 15 Jahren bis auf mindestens zwei Drittel des Liegenschaftswerts amortisiert werden – früher betrug die Dauer 20 Jahre. Zudem ist für die Festlegung der maximalen Hypothekarsumme nur noch der tiefere Wert von Kaufpreis und Marktwert massgebend. Für Liebhaberobjekte und überteuerte Immobilien muss also mehr Eigenkapital aufgebracht werden.

INFOS *Der Belehnungswert ist der Wert, den die Bank selbst der Immobilie zumisst – dieser kann gerade in überhitzten Märkten einiges tiefer liegen als der effektive Kaufpreis.*

Sind Sie bereits pensioniert oder stehen Sie kurz davor, verlangt die Bank von Ihnen allenfalls einen höheren Anteil an Eigenkapital. Die Begründung für dieses Vorgehen: Oft ist das Einkommen nach der Pensionierung tiefer – und damit sinkt auch der maximal tragbare Zins bzw. die Höhe des Kredits (siehe Tragbarkeitsrechnung Seite 27). Aufgrund der kürzeren Lebenserwartung älterer Kreditnehmer schliessen die Banken meist keine zweite Hypothek ab oder sie verlangen, dass diese schneller als üblich amortisiert wird.

Ersparnisse und Wertpapiere

Der erste Blick gilt immer den eigenen Bankkonten und Wertschriftendepots. Wie viel Bargeld ist vorhanden und wie viel davon kann für den Kauf oder Bau eines Eigenheims aufgewendet werden? Vergessen Sie nicht, eine genügend grosse Reserve für die nächsten Monate auf dem Konto zurückzubehalten, und rechnen Sie auch eine gewisse Summe für Unvorhergesehenes mit ein.

Bei Wertpapieren – egal ob Obligationen, Aktien oder Anlagefonds – stellt sich jeweils die Frage, ob der Zeitpunkt für einen Verkauf günstig ist oder ob Sie einen Verlust in Kauf nehmen müssten. Wollen Sie die Wertpapiere nicht verkaufen, können Sie sie auch belehnen. Das heisst, die Papiere werden verpfändet und dienen der Bank als Sicherheit. Im Gegenzug gewährt Ihnen die Bank einen Lombardkredit – meist jedoch nur maximal 50 Prozent des Depotwerts (je nach Wertschriften). Zudem ist ein Lombardkredit im Normalfall eine teure Variante, um Eigenkapital zu beschaffen: Die Bank verrechnet dafür Zinsen, die im Bereich derjenigen für eine zweite Hypothek liegen.

TIPP *Überprüfen Sie, ob Ihr Bankkonto Bezugslimiten hat. Wenn ja, sollten Sie die Transfers von höheren Summen früh genug planen, um unnötige Gebühren zu vermeiden. Schliessen Sie Ihre Hypothek mit der Bank ab, bei der Ihre Konten liegen, verzichtet diese normalerweise auf das Verrechnen von Gebühren.*

Geld aus der 2. Säule

Mit der Einführung des Wohneigentumsförderungsgesetzes 1995 hat der Bund die Guthaben der 2. Säule (Pensionskasse) – wie auch der Säule 3a (siehe Seite 87) –, die eigentlich für die Altersvorsorge gebunden sind, für den Erwerb von Wohneigentum freigegeben. Voraussetzung ist, dass Sie das Objekt, das damit finanziert wird, selbst und dauerhaft bewohnen – die Zweitwohnung oder das Ferienhäuschen kann also nicht mit Geldern aus der Altersvorsorge realisiert werden.

Wie hoch der Zustupf aus der 2. Säule ist, hängt vom Stand Ihres persönlichen Pensionskassenguthabens ab. Dieser ist auf dem Vorsorgeaus-

VORBEZUG – DAS SOLLTEN SIE WISSEN

- Sind Sie verheiratet, ist für den Vorbezug von Pensionskassenguthaben die schriftliche Einwilligung Ihres Ehemanns, Ihrer Ehefrau nötig.
- Bis die Pensionskasse das Kapital auszahlt, kann es bis zu sechs Monate dauern. Viele Pensionskassen verlangen zudem Prüfungs- und Bearbeitungsgebühren.
- Das Geld bleibt im Besitz der Pensionskasse: Verkaufen Sie Ihre Liegenschaft, muss das vorbezogene Kapital wieder an die Kasse zurückgezahlt werden. Deshalb wird der Betrag im Grundbuch vermerkt.
- Während Vorsorgeansprüche grundsätzlich nicht pfändbar sind, gilt dieser Schutz für die vorbezogene Summe nicht. Sollten Sie Konkurs machen, kann also auch das Pensionskassengeld, das im Wohneigentum steckt, gepfändet werden.
- Zahlen Sie den Vorbezug zurück, können Sie die beim Bezug gezahlten Steuern zurückfordern.

weis unter dem Punkt «Freizügigkeitsleistung» oder «Austrittsleistung» ersichtlich. Es gibt zwei Möglichkeiten, wie Sie das Kapital aus der Pensionskasse einsetzen können: den Vorbezug und die Verpfändung.

Vorbezug

Sie können sich Ihr Pensionskassenkapital auszahlen lassen und mit diesem Betrag Ihr Eigenkapital erhöhen. Ein solcher Vorbezug ist jedoch nur alle fünf Jahre möglich, und der Mindestbetrag liegt bei 20 000 Franken. Sind Sie schon älter als 50, gilt zudem eine obere Bezugslimite: Sie können entweder maximal die Hälfte Ihrer aktuellen Freizügigkeitsleistung beziehen oder die ganze Freizügigkeitsleistung, die Ihnen in Ihrem 50. Altersjahr zugestanden hätte – je nachdem welcher Betrag höher ausfällt. Gar nichts mehr beziehen darf, wer weniger als drei Jahre vor dem frühestmöglichen Pensionierungszeitpunkt steht.

+ **Vorteile:** Dank des Vorbezugs verfügen Sie über mehr Eigenkapital, brauchen weniger Hypothekarkredit und können die Zinsbelastung tiefer halten.
– **Nachteile:** Bei der Auszahlung von Kapital aus der Pensionskasse wird eine Steuer fällig, die je nach Wohnort und Höhe des Bezugs zwischen 3 und 20 Prozent der bezogenen Summe beträgt. Zudem können Sie wegen der tieferen Hypothek in der Steuererklärung weniger Schulden

und Schuldzinsen abziehen. Der gewichtigste Nachteil: Der Vorbezug ist mit Leistungskürzungen verbunden. Ihre Altersrente wird tiefer ausfallen, und bei einigen Pensionskassen wird auch die Leistung im Invaliditäts- oder Todesfall reduziert.

Klären Sie mit Ihrer Pensionskasse die konkreten Auswirkungen eines Vorbezugs ab. Wollen Sie keine Einbusse bei der Altersrente, müssen Sie das vorbezogene Kapital inklusive Zins und Zinseszinsen bis zu Ihrer Pensionierung wieder in die Pensionskasse einzahlen. Leistungseinbussen bei Tod oder Invalidität können Sie mit einer Lebensversicherungspolice auffangen. Solche Zusatzkosten sollten Sie aber unbedingt in Ihrer Budgetplanung berücksichtigen.

ACHTUNG *Ein Vorbezug muss gut überlegt sein. Ist der Arbeitsplatz nicht gesichert oder müssen Sie die Liegenschaft aus finanziellen Gründen unter dem Kaufpreis oder gar unter dem Gegenwert der Hypotheken verkaufen, ist auch ein grosser Teil Ihrer Altersvorsorge verloren. Wenn Sie in der Lage sind, Ihr Eigenheim ohne Geld aus der 2. Säule zu finanzieren, sollten Sie auf einen Vorbezug verzichten.*

Verpfändung

Empfehlenswerter als der Vorbezug ist die Verpfändung des Pensionskassenguthabens. Dabei dient das Kapital der Bank als Sicherheit und diese gewährt dafür dem Immobilienkäufer ein Darlehen in der Höhe der verpfändeten Summe zu Zinsbedingungen, die ungefähr denjenigen einer ersten Hypothek entsprechen. Die Verpfändung ist also eigentlich keine Aufstockung des Eigenkapitals. Weil damit aber eine hohe Sicherheit verbunden ist, akzeptieren die Banken eine Finanzierung mit Fremdkapital bis zu 90 Prozent des Kaufpreises. Die meisten Finanzinstitute verlangen jedoch, dass der Anteil des Hypothekarkredits, der durch das Pensionskassenguthaben abgesichert ist, spätestens bei Erreichen des AHV-Alters amortisiert ist.

+ **Vorteile:** Mit einer Verpfändung sind keine Leistungseinbussen bei der 2. Säule verbunden. Das ganze Alterskapital wird weiterhin von der Pensionskasse verzinst. Zudem kann der höhere Hypothekarzins vom steuerbaren Einkommen abgezogen werden.
– **Nachteile:** Die Zinsbelastung ist höher, da 90 Prozent des Kaufpreises aus Fremdkapital stammen.

Geld aus der Säule 3a

Auch Geld, das in der gebundenen Vorsorge 3a angespart wurde, darf zum Erwerb von selbst genutztem Wohneigentum eingesetzt werden. Die Bedingungen sind dieselben wie bei Guthaben aus der 2. Säule: Das Kapital kann vorbezogen werden – was ebenfalls steuerpflichtig ist – oder einem Finanzinstitut als Sicherheit für mehr Fremdkapital dienen. Im Unterschied zu den Pensionskassengeldern gibt es beim Bezug aus der Säule 3a jedoch keine untere Limite. Sie können also auch Beträge unter 20 000 Franken vorbeziehen oder verpfänden.

Erbvorbezug und Schenkung

Lässt es die finanzielle Situation der Eltern zu, ist der Erbvorbezug ein geeignetes Mittel zur Eigenkapitalbeschaffung: Die Eltern überlassen Ihnen also eine bestimmte Summe schon zu Lebzeiten, entweder in Form eines Erbvorbezugs oder als Schenkung. Wer diesen Weg der Kapitalbeschaffung wählt, sollte einige Punkte beachten:

- Eine Schenkung der Eltern an ein Kind gilt in der Regel als Erbvorbezug und unterliegt der Ausgleichungspflicht. Das heisst, bei der späteren Erbteilung wird der Betrag an Ihren Erbteil angerechnet und Sie erhalten entsprechend weniger. Ist nichts anderes abgemacht, müssen Sie sich aber weder Zinsen noch die Teuerung anrechnen lassen.
- Beabsichtigen die Eltern eine Schenkung ohne Ausgleichungspflicht, müssen sie dies schriftlich festhalten. Die Pflichtteile der anderen Nachkommen dürfen dadurch aber nicht beeinträchtigt werden.
- Kommen die Eltern später in eine finanzielle Notlage – etwa weil sie die Kosten für das Pflegeheim nicht bezahlen können – und möchten sie Ergänzungsleistungen beziehen, werden Erbvorbezüge und Schenkungen als Vermögensverzicht angesehen. Das Geld wird den Eltern angerechnet, wie wenn es noch vorhanden wäre (abzüglich 10 000 Franken pro Jahr). Dadurch erhalten sie keine oder zu wenig Ergänzungsleistungen und müssen Sozialhilfe beantragen. Dann prüft das Sozialamt, ob eine Verwandtenunterstützungspflicht besteht. Wohlhabende Nachkommen, deren Vermögen und Einkommen die Grenzbeträge überschreiten, müssen einen monatlichen Betrag beisteuern.

- Schenkungen und Erbvorbezüge sind an sich steuerpflichtig. Die meisten Kantone verzichten jedoch auf eine Erbschafts- bzw. Schenkungssteuer, wenn es um die direkten Nachkommen geht. Ausnahmen sind Appenzell Innerrhoden, Neuenburg und Waadt, sie kennen aber Freibeträge. Im Kanton Luzern entscheiden die Gemeinden, ob von Nachkommen Erbschaftssteuern erhoben werden. Und der Kanton Solothurn verrechnet eine bescheidene Nachlasstaxe im Promillebereich.

MUSTER: FESTHALTEN EINES ERBVORBEZUGS

Für den Erwerb seines Einfamilienhauses am Wiesenweg 3, 8820 Wädenswil, übergebe ich meinem Sohn Renato den Betrag von 50 000 Franken. Er muss sich diesen Betrag bei der künftigen Erbteilung anrechnen lassen. Eine Zinsaufrechnung erfolgt nicht.

Horgen, 8. Dezember 2020 — Ulrich P. (Vater)

Einverstanden: — Renato P. (Empfänger)

TIPPS *Wenn Sie von Ihren Eltern einen Erbvorbezug oder eine Schenkung erhalten, sollte unbedingt schriftlich vereinbart werden, ob und in welchem Umfang Sie sich diesen Betrag an Ihren Erbteil anrechnen lassen müssen (siehe Muster).*

Statt eines Erbvorbezugs können Ihre Eltern Ihnen auch ein zinsloses Darlehen gewähren. Der Darlehensbetrag muss aber weiterhin von den Eltern versteuert werden. Wichtiger Bestandteil des Darlehensvertrags ist eine Kündigungsfrist von mindestens einem halben Jahr. So müssen Sie beim Tod des letzten Elternteils die Darlehenssumme nicht sofort zurückzahlen, sondern erhalten etwas Zeit, um Ihre finanzielle Situation zu regeln.

Darlehen

Private Darlehen sind ebenfalls ein häufiges Mittel zur Aufstockung des Eigenkapitals: Jemand aus dem Familien- oder Bekanntenkreis leiht Ihnen Geld für eine bestimmte Zeit. Für das geliehene Kapital zahlen Sie Zinsen. Wie hoch diese angesetzt werden, vereinbaren Sie direkt mit dem Darlehensgeber. Üblicherweise liegen sie im Bereich der Zinsen einer ersten Hypothek oder darunter. Es kann auch abgemacht werden, dass gar keine Zinsen gezahlt werden müssen. Etliche Finanzinstitute zählen Darlehen aber nur dann zum Eigenkapital, wenn keine Rückzahlungspflicht besteht.

+ **Vorteile:** Das Eigenkapital kann einfach und meist zu guten Zinsbedingungen erhöht werden. Zudem können Sie die Schuldzinsen und die Darlehensschuld in der Steuererklärung abziehen.
– **Nachteile:** Das Darlehen läuft oft nur über eine beschränkte Zeit. Kommen Sie mit der Zins- oder Rückzahlung in Verzug, kann dies die persönlichen Beziehungen zum Darlehensgeber stark belasten. Ausserdem werden die Banken die Zinsen und Rückzahlungsraten in der Tragbarkeitsrechnung berücksichtigen.

ACHTUNG *Damit es im Problemfall nicht zum Streit kommt, ist es unerlässlich, einen korrekten Darlehensvertrag aufzusetzen, der sämtliche wichtigen Punkte regelt (siehe Mustervertrag im Anhang). Es empfiehlt sich, den Vertrag von unabhängiger Seite – zum Beispiel von einem Notar oder einer Anwältin – prüfen zu lassen.*

Um den Darlehensgeber noch besser abzusichern, kann das Darlehen als Grundpfandverschreibung im Grundbuch an zweiter oder dritter Stelle eingetragen werden. Werden Sie zahlungsunfähig und muss die Liegenschaft schlimmstenfalls verkauft oder versteigert werden, kann Ihr Darlehensgeber so direkt nach der Bank – die mit ihrer Hypothek immer in den ersten Rängen steht – seine finanziellen Ansprüche geltend machen. Da die Errichtung eines Schuldbriefs relativ teuer ist, lohnt sich dieser Weg allerdings nur bei grösseren Summen.

INFO *Während Sie den Darlehensbetrag und die Zinszahlungen in der Steuererklärung abziehen können, muss der Darlehensgeber diese als Vermögen bzw. Einkommen versteuern.*

Weitere Möglichkeiten für Eigenkapital

Neben den bereits beschriebenen, häufigsten Arten zur Sicherstellung der Finanzierung existieren noch weitere Wege, um Eigenkapital zu beschaffen:

- Sind Sie im Besitz von unbelehntem Bauland, können Sie sich dieses als Eigenkapital anrechnen lassen.
- Wenn Sie beim Bau Ihres neuen Heims selbst Hand anlegen, können Sie auch diese Eigenleistung einbringen. Je nach Bank wird der Wert Ihrer Arbeit dem Eigenkapital angerechnet. Dies ist jedoch sehr von Ihrer fachlichen Qualifikation im jeweiligen Arbeitsbereich abhängig (zu Eigenleistungen am Bau siehe Seite 205).

Zweiter Schritt: die Hypothek

Das wichtigste Element der Eigenheimfinanzierung ist im Normalfall ein Hypothekarkredit. Dabei handelt es sich um ein langfristiges Darlehen eines Finanzinstituts an Personen, die eine Liegenschaft erwerben oder besitzen. Derzeit laufen bei den Schweizer Finanzinstituten Darlehen für Immobilien in der Höhe von gut 1000 Milliarden Franken.

Wenn Sie neu eine Liegenschaft erwerben, wird Ihr Hypothekarkredit üblicherweise in eine erste und eine zweite Hypothek unterteilt:

- Die erste Hypothek deckt in der Regel bis zu 65 Prozent des Kaufpreises und muss meist nicht zurückgezahlt werden.
- Mit der zweiten Hypothek werden die restlichen 15 Prozent gedeckt (20 Prozent müssen Sie ja als Eigenkapital beisteuern). Die zweite Hypothek wird vereinzelt zu höheren Sätzen verzinst als die erste (Zuschlag rund 1 Prozent, Verhandlungssache). Ausserdem muss sie innert 15 Jahren amortisiert werden.
- Auch wenn die ganzen 80 Prozent Fremdkapital sozusagen als erste Hypothek zum selben Zinssatz vergeben werden, muss der Kredit im Normalfall auf zwei Drittel des Belehnungswerts amortisiert werden.

TIPP *Können Sie 35 Prozent Eigenkapital aufbringen, müssen Sie keine zweite Hypothek aufnehmen und sind von der Amortisation und den höheren Zinsen befreit. Das reduziert die finanzielle Belastung durch das Eigenheim deutlich.*

Der Hypothekarzinssatz

Wer auf der Suche nach einer Hypothek ist, wird sich vor allem eine Frage stellen: Welches Finanzinstitut bietet für welche Hypothek den günstigsten Zinssatz? Wie hoch der Zinssatz liegt, hängt aber nur zum Teil vom Anbieter ab, sondern wird hauptsächlich von drei Faktoren beeinflusst: der Inflation, der Konjunktur und der Geldpolitik der Schweizerischen Nationalbank. Die Zinssätze der einst wichtigen variablen Hypotheken befinden sich seit längerer Zeit auf vergleichsweise hohem

ZINSENTWICKLUNG VON 1985 BIS JANUAR 2020

Durchschnittsangebot von über 40 Banken, Versicherungen, Pensionskassen

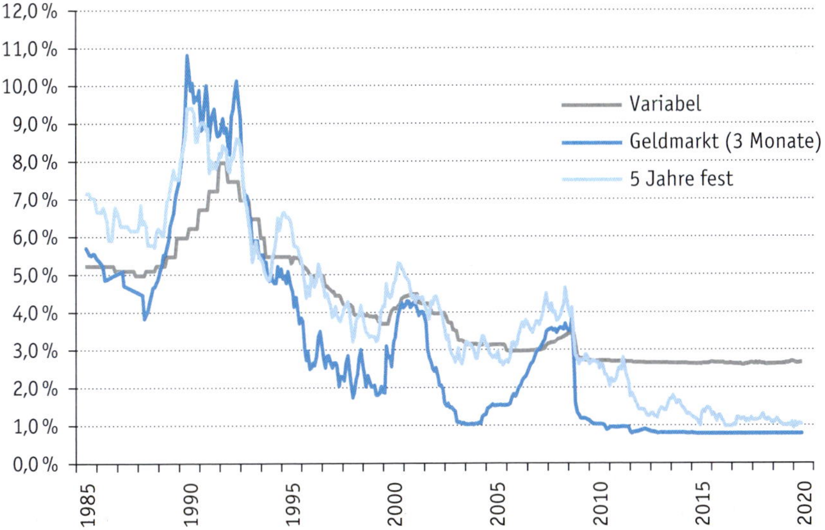

Quelle: VZ VermögensZentrum

Niveau, weshalb sie stetig an Bedeutung verloren haben. Seit September 2008 ist nicht mehr der Zinssatz der variablen Hypotheken, sondern der sogenannte Referenzzinssatz für die Anpassung der Mietzinse massgebend. Dieser wird vom Eidgenössischen Volkswirtschaftsdepartement errechnet (Durchschnitt aller inländischen Hypotheken). Das hat Auswirkungen: Weil der variable Zinssatz keine politische Komponente mehr hat, nehmen die Banken Zinsänderungen schneller und häufiger vor. Trotzdem ändern sich diese Zinssätze nach wie vor nicht von heute auf morgen. Ganz im Gegensatz zu den festen Hypotheken: Da die Banken dafür oft Gelder am internationalen, sich schnell ändernden Kapitalmarkt aufnehmen, unterliegen diese Zinsen grösseren Schwankungen.

Über längere Zeit betrachtet, kann jedoch auch der variable Zins einer Hypothek stark variieren: Ende der Achtzigerjahre kletterte er auf 8 Prozent, den höchsten Stand der letzten 25 Jahre, seit Herbst 2014 liegt er bei vielen Banken auf dem Stand von 2 Prozent. Der langjährige Schnitt ist rund 4 Prozent.

INFO *Benötigen Sie Ihren Hypothekarkredit erst in einigen Monaten, befürchten aber, dass die Zinsen bis dahin stark ansteigen, haben Sie die Möglichkeit, eine sogenannte Terminhypothek (Forward-Hypothek) abzuschliessen. Damit fixieren Sie den Kredit bereits jetzt zum aktuellen tiefen Zins. Diese Vorabsicherung kostet, abhängig von der Dauer, normalerweise einen kleinen Aufschlag (bis zu 0,35 Prozent), der sich aber bei einem Zinsanstieg auszahlen kann.*

Die Hypothekarmodelle

«ZU WELCHER HYPOTHEK RATEN SIE UNS?», lautete die einfache Frage von Nicole und Ralf M. anlässlich des ersten Beratungsgesprächs bei ihrer Bank. Eine knappe Stunde später ist die einfache Frage zur komplizierten Herausforderung mutiert. Das Paar stellt sich nun Fragen wie: Soll es eine Festhypothek sein? Doch wenn die Zinsen nachher noch weiter fallen, ärgern wir uns grün und blau. Eine Geldmarkthypothek wäre im Moment quasi geschenkt – könnte aber in kürzester Zeit massiv aufschlagen. Und die variable? Die ist so mittendrin – nicht allzu riskant, aber auch nicht wirklich attraktiv.

Auf den ersten Blick mag das grosse Angebot verschiedener Hypotheken verwirren. Doch der Dschungel lässt sich auf vier Hauptmodelle reduzieren: variable Hypothek, Festhypothek, Geldmarkthypothek und Spezialhypotheken. Am häufigsten wird heute die Festhypothek gewählt; sie macht rund 80 Prozent des Hypothekarvolumens in der Schweiz aus.

Die variable Hypothek

Der Zinssatz der variablen Hypothek wird von den Banken laufend den Kapitalmarktentwicklungen angepasst – meist jedoch mit einer gewissen Verzögerung. Denn die Banken warten oft erst ab, ob sich ein Zinstrend abzeichnet. Diese Hypothekarform hat keine feste Laufzeit und kann in der Regel auf drei oder sechs Monate gekündigt oder in eine andere Hypothek umgewandelt werden.

Die Festhypothek

Bei der Festhypothek wird der Zinssatz bei Vertragsabschluss für die ganze Laufzeit fixiert. Schaden oder Nutzen von Zinsschwankungen liegen ganz bei der Bank. Solche Festhypotheken gibt es mit Laufzeiten zwischen einem und zehn Jahren – bei einzelnen Versicherern und Banken sogar bis zu 25 Jahren. Je länger die Laufzeit, desto höher fällt der Hypothekarzins aus. Am häufigsten wird eine feste Hypothek über fünf bis zehn Jahre abgeschlossen. Eine vorzeitige Auflösung des Hypothekarvertrags lohnt sich bei dieser Form meist nicht, denn die Bank verlangt im Normalfall eine happige Ausstiegsentschädigung.

INFO *In Zeiten tiefer Zinsen bietet sich die Festhypothek an. Wer möchte nicht gern möglichst lang von den günstigen Konditionen profitieren? Ein Risiko besteht dabei allerdings: Wenn Ihr Hypothekarvertrag in einer Hochzinsphase ausläuft, müssen Sie dann für die ganze Summe eine neue Hypothek zu schlechteren Konditionen abschliessen. Deshalb kann es sinnvoll sein, den Kreditbetrag auf zwei Festhypotheken mit verschiedenen Laufzeiten aufzuteilen.*

Die Geldmarkthypothek

Die Geldmarkthypothek ist eine Mischform von variabler und fester Hypothek: Meist schliesst man sie für eine bestimmte Laufzeit ab (in der Regel zwischen zwei und fünf Jahren), doch der Zinssatz ist trotzdem variabel.

Derzeit richtet er sich nach dem sogenannten Libor (London Interbank Offered Rate) – weshalb man auch von Liborhypothek spricht. Zu diesem Zinssatz leihen sich die europäischen Banken gegenseitig kurzfristig Geld aus, er wird täglich in London neu festgelegt. Auf diesen Libor schlägt die Bank eine Marge, die unterschiedlich hoch ist – je nachdem wie das Finanzinstitut das Kundenrisiko einstuft. Die meisten Banken vergeben Liborhypotheken erst ab einem Mindestbetrag zwischen 200 000 und 300 000 Franken.

Der Libor wird auf Ende 2021 abgeschafft – dies unter anderem wegen des Liborskandals von 2011, als es zu unerlaubten Absprachen zwischen einigen Banken kam. Der Skandal hat gezeigt, wie anfällig auf Manipulationen der Zinssatz ist. Noch gibt es Finanzinstitute, die Liborhypotheken mit Laufzeiten bis Ende 2021 abschliessen, andere bieten bereits keine mehr an.

Das ist aber nicht das Ende der Geldmarkthypothek; der Libor wird weltweit durch andere Zinssätze ersetzt. In der Schweiz ist es der Saron (Swiss Average Rate Overnight). Dieser Zinssatz wird von der Schweizerischen Nationalbank und der Börsenbetreiberin SIX berechnet. Weil der Saron ausschliesslich auf tatsächlich getätigten Transaktionen beruht, ist er nicht manipulierbar.

INFO *Zur Berechnung der Zinsen für Saron-Geldmarkthypotheken hat die Schweizerische Nationalbank sieben Varianten ausgearbeitet. Zum Zeitpunkt der Drucklegung dieser Ausgabe des Ratgebers war noch nicht klar, für welche Variante sich die einzelnen Finanzinstitute entscheiden und wann sie mit ihren auf dem Saron basierenden Geldmarkthypotheken auf den Markt gehen werden.*

In der Vergangenheit haben sich die Zinssätze des Saron beinahe analog zum Satz des Dreimonatslibors entwickelt. Deshalb gehen die Experten davon aus, dass der Wechsel von Libor- auf Saronhypotheken für die Kunden nur wenige Veränderungen mit sich bringen wird. Grundsätzlich können die Zinsen von Geldmarkthypotheken stark schwanken: Mal liegen sie tief unter allen anderen Hypothekarzinssätzen, nur ein halbes Jahr später bereits wieder weit darüber – man kann viel gewinnen, aber auch viel verlieren. Es ist deshalb wichtig, die Zinssätze laufend im Auge zu behalten.

HYPOTHEKARMODELLE IM VERGLEICH

Modell	Laufzeit	Risiken	Zins-schwan-kungen	Ausstieg	Eignet sich, wenn ...
Variabel	Unbefristet	Mittel	Mittel	Flexibel (Kündigungs-fristen 3–6 Monate)	... man mit stagnierenden oder sinkenden Zinsen rechnet. ... man die weitere Zinsentwicklung abwarten will oder die Immobilie bald verkauft.
Fest	Zwischen 1 und 10 Jahren	Klein	Keine	Vorzeitig nur mit Vorfällig-keitsent-schädigung möglich	... man mit einem längerfristigen Zinsanstieg rechnet. ... das Budget eingeschränkt ist und darum kalkulierbare Ausgaben Priorität haben.
Geld-markt	Zwischen 2 und 5 Jahren	Gross (mit Zins-absiche-rung mittel)	Gross (mit Zins-absiche-rung nach oben limitiert)	Je nach Modell: flexibel oder nur mit Vorfällig-keitsent-schädigung	... man von stagnierenden oder sinkenden Zinsen ausgeht. ... das Budget grössere Zinsschwankungen verträgt.
Kombi (Geld-markt/ variabel / fest)	Unbefristet/ zwischen 1 Monat und 10 Jahren	Klein bis mittel	Mittel	Flexibel/ vorzeitig nur mit Vorfällig-keitsent-schädigung möglich	... die Zinsentwicklung unsicher ist und man sich breit absichern will.

TIPPS *Die meisten Banken bieten die Möglichkeit, eine Zinsobergrenze, «Cap» genannt, festzulegen. Damit können Sie sich gegen stark steigende Zinsen absichern. Überschreitet der Zins der Geldmarkthypothek die vereinbarte Grenze, schulden Sie der Bank nur den festgelegten Maximalzins – fällt der Satz wieder darunter, profitieren Sie erneut von den tiefen Zinsen. Für diese Absicherung verlangt die Bank eine Prämie, die meist zum laufenden Zins dazugerechnet wird. Je weniger Risiko Sie zu tragen bereit sind, je tiefer Sie das Zinsdach legen, desto höher fällt die Absicherungsprämie aus.*

Achten Sie darauf, dass die Bank Ihnen im Vertrag die Möglichkeit zugesteht, von der Geldmarkt- zu einer Festhypothek zu wechseln – verschiedene Banken bieten ein solches Produkt unter dem Namen Rollover-Hypothek an. Ihr Vorteil dabei: Wenn Sie damit rechnen, dass die Zinsen bald nachhaltig steigen, können Sie aus der Geldmarkthypothek aussteigen und rechtzeitig eine noch relativ günstige Festhypothek abschliessen

Die Spezialhypotheken

Das Angebot an speziellen Hypothekarmodellen hat in den letzten Jahren zugenommen. Jedes Finanzinstitut bietet eigene Produkte unter eigenen Namen an. Trotzdem basieren die meisten Spezialhypotheken auf den folgenden Modellen:

- **Kombihypothek:** Bei diesem Modell wird eine Festhypothek mit einer variablen oder einer Geldmarkthypothek kombiniert. Die Aufteilung der Hypothekarsumme auf die beiden Komponenten können Sie als Schuldner oder Schuldnerin selber wählen und auf diese Weise Ihr Zinsrisiko dosieren: Je höher der Anteil der Festhypothek, desto kleiner das Risiko – desto kleiner aber auch der Profit bei einer Senkung des variablen Zinssatzes oder der Zinssätze auf dem Geldmarkt. Es gibt auch Kombihypotheken, bei denen zwei feste Hypotheken mit unterschiedlicher Laufzeit kombiniert werden. Damit reduziert sich das Risiko, bei Ablauf des Vertrags gleich mit der ganzen Kreditsumme eine neue Hypothek zu möglicherweise schlechteren Bedingungen eingehen zu müssen.
- **Starthypothek:** Ersterwerbern von selbst bewohntem Eigentum oder auch Familien mit Kindern werden Hypotheken mit Zinsbonus angeboten. Wie hoch dieser Bonus ausfällt und über welche Zeit er gewährt wird, ist von Bank zu Bank verschieden.
- **Ökohypothek:** Einzelne Banken gewähren günstigere Hypotheken für Liegenschaften, die nach ökologischen Massstäben gebaut wurden. Die Messlatte dafür liegt je nach Finanzinstitut unterschiedlich hoch. Meist wird mindestens der Minergie-Standard verlangt (siehe Seite 190).

Die Amortisation

Gemäss den Mindestanforderungen, die sich die Banken selbst auferlegt haben, müssen sämtliche Hypotheken innerhalb von 15 Jahren auf zwei Drittel des Belehnungswerts der Liegenschaft amortisiert werden. Viele Schuldnerinnen und Schuldner amortisieren ihre Hypothek aber sowieso freiwillig darüber hinaus – etwa um im Hinblick auf die Pensionierung die Schulden und die Zinsbelastung zu reduzieren. Es gibt zwei Arten, wie ein Hypothekarkredit amortisiert werden kann: die direkte und die indirekte Amortisation.

Die direkte Amortisation

Die einfachste, aber nicht unbedingt beste Methode ist, die Schuld in regelmässigen Raten abzuzahlen. Damit werden die Hypothek und die Zinsbelastung regelmässig vermindert. Allerdings reduzieren sich dadurch

VERGLEICHSRECHNUNG: DIREKTE VERSUS INDIREKTE AMORTISATION VIA SÄULE 3A

Eine zweite Hypothek von 100 000 Franken wird über 15 Jahre amortisiert. Die Kreditnehmerin zahlt ihre Amortisationsrate jeweils Ende Jahr an die Bank bzw. in die Säule 3a. Der Hypothekarzins beträgt 2,5 Prozent, der Zinssatz des Säule-3a-Kontos 1,5 Prozent (langfristige Durchschnittszahlen).

Der Grenzsteuersatz – das ist der Satz, zu dem weitere 1000 Franken Einkommen versteuert werden müssen – liegt bei 35 Prozent. Die Kapitalauszahlung aus der Säule 3a wird mit 5 Prozent besteuert.

	Direkte Amortisation	Indirekte Amortisation
Total aller Amortisationsraten	Fr. 100 000.–	Fr. 100 000.–
Hypothekarzinsen	Fr. 20 000.–	Fr. 37 500.–
Steuerersparnis dank Abzug der Schuldzinsen*	– Fr. 6 600.–	– Fr. 12 400.–
Zinsgutschriften Säule 3a		– Fr. 12 000.–
Steuerersparnis dank Abzug der 3a-Beiträge*		– Fr. 33 000.–
Kapitalauszahlungssteuer Säule 3a		Fr. 6 700.–
Total Kosten	Fr. 113 400.–	Fr. 86 800.–
Vorteil der indirekten Amortisation		**Fr. 26 600.–**

* Kreditnehmerin wohnhaft in der Stadt Zürich, unverheiratet, konfessionslos, steuerbares Einkommen Fr. 150 000.–.

Quelle: VZ VermögensZentrum, 2019

auch die Schulden und Schuldzinsen, die in der Steuererklärung abgezogen werden können (siehe Seite 237).

Die indirekte Amortisation

Empfehlenswerter ist die indirekte Amortisation. Dabei wird der Amortisationsbetrag nicht verwendet, um die Schuld langsam bei der Bank abzuzahlen, sondern er wird regelmässig in eine andere Geldanlage investiert. Das kann eine Lebensversicherungspolice oder die gebundene Vorsorge (Säule 3a) sein. Später – wenn die aufzubringende Summe angespart ist oder die Pensionierung bevorsteht – wird das ganze Geld bezogen und damit die Hypothek zurückgezahlt. Wer über das Alter 65 hinaus erwerbstätig ist, kann den Bezug bis höchstens fünf Jahre nach Erreichen des ordentlichen AHV-Rentenalters aufschieben und Beiträge in die Säule 3a leisten.

Am besten eignet sich für die indirekte Amortisation die Säule 3a. Die dort eingezahlten Beträge können in der Steuererklärung vom Einkommen abgezogen werden und sind zudem dank leicht höherem Zins besser angelegt (Zinsvorteil gegenüber Sparkonto rund 0,25 Prozent). Zudem bleibt bei der indirekten Amortisation die Hypothekarschuld in gleicher Höhe bestehen, was nochmals grössere Abzüge in der Steuererklärung zulässt. Diese Art der Amortisation wird mittlerweile von den meisten Kreditgebern auch für die Rückzahlung der zweiten Hypothek akzeptiert.

Eines allerdings sollten Sie bei allen Vorteilen nicht vergessen: Wenn Sie Ihre zweite Hypothek indirekt amortisieren, müssen Sie immer den gleich hohen Hypothekarzins bezahlen.

Zins

INFO *Einzahlungen in die Säule 3a sind nach oben beschränkt: Unselbständigerwerbende können maximal 6826 Franken in die gebundene Vorsorge einzahlen und in der Steuererklärung abziehen. Selbständigerwerbende ohne 2. Säule können bis zu 20 Prozent ihres Einkommens, maximal 34 128 Franken, einzahlen (Stand 2020).*

Die Hypothekaranbieter

Tiefe Sparzinsen und schlechte Erträge an den Börsen haben das Hypothekargeschäft für die Geldinstitute wieder spannend gemacht. Neben den Banken mischen Versicherungsgesellschaften, Pensionskassen und seit einiger Zeit auch Zwischenhändler im Geschäft mit den Immobilienkrediten mit. Die grosse Zahl der Anbieter erleichtert es Ihnen, ein Angebot zu guten Konditionen zu bekommen.

Banken

Für die Banken sind Hypothekarkredite derzeit eine der interessantesten Möglichkeiten, um vorhandene Spargelder anzulegen und damit dank höherem Zins Geld zu verdienen. Noch Ende der Neunzigerjahre waren es hauptsächlich die Regional- und Kantonalbanken, die dieses Geschäft beherrschten. Die Grossbanken hatten sich damals stark zurückgezogen und die Kleinkunden als nicht interessant taxiert. Aufgrund der veränderten wirtschaftlichen Situation werben heute aber auch die UBS und die Credit Suisse wieder um Hypothekarkunden.

Versicherer

Weniger bekannt ist, dass die meisten grösseren Versicherungsgesellschaften ebenfalls Hypotheken anbieten. Für sie sind solche langfristigen Geschäfte eine interessante Möglichkeit, die Gelder ihrer Kunden sicher anzulegen. Da die Hypotheken für die Versicherer kein Kerngeschäft darstellen, findet die Beratung nicht in den Filialen statt, sondern meist

MARKTANTEILE DER BANKEN IM HYPOTHEKARGESCHÄFT (2019)

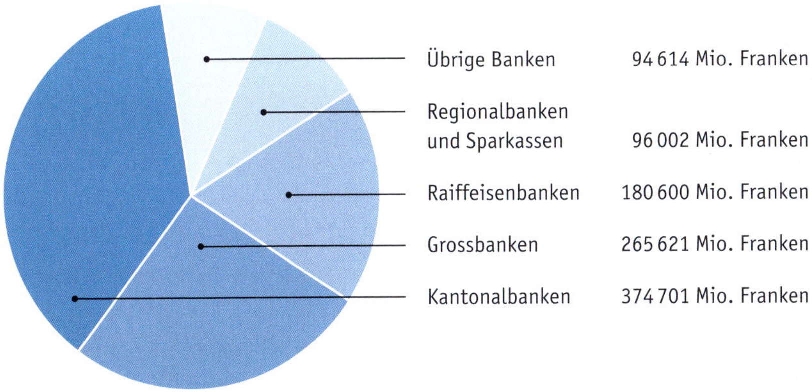

Quelle: Schweizerische Nationalbank (SNB)

zentral, und das Angebot beschränkt sich auf einige wenige Hypothekarformen. Dafür fallen weniger hohe administrative Kosten an, was sich zum Teil positiv auf die Höhe der Zinsen auswirkt.

Auch ein Teil der Pensionskassen mischt heute im Hypothekargeschäft mit. Bei den derzeit tiefen Zinsen sind ihre Angebote aber oft nicht konkurrenzfähig, da die Kassen einen vom Bund vorgeschriebenen Mindestzins erwirtschaften müssen.

Weitere Anbieter

Neben Banken und Versicherern bieten in der Schweiz vermehrt Zwischenhändler Hypotheken an. Dazu zählt beispielsweise PostFinance. Ihre Hypotheken stammen von der Bank Valiant und der Münchner Hypothekenbank.

Nach einem ähnlichen System funktioniert auch die Hypothek des Schweizerischen Hauseigentümerverbands (HEV Schweiz). Mit der Abwicklung der HEV-Hypothek ist die HypothekenZentrum AG betraut, die zur VZ-VermögensZentrum-Gruppe gehört. Im Unterschied zu Hypotheken der PostFinance werden die HEV-Hypotheken bei verschiedenen Investoren platziert, was zu einem zusätzlichen Preisvorteil führt.

Ebenfalls zu den neueren Hypothekaranbietern auf dem Markt zählt unter anderen die Internetplattform Homegate (www.homegate.ch). Dort kann der Antrag direkt am Computer ausgefüllt und danach ausgedruckt werden. Die Offerte wird dann aber nicht von Homegate erstellt, sondern von einer der beteiligten Banken, die schliesslich auch Vertragspartner ist. Ähnlich funktioniert die seit 2019 existierende Online-Hypothekenbörse Creditexchange (www.creditexchange.ch).

Onlinehypotheken

Verschiedene Institute bieten seit einigen Jahren Onlinehypotheken an und werben dafür mit besonders tiefen Zinssätzen. Bekannte Anbieter sind etwa hypomat.ch und www.e-hypo.ch, hinter denen verschiedene Kantonalbanken stehen. Analog zu anderen Onlinedienstleistungen lagern die Banken dabei einen Teil der Arbeit an den Kunden aus. Dieser muss selber den passenden Hypothekartyp auswählen und alle Angaben zum Objekt und zu seiner Person detailliert erfassen. Ein Beratungsgespräch ist nicht vorgesehen, höchstens die Möglichkeit, in einem Chat Fragen zu stellen.

Erhältlich sind Onlinehypotheken in der Regel nur für bereits bestehende Liegenschaften. Wer ab Plan kauft oder selber ein Haus baut, kann davon nicht profitieren. Gleiches gilt für Liegenschaften im Baurecht oder mit einer Nutzniessung. Zudem muss das Objekt selber bewohnt werden. Wichtig zu wissen: Die Anbieter von Onlinehypotheken möchten den administrativen Aufwand möglichst tief halten. Deshalb sind Verhandlungen über den offerierten Zins nicht vorgesehen.

Finanzierung aus dem Ausland: Hände weg!
Immer wieder locken Inserate unbekannter Anbieter auf den Immobilienseiten der Zeitungen mit äusserst günstigen Hypothekarzinsen. Solche Anbieter finanzieren die Kredite meist über ausländische Währungen. Verändert sich der Kurs der gewählten Währung, ändert sich auch die Höhe der Hypothek. Das kann zu unangenehmen Zinserhöhungen führen. Deshalb sollten Sie Ihrem Haushaltsbudget zuliebe auf Hypothekarkredite verzichten, die über ausländische Währungen finanziert werden. Angesichts der tiefen Schweizer Hypothekarzinsen ist das Risiko zu hoch.

Der Weg zum Hypothekarkredit

Die von den Hypothekenanbietern im Internet oder in Zeitungsinseraten publizierten Zinssätze haben höchstens Orientierungscharakter. Heute wird jeder Kunde, jede Kundin und jedes Objekt individuell betrachtet: Die Finanzinstitute schätzen das potenzielle Risiko ab und unterbreiten erst dann ein Finanzierungsangebot.

Da die Zahl der Anbieter gross ist und diese die Risiken und Sicherheiten eines Kunden oft unterschiedlich beurteilen, lohnt es sich auf jeden Fall, eine ganze Reihe von Offerten einzuholen, um das beste und preiswerteste Angebot zu finden.

Vergleichen lohnt sich

Tests zeigen immer wieder grosse Unterschiede in der Beurteilung der Gesuchsteller und der Objekte durch die Hypothekaranbieter: Die eine Bank schätzt den Wert eines Objekts tiefer ein als die andere und ist deshalb nicht bereit, eine gleich hohe Hypothek zu gewähren. Oder es kann

---

NACH DIESEN KRITERIEN BEURTEILT DIE BANK IHR KREDITGESUCH

Kreditnehmer

- Wie hoch ist das aktuelle Einkommen?
- Bei einem Paar: Sind beide oder ist nur der Partner, die Partnerin erwerbstätig?
- Wie hoch ist der Wert der Sparkonten und Wertschriftendepots?
- Wie viel davon kann als Eigenkapital verwendet werden?
- Wie hoch ist der Anteil des Eigenkapitals am Kaufpreis der Immobilie?
- Aus welchen Quellen stammt das Eigenkapital (Ersparnisse, Darlehen)?
- Welche weiteren Sicherheiten sind vorhanden (zum Beispiel Liegenschaften, Lebensversicherungen)?
- Können Gelder aus der 2. Säule oder der Säule 3a als Eigenkapital beigezogen werden?
- Wie sehen die familiären Verhältnisse aus (Kinder, Alimentenzahlungen, Personen, die unterstützt werden)?
- Wie sicher sind die Arbeitsstellen?
- Ist die Finanzierung auch mit einem tieferen Einkommen gesichert (Wegfall eines Teils des Lohns, wenn Kinder zur Welt kommen und betreut werden müssen)?
- Sind Schulden vorhanden?
- Hat der Kunde Potenzial für weitere Geschäfte (Wertschriftendepot, 3. Säule, Geschäftskonten)?

Objekt

- Ist der Preis marktkonform?
- Lässt sich das Objekt notfalls zu einem Preis verkaufen, der die Höhe des Hypothekarkredits deckt?
- Ist in Zukunft mit einer Wertabnahme zu rechnen?

---

vorkommen, dass ein Finanzinstitut Ihren Antrag ablehnt, die Konkurrenz Ihnen dagegen ohne Probleme einen Kredit gewährt. Der Grund dafür ist, dass die Finanzinstitute die künftige Zinsentwicklung unterschiedlich beurteilen und Ihr Kredit bei einer konservativen Berechnung nicht mehr tragbar wäre. Oder dass die zurückhaltende Bank die Tragbarkeit strenger handhabt und die Belastung bei Ihrem Bruttoeinkommen als zu hoch einstuft.

Das Einholen mehrerer Offerten beschert Ihnen zwar einen grossen Zeitaufwand: Verschiedene Dokumente müssen zusammengesucht, eingescannt und PDF-Files für den Versand erstellt werden. Doch das rechnet sich durchaus. Die Einsparungen dank tieferem Zinssatz wiegen den Aufwand meist schon im ersten Monat wieder auf. Beispiel: Wenn Sie für einen Hypothekarkredit in der Höhe von 700 000 Franken statt 1,9 nur 1,3 Prozent Zins zahlen, macht das jährlich 3500 Franken aus.

TIPP *Falls Sie wenig Zeit haben oder Hilfe beim Einholen und Vergleichen der Hypothekarofferten benötigen, können Sie einen neutralen Finanzberater beiziehen. Dieser stellt für Sie – natürlich gegen ein Entgelt – nicht nur die Anträge zusammen, sondern berät Sie auch bei allen anderen Finanzfragen rund um den Immobilienerwerb (Adressen im Anhang).*

Die erste Offertrunde

NATHALIE UND BENNO R. stellen die Finanzierung für ein Reihenhaus in einer neuen Überbauung zusammen. Sie beschliessen, an fünf Orten anzufragen: bei ihrer Hausbank, bei der Bank, mit der Freunde gute Erfahrungen gemacht haben, bei der örtlichen Kantonalbank sowie bei zwei Onlineanbietern. Die R.s erstellen drei Dossiers mit allen verlangten Unterlagen und schicken sie per Mail an die drei Banken. Zudem füllen sie die Anträge bei den beiden Onlineanbietern aus. Sie bitten darum, die Offerte innert einer Woche zu unterbreiten.

Bevor Sie eine erste Offertrunde starten, sollten Sie sich einen Überblick über das aktuelle Angebot beschaffen. Ein rascher Weg dazu führt über das Internet. Auf www.comparis.ch können Sie die Eckdaten Ihres Kreditwunschs in einer Maske eingeben und eine Liste preiswerter Anbieter erstellen lassen. In einer ersten Offertrunde sollten Sie auch Ihre Hausbank und die Gesellschaft, bei der Sie die meisten Versicherungen abgeschlossen haben, sowie lokal ansässige Geldinstitute einbeziehen.

CHECKLISTE: UNTERLAGEN FÜR DEN HYPOTHEKARANTRAG

Persönliche Unterlagen

- Kreditgesuch (auf der Website des Anbieters zu finden)
- Aktueller Lohnausweis oder Kopie der letzten Steuererklärung; bei Selbständigerwerbenden letzte Steuererklärung und Geschäftsabschlüsse
- Betreibungsregisterauszug für die letzten drei Jahre (maximal drei Monate alt)
- Auflistung aller Eigenmittel
- Kopie von Pass oder Identitätskarte der Gesuchsteller
- Kopie von Lebensversicherungspolicen
- Grundbuchauszug anderer Liegenschaften, die Ihnen gehören
- Pensionskassenausweis – falls Sie gemeinsam mit dem Partner, der Partnerin kaufen, von beiden – mit Angabe der Freizügigkeitsleistung
- Kopie des aktuellen Stands des Säule-3a-Kontos
- Erklärung, dass Sie das Objekt selbst bewohnen werden (falls Finanzierung mit 2. Säule oder Säule 3a)

Unterlagen zu bestehendem Objekt

- Katalog des Verkäufers
- Grundbuchauszug oder Kopie des Kaufvertragsentwurfs
- Police der Gebäudeversicherung
- Situations- oder Katasterplan
- Pläne im Massstab 1:100 mit Grundrissen, Schnitten und Fassaden (soweit vorhanden)
- Baubeschrieb (falls vorhanden)
- Schätzungsunterlagen oder Internetschätzung (falls vorhanden)
- Zwei bis drei aktuelle Fotos des Gebäudes (aussen und innen)
- Baurechtsvertrag (falls Objekt im Baurecht)

Um eine breite Palette an Offerten zu erhalten, sollten Sie mindestens fünf Anbieter anfragen. Bei verschiedenen Instituten finden sich alle nötigen Formulare direkt auf der Website. Andere möchten lieber zuerst einen Termin vereinbaren. Für eine erste Offertrunde reicht es aber,

Unterlagen zu Objekt ab Plan

- Katalog des Immobilienanbieters oder Ausdrucke von Website des Projekts
- Detaillierter Baubeschrieb
- Entwurf des Vertrags mit dem Generalunternehmer (falls vorhanden)
- Baurechtsvertrag (falls Objekt im Baurecht)

Unterlagen zu Neubau mit Architekt

- Kaufvertrag für Grundstück
- Detaillierte Projektpläne im Massstab 1:100 oder 1:50
- Detaillierter Baubeschrieb
- Detaillierter Kostenvoranschlag, wenn möglich basierend auf Offerten, oder kubische Kalkulation nach SIA (Schweizerischer Ingenieur- und Architektenverein)
- Liste der beteiligten Handwerker (soweit schon bekannt)
- Baubewilligung
- Baurechtsvertrag (falls Objekt im Baurecht)

Unterlagen zu Umbau oder Renovation

- Detaillierte Projektpläne im Massstab 1:100 oder 1:50
- Detaillierter Kostenvoranschlag, wenn möglich basierend auf Offerten
- Detaillierter Baubeschrieb
- Liste der beteiligten Handwerker (soweit schon bekannt)
- Baubewilligung (falls für Projekt nötig)

Zusätzliche Unterlagen zu Objekt im Stockwerkeigentum

- Reglement der Stockwerkeigentümergemeinschaft
- Wertquoten und Verkaufspreise aller Wohnungen (Letzteres nur, wenn es sich um einen Neubau handelt)
- Benützerreglement
- Berechnung der Nettowohnfläche der Wohnung

schriftliche Angebote einzuholen. Dazu müssen Sie ein Dossier mit allen Unterlagen erstellen (siehe Checklisten auf der vorangehenden Seite). Am einfachsten scannen Sie diese ein und wandeln sie in ein PDF-File um. Dieses können Sie dann per Mail an die jeweilige Filiale des Instituts schicken und um eine Offerte bitten. Da die Zeit meist eilt, sollten Sie im Begleitbrief einen Termin setzen, an dem Sie die Offerte benötigen.

Ganz ähnlich funktioniert das Einholen einer Offerte bei den Anbietern von Onlinehypotheken. Dort können Sie alle erforderlichen Angaben auf der Website erfassen und den Antrag einreichen. Wichtig zu wissen: Nachverhandlungen sind bei Onlinehypotheken in der Regel nicht möglich (siehe auch Seite 100).

TIPP *Der erste Eindruck zählt. Ein professionell und übersichtlich zusammengestelltes Dossier macht es den Hypothekaranbietern einfacher, Ihren Antrag zu bearbeiten. Und es ist ein Hinweis darauf, dass Sie ein verlässlicher Vertragspartner sein werden. Erstellen Sie deshalb ein einziges PDF-File, das alle Dokumente enthält. Sollte das File zu gross werden, können Sie es mit Onlineprogrammen (etwa www.smallpdf.com) einfach reduzieren.*

Der Offertvergleich

Wenn alle Offerten bei Ihnen eingetroffen sind, erstellen Sie am besten eine Vergleichstabelle (siehe Beispiel). Darin listen Sie alle Anbieter und die von ihnen offerierten Zinsen und Belehnungshöhen sowie die daraus resultierende Gesamtbelastung pro Monat oder Jahr auf. Am effizientesten lässt sich ein solcher Vergleich mit einem Tabellenkalkulationsprogramm durchführen, beispielsweise mit Excel.

INFO *Stammt das Einkommen eines Ehepaars oder einer Familie grösstenteils aus der Berufstätigkeit beispielsweise des Vaters, verlangen die meisten Finanzinstitute den Abschluss einer Erwerbsunfähigkeits- oder Todesfallrisikoversicherung. Damit wird sichergestellt, dass der Hypothekarzins auch nach dem Tod oder einem Unfall des Hauptverdieners weiter gezahlt werden kann. Falls Sie noch keine solche Versicherung haben, sollten Sie die monatlichen Kosten dafür unbedingt in Ihrer Finanzplanung berücksichtigen.*

BEISPIEL: VERGLEICH VON HYPOTHEKAROFFERTEN

	Bank 1		Bank 2	
Kaufpreis Objekt	Fr.	750 000.–	Fr.	750 000.–
Eigenmittel	Fr.	200 000.–	Fr.	200 000.–
Offerierter Kredit	Fr.	550 000.–	Fr.	550 000.–
1. Hypothek	Fr.	495 000.–	Fr.	470 000.–
2. Hypothek	Fr.	55 000.–	Fr.	80 000.–
Geldmarkthypothek (3 Monate)				
Zinssatz 1. Hypothek		0,56 %		0,70 %
Zinssatz 2. Hypothek		0,56 %		0,70 %
Festhypothek (8 Jahre)				
Zinssatz 1. Hypothek		0,85 %		1,00 %
Zinssatz 2. Hypothek		0,85 %		1,00 %
Amortisation pro Jahr (über 15 Jahre)	Fr.	3 667.–	Fr.	5 333.–
Kosten Geldmarkthypothek				
Zins pro Monat	Fr.	257.–	Fr.	321.–
Amortisation pro Monat	Fr.	306.–	Fr.	444.–
Belastung total pro Monat	**Fr.**	**563.–**	**Fr.**	**765.–**
Kosten Festhypothek				
Zins pro Monat	Fr.	390.–	Fr.	458.–
Amortisation pro Monat	Fr.	306.–	Fr.	444.–
Belastung total pro Monat	**Fr.**	**696.–**	**Fr.**	**902.–**

Quellen: www.moneypark.ch, Alpha Media

Die zweite Offertrunde

Haben Sie alle Offerten ausgewertet, ist es Zeit für eine Verhandlungsrunde mit den Anbietern. Anonymisieren Sie dazu die Tabelle und schicken Sie sie an die jeweiligen Sachbearbeiter. Im Begleitschreiben bitten Sie um eine Korrektur der Offerte mit Hinweis auf den preiswertesten Anbieter. Sind die Anbieter an einem Abschluss mit Ihnen interessiert, werden sie Ihnen bei der Höhe der Belehnung, der Amortisation oder bei Marge und Zinssatz entgegenkommen. Mit Vorteil setzen Sie auch hier eine Zeitlimite. Die neuen Werte können Sie laufend in die Tabelle eintragen. Sobald alle Korrekturen eingetroffen sind, picken Sie die drei oder vier Anbieter heraus, die Ihnen am meisten zusagen, und vereinbaren einen Termin für ein persönliches Gespräch.

VIER DER FÜNF BANKEN unterbreiten Nathalie und Benno R. innert der gesetzten Frist eine Offerte. Ein Vergleich der Bedingungen und Zinsen fördert grosse Unterschiede zutage. Die günstigste ist tatsächlich eine der Banken, die schon im Internet als besonders vorteilhaft erschienen. Die R.s stellen alle Zahlen in einer Tabelle zusammen und senden diese anonymisiert nochmals an die drei anderen Banken mit der Bitte, innert dreier Tage ein besseres Angebot vorzulegen. Alle drei Institute passen ihre Offerte an. Nun sind die Unterschiede so geringfügig, dass die beiden mit allen vier Banken ein persönliches Gespräch vereinbaren. Es ist ihnen klar, dass die Zusage der Bank nicht nur von den präsentierten Zahlen abhängt, sondern auch vom Eindruck, den sie selbst bei diesem Gespräch hinterlassen. Deshalb bereiten sie sich detailliert darauf vor und notieren sich auch ein paar Punkte, die auf noch bessere Konditionen hoffen lassen: das Ferienhaus im Tessin als zusätzliche Sicherheit, die bevorstehende Beförderung von Nathalie zur Prokuristin und das Säule-3a-Konto, das sie mit einem Teil der Lohnerhöhung bei der Hypothekarbank eröffnen könnte.

INFO *Manche Banken lassen zwar nicht über die Zinsen mit sich verhandeln, aber über die sonstigen Konditionen. Zum Beispiel über die Finanzierung während der Bauphase, die Marge oder die Berechnung des Zinses (Zinsusanz). Bei diesen Punkten lohnt es sich, nachzufassen und die verschiedenen Anbieter gegeneinander auszuspielen.*

Vorbereitung auf das persönliche Gespräch

Das persönliche Gespräch mit dem Hypothekarberater soll Ihnen zum einen Antworten auf alle noch offenen Fragen liefern, zum andern haben Sie die Möglichkeit, letzte Argumente für noch besserer Konditionen auf den Tisch zu legen. Folgende Punkte fallen dabei ins Gewicht:

- Wenn der Anbieter schlechtere Bedingungen als die Konkurrenz bietet, weisen Sie ihn darauf hin.

- Können Sie mehr als 20 Prozent Eigenkapital investieren, ist das Risiko für den Hypothekaranbieter kleiner und er sollte bereit sein, den Zins entsprechend anzupassen.
- Wenn Sie Gelder aus der 2. Säule oder der Säule 3a nicht als Eigenkapital benötigen, können Sie diese Summe als zusätzliche Sicherheit ins Spiel bringen. Gleiches gilt für eine Lebensversicherung, die sich verpfänden lässt.
- Bieten Sie der Bank ein Gegengeschäft an: etwa die Eröffnung eines Säule-3a-Kontos, die Verlegung eines Geschäftskontos, die Einrichtung eines Wertschriftendepots. Ist der Anbieter ein Versicherer, können Sie ihm in Aussicht stellen, dass Sie alle Versicherungen für Ihr Eigenheim bei ihm abschliessen.

TIPP *Empfehlenswert: Erstellen Sie eine Liste mit Fragen und eine Aufstellung aller möglichen Argumente, die Sie in die Waagschale werfen wollen, bevor Sie zum persönlichen Gespräch mit dem Hypothekarberater gehen. Fragen Sie Freunde und Bekannte, mit welchen Argumenten sie bessere Konditionen erhalten haben.*

Der Abschluss

NACH DEN GESPRÄCHEN mit den vier Banken haben Nathalie und Benno R. den Favoriten bald gefunden: Ihre Hausbank bietet ihnen eine Starthypothek mit guten Konditionen. Zudem werden, wenn die Hypothek hier abgeschlossen wird, auch keine Gebühren fällig, obwohl die Summe für das Eigenkapital weit über der Bezugslimite des Sparkontos liegt. Nathalie R. telefoniert kurz mit dem Kundenberater und bittet ihn, die abgesprochenen Konditionen zu bestätigen. Zwei Tage später trifft die schriftliche Bestätigung ein, und erst jetzt sagen die R.s den anderen Banken ab.

Werten Sie die Gespräche mit den Hypothekarberatern in Ruhe aus, tragen Sie die letzten Korrekturen in die Tabelle ein und fällen Sie dann den endgültigen Entscheid. Wenn Sie einem Anbieter den Zuschlag erteilt haben, sollten Sie sich die Bedingungen zur Sicherheit gleich schriftlich bestätigen lassen und den Vertrag sobald als möglich unterzeichnen.

Achten Sie darauf, dass in diesem Vertrag alle wichtigen Punkte enthalten sind. Dazu gehören:

- Art der Hypothek
- Höhe des Hypothekarkredits
- Name des Kreditnehmers
- Zinskonditionen
- Laufzeit
- Beginn der Laufzeit
- Zahlungstermine
- Zinsusanz (Anzahl Tage pro Jahr)
- Gebühren
- Kündigungsbedingungen
- Allgemeine Geschäftsbedingungen
- Hinweis auf Eintrag des Grundpfandrechts
- Adresse der Liegenschaft

Aufgepasst: Die Offerten der Hypothekaranbieter sind zeitlich begrenzt. Beachten Sie die Verfallsdaten, da die Bedingungen sich geändert haben können, bis Sie zu einem Abschluss bereit sind. Warten Sie zudem auf die Zusage Ihres Favoriten, bevor Sie anderen Kreditgebern absagen.

TIPP *Berechnungshilfen und Checklisten zur Wahl der richtigen Hypothek sowie zu den anderen finanziellen Fragen können Sie unter www.beobachter.ch/download herunterladen und mit Ihren eigenen Angaben verwenden.*

Der Baukredit

Wenn Sie kein fertiges Objekt kaufen, sondern selber bauen, werden Sie in der Regel für die Bezahlung der Land- und Baukosten neben dem eigenen Geld auch Fremdkapital beanspruchen. Dieses stellt Ihnen die Bank während der Bauzeit in Form eines Baukredits zur Verfügung, der erst nach Vollendung des Baus in eine Hypothek umgewandelt wird.

Ist Ihr Eigenkapital aufgebraucht, werden aus diesem Kontokorrentkredit laufend die anfallenden Rechnungen von Architekt, Handwerkern etc. bezahlt. Das heisst, die Kreditsumme – und damit die Belastung – wächst mit dem Baufortschritt Ihres Hauses.

Der Zinsfuss für Baukredite entspricht normalerweise demjenigen der variablen ersten Hypothek. Dazu haben die meisten Banken in der Vergangenheit noch eine Baukreditkommission von 0,5 bis 1 Prozent geschlagen. Mit dieser Kommission wurde die Bank dafür entschädigt, dass sie für die Bauherren eine treuhänderische Funktion übernahm. Sie regelte den Zahlungsverkehr und kontrollierte, ob die verwendeten Gelder tatsächlich für das Bauprojekt eingesetzt wurden. Die meisten Banken leisten diesen Service heute jedoch nicht mehr – verzichten dafür aber auch auf den Zinsaufschlag.

ACHTUNG *Vergessen Sie nicht, in Ihrer Budgetplanung mit einzurechnen, dass Sie während der Bauzeit eine Doppelbelastung haben werden. Sie zahlen immer noch Miete für Ihre Wohnung, während bereits die Zinsen für den Baukredit auflaufen. Je später die Bauphase, umso höher die Kreditsumme und damit auch die Doppelbelastung. Es lohnt sich deshalb, die Bauzeit möglichst kurz zu halten, beispielsweise durch eine teilweise Vorfertigung des Hauses (siehe Seite 178).*

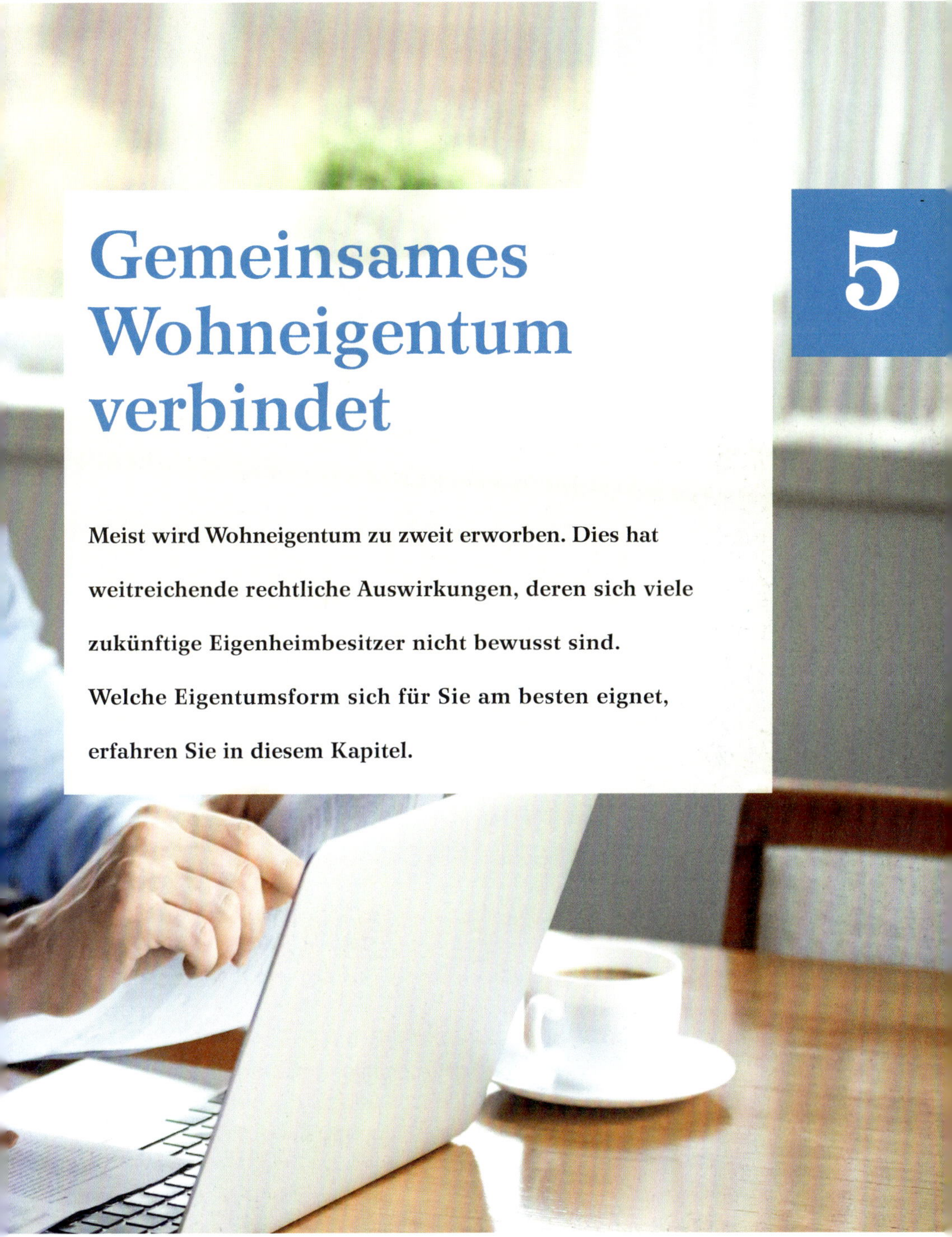

5

Gemeinsames Wohneigentum verbindet

Meist wird Wohneigentum zu zweit erworben. Dies hat weitreichende rechtliche Auswirkungen, deren sich viele zukünftige Eigenheimbesitzer nicht bewusst sind. Welche Eigentumsform sich für Sie am besten eignet, erfahren Sie in diesem Kapitel.

Die rechtliche Form des Eigentums

Den Hypothekarvertrag hat das Paar unterschrieben, der Kaufvertrag liegt zur Unterzeichnung bereit. Wurde nichts anderes vereinbart, wird dort einerseits stehen, dass das Paar die Immobilie im Miteigentum erwirbt, und andererseits, zu welchen Anteilen die beiden daran beteiligt sind. Die Angabe der Eigentumsform im Vertrag ist zwingend, damit das Grundbuchamt den Eintrag vornehmen kann.

Neben der Form des Miteigentums stehen für den Erwerb einer Immobilie zwei weitere Varianten zur Auswahl: das Alleineigentum und das Gesamteigentum. Welche Eigentumsform gewählt wird, hängt einerseits von den unterschiedlichen finanziellen Möglichkeiten der zukünftigen gemeinsamen Eigenheimbesitzer und andererseits von ihrer Beziehung zueinander ab.

- **Alleineigentum:** Nur eine Person bringt Eigenkapital ein und wird als alleinige Eigentümerin im Grundbuch eingetragen. Diese Person kann frei über das Wohneigentum verfügen (Ausnahme: Schutz der Familienwohnung bei Ehepaaren, siehe Seite 119), trägt aber auch allein die Verantwortung für den Unterhalt, die Behebung von Schäden oder die Zahlung des Zinses an die Bank.
- **Gesamteigentum:** Mehrere Parteien bringen Eigenkapital ein. Unabhängig von der Höhe des eingebrachten Kapitals gehört die Immobilie allen Parteien zu gleichen Teilen. Die Gesamteigentümer können über die Sache nur gemeinsam verfügen. Das Eigentum ist weder teilbar, noch können Anteile veräussert werden.
- **Miteigentum:** Mehrere Parteien bringen Eigenkapital ein. Im Grundbuch wird jede mit ihrer Besitzquote eingetragen. Über den eigenen Anteil kann grundsätzlich jede Partei frei verfügen; sie trägt aber auch die Pflichten für ihren Besitzanteil (zum Beispiel Unterhalt). Will ein Miteigentümer seinen Teil verkaufen, räumt das Gesetz den anderen Miteigentümern ein Vorkaufsrecht ein. Eine besondere Form des Miteigentums ist das Stockwerkeigentum (siehe nächste Seite).

Das Gesamteigentum setzt eine besonders enge Beziehung zwischen den Parteien voraus, da bei dieser Eigentumsform nichts ohne die anderen entschieden werden kann. Das Miteigentum birgt – etwa im Fall einer Auflösung der Partnerschaft – weniger Konfliktpotenzial.

INFO *Fällt eine Liegenschaft einer Erbengemeinschaft zu, gehört sie den Erbinnen und Erben von Gesetzes wegen automatisch zu Gesamteigentum. Die Erben können folglich nur gemeinsam über die Sache verfügen – müssen sich also über die Verwendung der Liegenschaft einig werden. Können sie sich nicht einigen, ist der Verkauf oder die Umnutzung solcher Liegenschaften oft jahrelang blockiert.*

Stockwerkeigentum: eine besondere Form von Miteigentum

Erst seit 1965 ist es in der Schweiz überall möglich, eine einzelne Wohnung zu kaufen. Zuvor kannte nur der Kanton Wallis das sogenannte Stockwerkeigentum. Unterdessen erfreut sich diese Form des Eigentums grosser Beliebtheit. Zum einen, weil der Kauf einer Wohnung oft günstiger ist als der eines Hauses, zum anderen, weil das Wohnen in der Stadt wieder im Trend liegt. Und in Städten werden wegen der hohen Landpreise mehrheitlich Wohnungen gebaut.

Da in jedem Mehrfamilienhaus mit Eigentumswohnungen mehrere Eigentümer leben, ist das Stockwerkeigentum eine Mischform. Auf eigene Faust handeln dürfen Stockwerkeigentümer nur innerhalb ihrer eigenen vier Wände. Der Rest des Hauses samt Umgebung – also Treppenhaus, Tiefgarage, Garten, aber auch die Fassade – gehört allen gemeinsam. In diesem Bereich müssen sich alle ans Reglement der Stockwerkeigentümergemeinschaft halten; zudem haben die meisten Eigentümergemeinschaften eine Hausordnung, ähnlich wie in Mietshäusern.

Oberstes Organ einer Stockwerkeigentümergemeinschaft ist die Stockwerkeigentümerversammlung. Sie beschliesst über alles, was die Liegenschaft als Ganzes betrifft. Grundlage für das Mitspracherecht der einzel-

BUCHTIPP
Mehr Angaben und Tipps – auch fürs Zusammenleben in der Gemeinschaft – finden Sie in diesem Beobachter-Ratgeber: **Stockwerkeigentum. Kauf, Finanzierung, Regelungen der Eigentümergemeinschaft.**
www.beobachter.ch/buchshop

nen Stockwerkeigentümer ist der Aufteilungsplan, der für jede Einheit eine Wertquote festlegt. In der Regel hat bei Abstimmungen aber jeder Eigentümer eine Stimme. Eine Mehrheit nach Wertquoten wird nur für einzelne, besonders bedeutsame Geschäfte verlangt. Wichtig ist die Wertquote hingegen als Schlüssel bei der Aufteilung der Kosten für den Unterhalt und andere Arbeiten am gemeinsamen Eigentum.

Was Ehepaare beachten müssen

Sofern Sie nicht in einem Ehevertrag etwas anderes vereinbart haben, leben Ehepaare im ordentlichen Güterstand der Errungenschaftsbeteiligung. Dabei wird zwischen Eigengut von Ehefrau und Ehemann sowie Errungenschaft von Ehefrau und Ehemann unterschieden:

- **Eigengut:** Das sind in erster Linie die Vermögenswerte, die Mann und Frau in die Ehe eingebracht haben. Auch Erbschaften und Schenkungen, die eine Seite während der Ehe erhält, gehören zum Eigengut. Ausserdem zählen dazu die Gegenstände, die jeder Seite zum persönlichen Gebrauch dienen (Kleider, Schmuck, Hobbyausrüstung etc.).
- **Errungenschaft:** Diese besteht aus Vermögen, das während der Ehe erarbeitet wurde – Lohn, Pensionskassengelder, AHV-Rente, Taggelder der Arbeitslosenkasse –, sowie den Erträgen aus dem Eigengut (zum Beispiel Zinsen auf einer Erbschaft oder Dividenden aus geerbten Aktien).

Während der Ehe verwaltet und nutzt jede Seite ihr Eigengut und ihre Errungenschaft selbständig – immer mit der Pflicht, auf die eheliche Gemeinschaft Rücksicht zu nehmen. Die Aufteilung in Eigengut und Errungenschaft kommt vor allem bei einer Scheidung oder beim Tod des Partners, der Partnerin zum Tragen.

Gemeinsamer Kauf

Kaufen Sie als Ehepaar ohne andere Vereinbarungen gemeinsam eine Liegenschaft, wird dies in der Form des Miteigentums geschehen. Dabei werden die Eigentumsanteile von Mann und Frau im Grundbuch vermerkt. Das gilt in der Regel auch dann, wenn Sie Gütertrennung vereinbart haben. Nur wenn ein Paar in Gütergemeinschaft lebt – wenn also der grösste Teil des Vermögens beider Ehegatten zum Gesamtgut vereinigt ist –, kann es sinnvoll sein, eine Liegenschaft im Gesamteigentum zu erwerben.

TIPP *Wenn Sie als Ehepaar in Gütergemeinschaft leben und die Form des Gesamteigentums gewählt haben, empfiehlt es sich, einen Gesellschaftsvertrag abzuschliessen (siehe Mustervertrag im Anhang). Dieser soll festhalten, wie die Beteiligungsverhältnisse aussehen und wie das Wohneigentum finanziert wurde. So stellen Sie sicher, dass im Fall der Auflösung des Gesamteigentums der Erlös analog zu den tatsächlichen Anteilen aufgeteilt wird.*

DIE EHELICHEN GÜTERSTÄNDE IM ÜBERBLICK

Errungenschaftsbeteiligung

Ehemann		Ehefrau	
Eigengut In die Ehe eingebrachtes Vermögen, Erbschaften, Schenkungen; Kleider, Schmuck, Hobbyausrüstung	**Errungenschaft** Lohn, AHV-Rente, Pensionskassengelder, Arbeitslosengeld etc.; Erträge des Eigenguts	**Errungenschaft** Lohn, AHV-Rente, Pensionskassengelder, Arbeitslosengeld etc.; Erträge des Eigenguts	**Eigengut** In die Ehe eingebrachtes Vermögen, Erbschaften, Schenkungen; Kleider, Schmuck, Hobbyausrüstung

Gütergemeinschaft

Ehemann	Ehefrau
Eigengut Kleider, Schmuck, Hobbyausrüstung	**Eigengut** Kleider, Schmuck, Hobbyausrüstung
Gesamtgut gehört beiden zu gleichen Teilen In die Ehe eingebrachtes Vermögen, Erbschaften, Schenkungen; Lohn, AHV-Rente etc.	

Gütertrennung

Ehemann	Ehefrau
Eigengut In die Ehe eingebrachtes Vermögen, Erbschaften, Schenkungen; Lohn, AHV-Rente etc.; Kleider, Schmuck, Hobbyausrüstung	**Eigengut** In die Ehe eingebrachtes Vermögen, Erbschaften, Schenkungen; Lohn, AHV-Rente etc.; Kleider, Schmuck, Hobbyausrüstung

Haben Ehepaare den Hypothekarvertrag für ein Haus oder eine Wohnung gemeinsam unterschrieben – was die Banken in der Regel verlangen –, haften Mann und Frau solidarisch für die Schulden aus der Liegenschaft, also für den Hypothekarzins, die Amortisation etc. Solidarisch bedeutet, dass die Gläubiger von jedem Partner den ganzen Betrag einfordern können.

Was gilt bei Scheidung oder Tod?

Wie der Liegenschaftsbesitz im Scheidungs- oder Todesfall zwischen Mann und Frau aufgeteilt wird, hängt davon ab, welche Art von Eigentum sie gewählt haben, unter welchem Güterstand die Ehe geführt wurde und wer wie viel eigenes Kapital für den Kauf der Liegenschaft eingebracht hat. Die meisten Ehepaare leben im Güterstand der Errungenschaftsbeteiligung und haben ihr Eigenheim im Miteigentum erworben. Oft stammen die Mittel einerseits aus Vermögen, das in die Ehe gebracht wurde (Eigengut), und andererseits aus Lohn, der während der Ehe angespart wurde (Errungenschaft). Diese Anteile müssen bei einer Auflösung der Ehe auseinanderdividiert werden.

- Bei einer **Scheidung** wird die Liegenschaft zum aktuellen Verkehrswert zwischen den ehemaligen Ehepartnern aufgeteilt: Jede Partei hat Anrecht auf den Anteil, den sie beim Kauf aus ihrem Eigengut beisteuerte. Das Kapital, das aus der Errungenschaft von Mann und Frau stammte, wird – sofern nichts anderes vereinbart wurde – zwischen beiden Parteien hälftig geteilt. Vermögenswerte, von denen nicht klar ist, wem sie gehören, gelten ebenfalls als Errungenschaft, sind also hälftig zu teilen. Hat die Liegenschaft unterdessen an Wert gewonnen, wird auch dieser Mehrwert gemäss den Anteilen von Eigengut und Errungenschaft der Exeheleute aufgeteilt. Wird das Eigenheim nicht verkauft und will beispielsweise die Frau darin wohnen bleiben, muss sie ihren Ex-Mann auszahlen.
- Auf dieselbe Art wie bei einer Scheidung wird die Liegenschaft auch im **Todesfall** aufgeteilt. Das Eigengut des verstorbenen Ehegatten und sein Anteil an der gemeinsamen Errungenschaft fallen in den Nachlass, an dem die überlebende Seite erbrechtlich beteiligt ist. Der überlebende Partner kann auch verlangen, dass ihm das gemeinsame Eigenheim ganz zugeteilt wird – wobei er die anderen Erben natürlich auszahlen muss.

TIPP *Mit einem Ehevertrag, der die güterrechtlichen Aspekte regelt, sowie einem Erbvertrag oder Testament für die erbrechtlichen Fragen können Eheleute für bestimmte Situationen Vorkehrungen treffen. Sie können zum Beispiel vereinbaren, dass im Todesfall die Errungenschaft des bzw. der Verstorbenen zu 100 Prozent der überlebenden Seite zufällt. Solche Verträge müssen Sie durch einen Notar öffentlich beurkunden lassen.*

Ein Partner kauft allein

Erwirbt beispielsweise der Ehemann die gemeinsam bewohnte Immobilie im Alleineigentum, ist seine Partnerin durch das Gesetz trotzdem gut geschützt. Im Schweizerischen Zivilgesetzbuch (ZGB) ist festgehalten, dass der Eigentümer die sogenannte Familienwohnung nur mit der ausdrücklichen Zustimmung seiner Ehefrau veräussern kann. Auch wenn er das Haus oder die Wohnung weitervermieten oder jemandem ein Wohnrecht daran einräumen will, braucht er dazu das schriftliche Einverständnis seiner Partnerin.

INFO *Auch eine Erhöhung der Hypothek ist unter Umständen nur mit dem Einverständnis des Ehepartners möglich. Als Faustregel gilt, dass eine Hypothek auf der Familienwohnung nur so lange ohne dieses Einverständnis aufgestockt werden darf, als die Belastung unter 80 Prozent des aktuellen Verkehrswerts der Liegenschaft bleibt.*

Wichtige Punkte für Konkubinatspaare

SABINA C. UND JAN O. halten nicht viel vom Heiraten, obwohl sie bereits seit neun Jahren ein Paar sind. Endlich haben sie das passende Haus gefunden: fernab von den Metropolen, weit hinten im Emmental, mit viel Grün rundherum und gross genug, um später mal Platz für ein, zwei Kinder zu bieten. Sabina C. kann dank eines Erbvorbezugs 100 000 Franken Eigenkapital aufbringen. Jan O. kratzt 20 000 Franken von seinem Konto zusammen und nimmt weitere 20 000 Franken aus der Pensionskasse. Um späteren finanziellen Querelen vorzubeugen, lassen sich die beiden von einer Anwältin beraten.

An sich bringt ein Hauskauf schon genügend Abklärungen, Überlegungen und Entscheide mit sich, trotzdem muss sich ein unverheiratetes Paar, das gemeinsam Wohneigentum erwerben will, noch mit diversen anderen Aspekten beschäftigen. Denn die rechtlichen Interessen beider Seiten sind gesetzlich kaum geschützt. Darum ist es unerlässlich, miteinander zusätzliche Verträge abzuschliessen.

Gesellschafts- oder Konkubinatsvertrag

Soll nur das gemeinsame Wohneigentum geregelt werden, schliessen Konkubinatspaare am besten einen **Gesellschaftsvertrag** ab (siehe Mustervertrag im Anhang). Darin sollen vor allem folgende Punkte festgehalten werden:

- Wer hat die Liegenschaft zu welchem Teil finanziert?
- Wer trägt welche Kosten an der Liegenschaft (Hypothekarzinsen, Unterhalt etc.)?
- Welches Stimmrecht haben der Partner und die Partnerin bei Entscheiden, die die Immobilie betreffen? Im Verhältnis der finanziellen Beteiligung oder gleiches Stimmrecht trotz unterschiedlicher Beteiligung?
- Austrittsszenarien gehören unbedingt in den Gesellschaftsvertrag. Eine bewährte Variante: Beide Seiten können den Vertrag kündigen, und die zurückbleibende Partei hat während einer gewissen Frist die Möglichkeit, den Anteil der anderen zu erwerben. Verstreicht die Frist ungenutzt, muss das Objekt verkauft und der Erlös geteilt werden.

Eine zweite Möglichkeit, das gemeinsame Wohneigentum zu regeln, ist der **Konkubinatsvertrag.** Was die Immobilie betrifft, enthält dieser die gleichen Punkte wie der Gesellschaftsvertrag. Darüber hinaus wird im Konkubinatsvertrag das ganze Zusammenleben geregelt: beispielsweise der Umgang mit Einkommen, Vermögen und Haushaltskosten, die Aufteilung der Hausarbeit oder Szenarien, falls Kinder zur Welt kommen.

TIPPS *Lassen Sie den Konkubinats- oder Gesellschaftsvertrag von einer Fachperson (Notarin, Anwalt) ausarbeiten oder zumindest überprüfen. Vergessen Sie nicht, die Kosten dafür einzurechnen. Je nach Aufwand liegen die Gebühren zwischen 500 und 1000 Franken.*

Räumen Sie sich gegenseitig Vollmachten ein, für den Fall, dass einer von Ihnen beispielsweise schwer krank wird und sich an den Geschäf-

↓ wichtig

MUSTER: VOLLMACHT UNTER KONKUBINATSPARTNERN

Vollmacht

Der unterzeichnete
François L.
Waldstrasse 12
5200 Brugg

bestellt hiermit
Martina V.
Waldstrasse 12
5200 Brugg

in nachbezeichneter Angelegenheit zu seiner Bevollmächtigten.

Die Bevollmächtigte ist berechtigt, vor Behörden und Privaten die erforderlichen Erklärungen und Unterschriften abzugeben, Verträge abzuschliessen, sie öffentlich beurkunden zu lassen und zur Eintragung im Grundbuch anzumelden, Vergleiche einzugehen, Gelder und andere Werte in Empfang zu nehmen und dafür rechtsgültig zu quittieren, überhaupt die nachbezeichnete Angelegenheit mit den Kompetenzen einer Generalbevollmächtigten zu erledigen.

Der Vollmachtgeber anerkennt hiermit alle Handlungen und Erklärungen seiner Bevollmächtigten als für ihn unbedingt rechtsverbindlich.

Bezeichnung des Geschäfts
Diese Vollmacht ist beschränkt auf Rechtshandlungen im Zusammenhang mit der Liegenschaft an der Waldstrasse 12 in 5200 Brugg (Kataster-Nr. 5342).

Brugg, 25. August 2020

Der Vollmachtgeber
François L.

ten, die die Liegenschaft betreffen, nicht mehr beteiligen kann (siehe Muster auf der vorangehenden Seite). Für Grundbuchgeschäfte, zum Beispiel den Verkauf der Liegenschaft, braucht es zusätzlich zur Vollmachtsurkunde eine notariell beglaubigte Unterschrift des Vollmachtgebers. Ausserdem ist es auch sinnvoll, Vorsorgeaufträge zu erstellen. Diese kommen zum Zug, wenn eine Seite dauerhaft oder für längere Zeit urteilsunfähig wird. Den Vorsorgeauftrag müssen Sie entweder von A bis Z handschriftlich abfassen oder öffentlich beurkunden lassen.

In der Regel Miteigentum

Als Eigentumsform bietet sich für Konkubinatspaare das Miteigentum an. Damit haben der Partner und die Partnerin je für ihren Anteil die Rechte und Pflichten eines Eigentümers. Und da beim Miteigentum die Eigentumsquote im Grundbuch eingetragen wird, besteht auch im Fall von Streit und Trennung Klarheit über die Eigentumsverhältnisse. Verwendet ein Partner (oder beide Seiten) für die Finanzierung Gelder aus der Pensionskasse oder der Säule 3a, ist rechtlich nur der Erwerb im Miteigentum möglich. Denn aus dem Grundbuch muss klar hervorgehen, welcher Anteil der Liegenschaft aus Geldern der Altersvorsorge finanziert wurde.

Als Miteigentümer geht jeder einzelne Konkubinatspartner gegenüber der Bank eine Solidarhaftung ein. Wird also beispielsweise die Partnerin zahlungsunfähig, muss ihr Lebensgefährte in der Folge auch für ihren Teil der Hypothekarschuld und die ganzen Hypothekarzinsen aufkommen.

Je nach Situation lohnt es sich für Konkubinatspaare auch, die Variante Gesamteigentum zu prüfen. Der Vorteil: Eine spätere Abänderung der Anteile oder eine Auflösung ist einfacher.

Wenn der Partner der Vermieter ist

Ist Ihr Partner – oder Ihre Partnerin – Alleineigentümer der Immobilie, die Sie gemeinsam bewohnen, sind Sie faktisch sein Mieter. Ihr Partner könnte grundsätzlich frei und ohne Sie zu konsultieren, über sein Eigentum verfügen. Zu Ihrem Schutz und um spätere Querelen zu vermeiden, empfiehlt es sich deshalb, einen schriftlichen Mietvertrag abzuschliessen

(Muster im Anhang). Dieser regelt Mietzins, Mietdauer und Kündigungsbedingungen. Ausserdem geniessen Sie so – sollte Ihr Partner sterben – auch gegenüber seinen Erben den Mieterschutz. Fügen Sie dem Mietvertrag ein Inventar bei, in dem die Möbel und anderen Besitztümer beider Seiten aufgeführt sind.

Statt einen Mietvertrag abzuschliessen, können Sie die nötigen Punkte auch in einem Konkubinatsvertrag regeln. Dieser sollte klären, wer zu welchem Teil für den Unterhalt und die Nebenkosten aufkommt und wie viel die «mietende» Seite für die Mitbenutzung zu bezahlen hat.

Regelungen für den Todesfall

Selbst wenn ein Konkubinats- oder Gesellschaftsvertrag besteht, sind Konkubinatspartner von Gesetzes wegen gegenseitig nicht erbberechtigt. Um für den Todesfall vorzusorgen, müssen Sie ein Testament verfassen, in dem Sie Ihren Partner, Ihre Partnerin als Erben oder Erbin einsetzen. Allerdings haben Ihre Eltern, Kinder und auch ein Ehepartner, von dem Sie getrennt leben, trotz Testament das Recht auf den Pflichtteil. Soll Ihr Konkubinatspartner, Ihre Lebensgefährtin allein erben, ist dies nur mit einem notariell beglaubigten Erbverzichtsvertrag möglich, in dem die pflichtteilsgeschützten Erben explizit auf ihren Pflichtteil verzichten.

TIPP *Unverheiratete Paare sind nicht nur erbrechtlich schlechter gestellt als Ehepaare, sondern auch in Bezug auf die Sozialversicherungen (AHV, Pensionskasse, Säule 3a). Dies lässt sich einigermassen ausgleichen mit einer Risikoversicherung für den Invaliditäts- und Todesfall zugunsten des Partners, der Partnerin. Damit ist gesichert, dass die laufenden Kosten des Wohneigentums auch dann beglichen werden können, wenn eine Seite invalid und erwerbsunfähig wird. Für den Todesfall sollte die Versicherungssumme so gewählt werden, dass der hinterbliebene Partner, die Partnerin die Erben auszahlen und das Eigenheim übernehmen kann.*

Gleichgeschlechtliche Paare

Rechtlich sieht die Situation für homosexuelle Paare, die zusammen Wohneigentum erwerben, gleich aus wie für heterosexuelle. Leben sie nicht in einer eingetragenen Partnerschaft, sind auch für sie Verträge unabdingbar (siehe Seite 120).

Seit dem 1. Januar 2007 ist das neue Bundesgesetz über die eingetragene Partnerschaft für gleichgeschlechtliche Paare in Kraft. Darin sind diese Paare den Ehepaaren gleichgestellt bezüglich Beistandspflicht, Erbrecht, Sozialversicherungen, berufliche Vorsorge und Steuerrecht. Das kann auch beim Immobilienkauf eine Rolle spielen. So wird das gemeinsam bewohnte Haus oder die Wohnung als Familienwohnung betrachtet wie bei einem Ehepaar (siehe Seite 119). Auch wenn ein Partner das Objekt im Alleineigentum erworben hat, kann er nicht unbeschränkt darüber verfügen.

Käufergemeinschaften

DIE STADT LUZERN will ihr Immobilienportfolio verkleinern und plant darum, diverse ältere Mehrfamilienhäuser zu verkaufen. Dies betrifft auch ein schönes, ruhig gelegenes Dreifamilienhaus mit Blick über den Vierwaldstättersee. Eine Immobilienfirma interessiert sich für das Objekt. Sie möchte es vollumfänglich renovieren und dann im obersten Preissegment wieder vermieten. Für die heutigen Bewohner, die alle schon mehrere Jahre dort zur Miete wohnen und gut miteinander auskommen, würde das bedeuten, dass sie ein neues Heim suchen müssten. Nach reiflicher Prüfung ihrer finanziellen Möglichkeiten beschliessen sie, der Stadt eine Offerte zu unterbreiten, um das Haus selbst zu kaufen und sich so ihr Bijou zu erhalten.

Sei es für den Kauf eines bestehenden Mehrfamilienhauses, sei es für die Realisation grösserer Bauvorhaben: Es kann sinvoll sein, sich mit mehreren Interessenten (Freunde, Bekannte oder andere) zusammenzutun. Denn oft ist nur auf diesem Weg das nötige Kapital zusammenzubringen.

Wer gemeinsam mit anderen ein Mehrfamilienhaus kaufen oder bauen will, kann eine Eigentümergemeinschaft bzw. eine Bauherrengemeinschaft bilden. Solche Gemeinschaften agieren als einfache Gesellschaft, in der alle Beteiligten solidarisch haften. Das Eigenkapital der künftigen Besitzer wird zusammengelegt und gemeinsam wird mit der Bank ein Hypothekarvertrag abgeschlossen. Käufergemeinschaften, die

die solidarische Haftung umgehen wollen, können stattdessen auch eine Aktiengesellschaft gründen, die dann als Kreditnehmerin bei der Bank auftritt und die Immobilie baut oder kauft. Diese Variante ist beim Erwerb von Wohneigentum für den privaten Gebrauch aber eher unüblich – für diesen Fall ist die Gründung einer Genossenschaft meist der einfachere Weg.

INFO *Nur wer sich gut kennt, sollte gemeinsam Wohneigentum kaufen – und dabei nicht vergessen, auch für den Streitfall vorzusorgen. Ein Gesellschaftsvertrag unter den Beteiligten schafft Rechtssicherheit. Er sollte unbedingt auch Ausstiegsszenarien beinhalten (siehe Mustervertrag im Anhang).*

Die Wohnbaugenossenschaft

Die erste Wohnbaugenossenschaft der Schweiz wurde bereits 1900 in Basel gegründet. Entsprechend haftet dieser Besitzform heute ein etwas verstaubtes Image an. Zu Unrecht: Die Form der Wohnbaugenossenschaft ermöglicht es, auf einfache Art und mit geringem finanziellem Risiko gemeinsam mit anderen Interessenten Wohneigentum zu erwerben. Verschiedene kleine Baugenossenschaften wurden deshalb in den letzten Jahren in der Schweiz neu gegründet.

Die Genossenschaft tritt gegenüber der Bank als Kreditnehmerin auf und ist später auch Bauherrin oder Käuferin der Liegenschaft. Die Genossenschafterinnen und Genossenschafter mieten ihre Wohnungen bloss, geniessen aber einen weitgehenden Kündigungsschutz und haben über ihre Stimme in der Generalversammlung ein Mitspracherecht. Einen grossen Vorteil bietet die Genossenschaft zudem, wenn man aus der Wohnung wieder ausziehen möchte: Interessenten für die Wohnung benötigen keinen Hypothekarkredit, sondern müssen lediglich die Anteilscheine erwerben und einen Mietvertrag unterschreiben.

Der Weg zum genossenschaftlichen Wohnen

Zur Gründung einer Genossenschaft sind mindestens sieben Mitglieder nötig. Es müssen aber nicht zwingend alle am Wohnprojekt beteiligt sein. Zwei Vorschriften müssen die Gründer beachten:

- Die Genossenschaftsstatuten müssen schriftlich abgefasst und von der Gründerversammlung genehmigt werden. Ihr Inhalt ist gesetzlich vorgeschrieben: Name und Sitz der Genossenschaft, Zweck, Art und Höhe der Genossenschaftsanteile, Organe für die Verwaltung und Kontrolle, Form der Bekanntmachungen.
- Die Genossenschaft muss mit Namen, Zweck und den verantwortlichen Personen im Handelsregister eingetragen werden.

ACHTUNG *Handelt einer der Gründer vor dem Eintrag ins Handelsregister im Namen der Genossenschaft und schliesst beispielsweise einen Vorvertrag für ein Grundstück ab, haftet er persönlich.*

Um das Wohneigentum zu finanzieren, kaufen die Genossenschafter und Genossenschafterinnen je eine bestimmte Anzahl Anteilscheine, in der Regel im Betrag von 24 bis 30 Monatsmieten. Dieses Geld bildet das Genossenschaftskapital und ist Basis für den Kauf der Immobilie – meist zusammen mit einer Bankhypothek. Tritt jemand aus der Genossenschaft aus, was im Normalfall mit der Wohnungskündigung einhergeht, übernimmt der Nachmieter seinen Anteil und kauft sich so in die Genossenschaft ein.

TIPP *Bei der Gründung einer Wohnbaugenossenschaft lohnt es sich, Fachleute beizuziehen. Das gilt auch bei der Beschaffung von Bankkrediten für den Kauf oder Bau der Liegenschaft. Denn viele Banken sind vor allem kleinen Wohnbaugenossenschaften gegenüber immer noch skeptisch (Adressen im Anhang).*

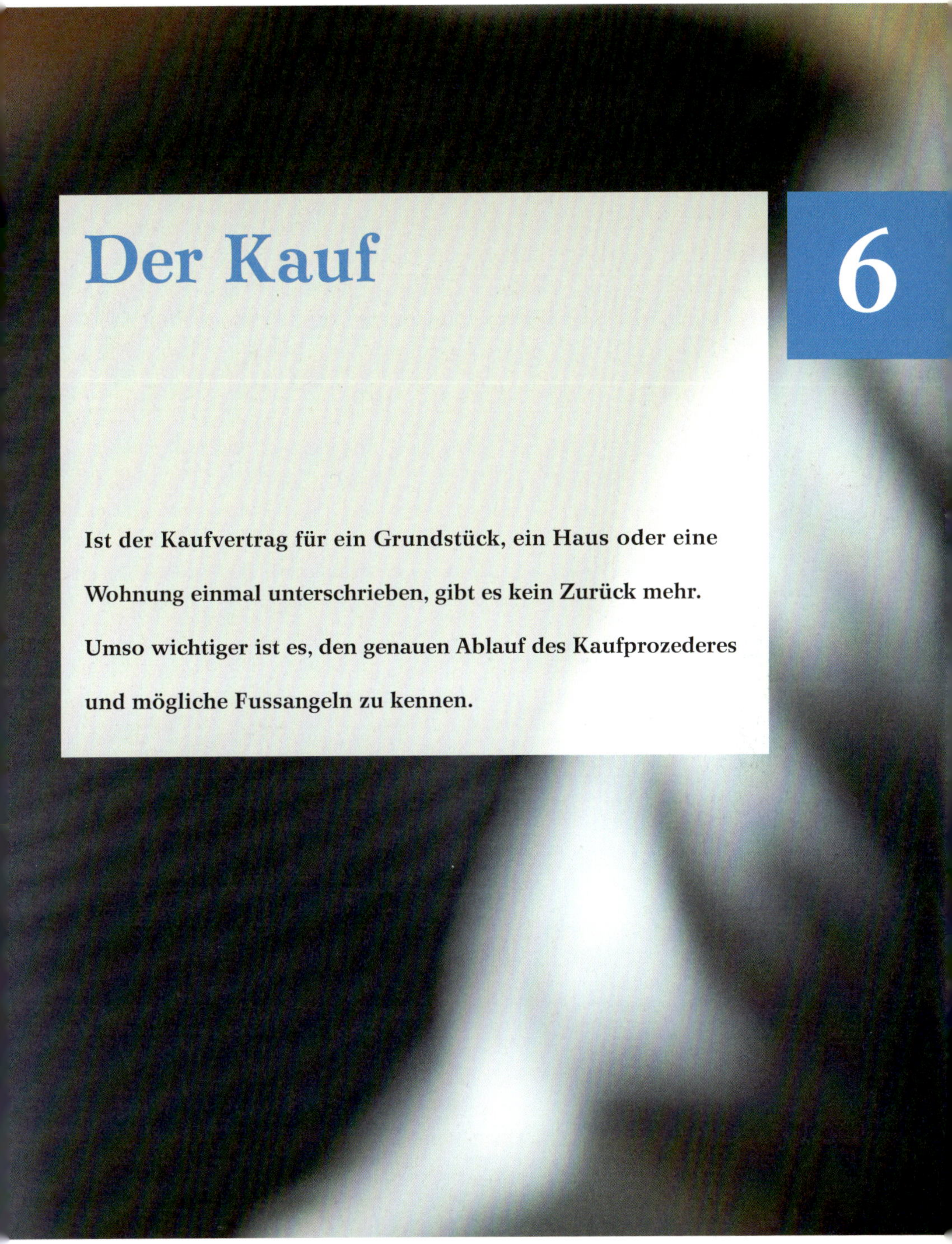

Der Kauf

6

Ist der Kaufvertrag für ein Grundstück, ein Haus oder eine Wohnung einmal unterschrieben, gibt es kein Zurück mehr. Umso wichtiger ist es, den genauen Ablauf des Kaufprozederes und mögliche Fussangeln zu kennen.

So läuft ein Immobilienkauf ab

Kaufen und Verkaufen sind alltägliche Vorgänge. Wir verlangen in der Bäckerei ein Brot, zahlen den verlangten Preis und der Handel ist perfekt. Auch grössere Käufe, etwa den eines Autos, wickeln wir routiniert ab: Ein Vertrag regelt den Preis und die Modalitäten, das Geld wird zum abgemachten Zeitpunkt auf das Konto des Verkäufers überwiesen und das Auto geliefert.

Nach dem gleichen Prinzip funktioniert grundsätzlich auch der Kauf eines Grundstücks oder einer Liegenschaft. Doch hier ist ein Vertrag nur dann gültig, wenn er öffentlich – durch einen Notar oder eine andere Urkundsperson – beurkundet wurde. Zudem sind wegen der grossen Werte und der Geldsummen, die beim Kauf einer Liegenschaft die Hand wechseln, erhöhte Vorsicht und umsichtiges Handeln wichtig.

TIPP *Machen Sie sich vor dem Kauf eines Grundstücks oder einer Liegenschaft mit allen Modalitäten vertraut, unterschreiben Sie keinen Vertrag und keine Vereinbarung, ohne sie genau überprüft zu haben, und ziehen Sie bei den geringsten Zweifeln eine Fachperson bei. Versierte Baujuristen, Bauherrenberater oder frei arbeitende Notarinnen sind dabei gute Anlaufstellen. In Kantonen mit einem Amtsnotariat können Sie sich auch dort neutrale Beratung holen.*

Verschiedene Verträge beim Kauf

Haben Sie sich mit dem Verkäufer über den Preis, die Termine und alle anderen Modalitäten geeinigt, steht einem Kauf nichts mehr im Weg. Sehr oft verlangt der Verkäufer zu diesem Zeitpunkt die Unterzeichnung eines Reservationsvertrags und eine Anzahlung. Zwei Forderungen, denen Sie mit Vorsicht begegnen sollten.

Kernstück des Kaufs ist der Kaufvertrag, der von einem Notar zusammen mit den beiden Parteien ausgearbeitet und unter seiner Aufsicht unterschrieben wird (mehr dazu auf Seite 133). Nach der Unterzeichnung des

GESTAFFELTER KAUF

Wenn Sie eine gebrauchte Liegenschaft erwerben, schlägt Ihnen der Verkäufer möglicherweise einen gestaffelten Verkauf vor. Dabei wird der Kaufvertrag aufgesetzt und unter Aufsicht des Notars unterschrieben. Die Bezahlung und der Eintrag ins Grundbuch folgen aber erst später, kurz vor dem im Vertrag festgelegten Kaufdatum. Dieses Vorgehen ist rechtlich problemlos, da das Gesetz nicht vorschreibt, wie viel Zeit zwischen den einzelnen Phasen eines Liegenschaftsverkaufs verstreichen darf.

Von der gestaffelten Abwicklung des Verkaufs profitieren beide Seiten: Sie als Käufer oder Käuferin haben einen notariell beglaubigten Kaufvertrag in der Hand, und der Verkäufer kann dank des bereits unterschriebenen Vertrags einen neuen Hypothekarkredit für den Kauf einer anderen Liegenschaft beantragen.

Wichtig ist aber, dass der Kaufvertrag eine Klausel enthält, die den Verkäufer, sollte er die Liegenschaft nicht rechtzeitig übergeben, zur Zahlung eines Schadenersatzes verpflichtet, der Ihre Kosten für ein Ausweichquartier und den zweimaligen Umzug oder das Einstellen der Möbel abdeckt. ■

Kaufvertrags wird der Kaufpreis überwiesen. Erst dann erfolgt üblicherweise der Eintrag ins Grundbuch, der das Geschäft endgültig besiegelt und Sie als Käufer oder Käuferin zum rechtmässigen Eigentümer der Liegenschaft macht.

Reservations- und Optionsverträge

Meist wird bei Neubauten die Unterzeichnung eines Reservationsvertrags samt einer Anzahlung verlangt. Doch fast alle diese Verträge – aus juristischer Sicht handelt es sich dabei um sogenannte Vorverträge – sind rechtlich wertlos, da sie der Einfachheit und der Kosten wegen ohne die vorgeschriebene amtliche Beurkundung abgeschlossen werden.

HELEN M. UND IHREM MANN PETER gefallen die geplanten Eigentumswohnungen am Südrand von Hettlingen auf Anhieb. Ohne weiter nachzudenken, unterschreiben sie einen Reservationsvertrag mit dem Generalunternehmer, der die Wohnungen erstellen soll, und überweisen eine Anzahlung von 30 000 Franken auf dessen Konto. Wenige Wochen nach der Unterzeichnung des Vertrags erkrankt Peter M. schwer und das Paar beschliesst, vom Kauf der Wohnung zurückzutreten. Der Generalunternehmer akzeptiert zwar ihren Entscheid, ist aber nicht bereit, die 30 000 Franken zurückzuerstatten. Erst als die M.s einen Anwalt einschalten, erhalten sie ihr Geld zurück.

Ist Ihr Reservationsvertrag nicht amtlich beurkundet, hat dies für Sie Vor- und Nachteile: Treten Sie vom Vertrag zurück, kann der Verkäufer nichts dagegen unternehmen und auch keine Forderungen geltend machen. Umgekehrt haben Sie selbst keine rechtliche Gewähr, dass der Kauf der Liegenschaft wirklich zustande kommt.

Heikel sind die mit solchen Reservationsverträgen oft verbundenen Anzahlungen. Wird das Geld direkt auf das Konto des Verkäufers eingezahlt, kann es – sollte der Kauf nicht zustande kommen – schwierig sein, den gesamten Betrag zurückzufordern. Denn oft behält der Verkäufer einen Teil der Summe zurück und rechtfertigt dies mit bereits geleisteten Vorarbeiten. Besteht der Verkäufer auf einer Anzahlung, überweisen Sie diese deshalb nur auf ein Sperrkonto, das zu Ihren Gunsten verzinst wird. Dieses Vorgehen bietet Ihnen auch Sicherheit, falls der Anbieter der Immobilie zwischenzeitlich Konkurs machen sollte.

TIPP *Verlangt der Verkäufer von Ihnen die Unterzeichnung eines amtlich beurkundeten Vorvertrags (Reservationsvertrag), achten Sie darauf, dass darin klar geregelt ist, was im Fall des Rücktritts einer Partei passiert. Dazu gehören mögliche Termine für einen Ausstieg und die dann fälligen Entschädigungszahlungen. Auch hier gilt: Anzahlungen nur auf ein Sperrkonto überweisen.*

Land zur Miete: der Baurechtsvertrag

Das Land für den Bau eines Hauses kann nicht nur gekauft, sondern auch gemietet werden. Fachleute sprechen dann von einem Baurechtsvertrag. Er hält fest, dass das Grundstück durch die Person, die den Baurechtszins zahlt, bebaut und genutzt werden kann. Üblicherweise sind solche Verträge 30 bis 100 Jahre lang gültig. Laufen sie ab, können sie entweder erneuert werden oder der Eigentümer des Grundstücks muss das darauf stehende Haus zu einem im Vertrag festgehaltenen Preis kaufen. Städte und Gemeinden geben Land oft im Baurecht ab. Sie halten sich so die Möglichkeit offen, nach Ablauf des Vertrags das Grundstück anderweitig zu nutzen.

Basis für die Berechnung des Baurechtszinses ist der Wert des Grundstücks. Darauf verlangt der Eigentümer einen Zins, der sich meist am Zins für erste Hypotheken der jeweiligen Kantonalbank orientiert.

Wenn Sie Land im Baurecht nutzen, haben Sie den Vorteil, weniger Eigenkapital zu benötigen. Dafür kann es sein, dass der Baurechtszins steigt, wenn der Wert des Grundstücks zunimmt. Zudem werden Ihre Erben – falls der Vertrag nicht verlängert wird – das Haus dereinst an den Eigentümer des Grundstücks verkaufen müssen.

Normalerweise wird ein solcher Baurechtsvertrag «selbständig und dauernd» abgeschlossen und läuft mindestens 30 Jahre. Das heisst, das Baurecht gilt nicht für eine bestimmte Person, sondern kann auf andere Personen übertragen werden. Dadurch ist es möglich, das auf dem Grundstück erstellte Haus zu verkaufen und das Baurecht an den Käufer weiterzugeben. Solche selbständigen und dauernden Baurechtsverträge müssen öffentlich (durch einen Notar) beurkundet werden. Zudem hat der Eigentümer des Grundstücks das Recht, ein Pfandrecht im Grundbuch eintragen zu lassen, um den Baurechtszins abzusichern (zum Pfandrecht siehe auch Seite 140).

Zentral: der Kaufvertrag

Kernstück eines Grundstücks- oder Liegenschaftskaufs ist der Kaufvertrag. Er regelt Punkt für Punkt, zu welchen Bedingungen, zu welchem Preis und auf welchen Termin hin das Objekt die Hand wechselt. Aufgestellt wird der Kaufvertrag nicht von den Parteien selbst, sondern von einem Notar. Dieser schreibt zuerst einen Entwurf und legt ihn beiden Seiten zur Überprüfung und Ergänzung vor. Der Kaufvertrag sollte folgende Punkte enthalten (ein Muster finden Sie unter www.beobachter.ch/download):

- Namen und Adressen der beiden Parteien
- Beschreibung der Liegenschaft (Adresse, Katasternummer, Gebäudeversicherungsnummer (sofern bereits vorhanden), Grundstücksfläche
- Kaufpreis
- Bezahlung von Gebühren und Steuern (insbesondere die Bezahlung der Grundstückgewinnsteuer muss klar geregelt sein; siehe Seite 142)
- Zustand der Liegenschaft bei Übergabe
- Zahlungsbedingungen

- Termin für die Übertragung
- Regelung zur Weiterführung bestehender Versicherungen (zum Beispiel Gebäudeversicherung)
- Dienstbarkeiten (müssen unbedingt mit den Angaben im Grundbuch übereinstimmen)
- Dokumente, die als Bestandteil des Vertrags aufgeführt werden (etwa ein Baubeschrieb)
- Regelungen für den Fall, dass eine der beiden Parteien den Vertrag nicht einhält (zum Beispiel Konventionalstrafen)

Sind im Entwurf einzelne Vertragspunkte rechtlich falsch formuliert oder vergessen gegangen, sollten Sie sich als Erstes mit dem Verkäufer darüber einigen. Beauftragen Sie erst dann den Notar mit Änderungen, denn mehrmalige Korrekturen gehen schnell ins Geld.

INFO *Verlangen Sie vor Abschluss eines Kaufvertrags für eine Liegenschaft unbedingt einen aktuellen Grundbuchauszug. Nur so können Sie kontrollieren, ob die Angaben zum jetzigen Eigentümer stimmen und ob wichtige Einträge, etwa Dienstbarkeiten (siehe Seite 66), vorhanden sind.*

Fussangeln im Kaufvertrag

Bei folgenden Punkten in einem Kaufvertrag sollten Sie besonders vorsichtig sein:

- **Baubeschrieb:** Beim Kauf von Neubauten ab Plan ist ein ausführlicher Baubeschrieb wichtiger Teil des Kaufvertrags. Wer auf Nummer sicher gehen will, erklärt auch die Baupläne zu Bestandteilen des Kaufvertrags. Als Laie lassen Sie den Baubeschrieb und die Pläne zuerst von einer neutralen Fachperson überprüfen, damit nichts vergessen geht. Ist der Verkäufer nicht bereit, Baubeschrieb oder Pläne in den Kaufvertrag aufzunehmen, sollten Sie auf den Kauf verzichten.
- **Gekauft «wie besichtigt»:** Altbauten werden fast ausschliesslich mit dieser Klausel verkauft. Dann gehen der kaputte Rollladen, die undichte Wasserleitung zu Ihren Lasten – Sie haben die Liegenschaft so gekauft, wie sie bei der Besichtigung war. Lassen Sie im Zweifelsfall einen von Ihnen bezahlten Bausachverständigen das Haus zuerst prüfen, um keine unliebsamen Überraschungen zu riskieren.

RÜCKZUG VOM KAUFVERTRAG

Ein Rückzug von einem Kaufvertrag ist grundsätzlich möglich, solange dieser nicht unterschrieben ist. Haben Sie jedoch einem Kauf und der Ausarbeitung eines Vertrags mündlich zugestimmt, wird der Verkäufer seinen bereits geleisteten Aufwand geltend machen. Unter Umständen wird er auch Schadenersatz einfordern, da er einen neuen Käufer suchen muss.

Anders ist die Situation, wenn der Vertrag gravierende Mängel aufweist. Ohne Folgen verweigern können Sie Ihre Unterschrift etwa, wenn wichtige Unterlagen (zum Beispiel der Baubeschrieb) fehlen oder offensichtlich eine Täuschung vorliegt, Ihnen beispielsweise ein anderes Haus gezeigt wurde als das im Kaufvertrag festgehaltene.

Ist der Vertrag einmal von beiden Parteien unterschrieben und öffentlich beurkundet, gelten nur noch die darin festgehaltenen Ausstiegsklauseln. Zum Beispiel eine Vereinbarung, dass der Vertrag ungültig wird, wenn der Verkäufer die Baubewilligung nicht erhält und das Projekt sich verzögert oder gar nicht zustande kommt.

Bevor Sie eine Kaufzusage machen, sollten Sie sich also gut überlegen, welche Folgen ein Ausstieg für Sie haben könnte. ■

- **Gewährleistung für Sachmängel:** Üblicherweise muss der Verkäufer für Mängel am Objekt geradestehen. Beim Verkauf von Altbauten wird die Gewährleistung aber oft ausgeschlossen. Wurden kurz vor dem Kauf Renovationsarbeiten ausgeführt, sollten Sie für diese auf einer Mängelgewährleistung bestehen (siehe Seite 216).
- **Dienstbarkeiten:** Die im Grundbuch eingetragenen Dienstbarkeiten sind zwingend Teil des Kaufvertrags. Während einzelne, etwa ein Wegrecht, auch für Laien nachvollziehbar sind, bleiben andere schlicht unverständlich. Lassen Sie sich deshalb von einer Fachperson auf dem Grundbuchamt jede Dienstbarkeit erklären und verlangen Sie Einsicht in die dazugehörenden Protokolle. Diese geben oft genauer Aufschluss über wichtige Details der Dienstbarkeiten. Diese geben oft genauer Aufschluss über wichtige Details (siehe auch Seite 66).
- **Stockwerkeigentum:** Lassen Sie sich auf jeden Fall das Reglement und die Protokolle der bisherigen Stockwerkeigentümerversammlungen geben. Die darin festgehaltenen Rechte und Pflichten gelten auch für Sie. Generalunternehmer, die grössere Überbauungen im Stockwerkeigentum verkaufen, versuchen häufig, sich im Kaufvertrag ein Mandat für die Verwaltung der Stockwerkeigentumsliegenschaft zu sichern –

und so einen netten Zusatzverdienst zu kassieren. Streichen Sie eine solche Klausel aus dem Vertrag oder überprüfen Sie zumindest, ob das Verwaltungshonorar marktüblichen Konditionen entspricht.

Der Notar

Die Schlüsselfunktion in der Kaufabwicklung hat der Notar. Er setzt den Kaufvertrag auf, der von den Parteien vor seinen Augen unterschrieben und anschliessend von ihm beurkundet wird. Normalerweise organisiert er auch die Eintragung des Kaufs im Grundbuch.

In den Kantonen Schaffhausen und Zürich sind die Notarinnen und Notare vom Staat angestellt, können also nicht frei gewählt werden. In den restlichen Kantonen sind die Notare entweder freiberuflich tätig oder es existieren Mischformen zwischen Amtsnotariat und freiem Notariat. Hier haben Sie als Käufer oder Käuferin einer Immobilie meist die Möglichkeit, in Absprache mit dem Verkäufer einen Notar ihrer Wahl zu beauftragen.

Seine Funktion verpflichtet den Notar bei der Abwicklung eines Geschäfts zur Neutralität. Dazu gehört auch, dass er die Vertragsparteien über mögliche heikle Punkte – etwa die Wegbedingung eines Mängelrechts – in den Verträgen aufklärt und ihnen die Folgen aufzeigt.

Trotzdem sollten Sie dem Notar nicht in jedem Fall blind vertrauen. Dies gilt insbesondere in Kantonen mit freiem Notariat. Hier kann es vorkommen, dass eine Notarin regelmässig für einen grösseren Immobilienanbieter Vertragsabschlüsse vorbereitet und deshalb ein Stück weit wirtschaftlich von ihm abhängig wird. Für Sie als Käufer oder Käuferin besteht in diesem Fall die Gefahr, dass einzelne Punkte – ohne dass damit

NOTARIATSWESEN IM ÜBERBLICK

Kantone mit Amtsnotariat	SH, ZH
Kantone mit freiberuflichem Notariat	AG, BE, BL, BS, FR, GE, JU, NE, TI, UR, VD, VS
Kantone mit Mischformen zwischen freiberuflichem und Amtsnotariat	AI, AR, GL, GR, LU, NW, OW, SG, SO, SZ, TG, ZG

Quelle: www.schweizernotare.ch, 2020

gegen ein Gesetz verstossen würde – eher zugunsten des Verkäufers abgefasst werden. Bestimmen Sie deshalb in Kantonen mit freiem Notariat selber den Notar. Besteht der Verkäufer auf der Abwicklung über seinen eigenen Notar, lassen Sie den Vertrag vor der Unterzeichnung von einem Juristen Ihrer Wahl prüfen.

INFO *Notare haften für die fachgerechte Abfassung der Verträge. Stellen Sie nach Abschluss des Vertrags fest, dass unsauber gearbeitet wurde, und entstehen Ihnen daraus Nachteile oder ein Schaden, können Sie den fehlbaren Notar einklagen und Schadenersatz fordern.*

Die Zahlung richtig abwickeln

Beim Kauf einer Liegenschaft geht es um sehr viel Geld – Geld, das zudem grösstenteils nicht Ihnen als Käufer gehört, sondern der Bank, die den Hypothekarkredit gewährt. Entsprechend vorsichtig sollten Sie bei

STOCKWERKEIGENTUM: ACHTUNG, ERNEUERUNGSFONDS

Viele Stockwerkeigentümergemeinschaften sehen in ihren Reglementen einen Erneuerungsfonds vor. Dieser soll sicherstellen, dass notwendige grössere Unterhaltsarbeiten an der Liegenschaft – etwa die Erneuerung der Wasserleitungen oder die Reparatur des Dachs – nicht daran scheitern, dass eine Partei ihren Kostenanteil nicht zahlen kann. Jeder Stockwerkeigentümer ist deshalb verpflichtet, eine gewisse Summe – in der Regel entsprechend der Wertquote seiner Einheit – auf ein spezielles gemeinsames Konto einzuzahlen.

Verkauft eine Stockwerkeigentümerin ihre Einheit, kann sie sich den Anteil am Erneuerungsfonds nicht bar auszahlen lassen. Sie verkauft ihn sozusagen zusammen mit der Wohnung. Dabei gibt es zwei Möglichkeiten: Entweder ist der Erneuerungsfondsanteil im Kaufpreis inbegriffen oder er wird separat verrechnet. Als Käufer oder Käuferin sollten Sie darauf achten, dass diese Übertragung im Kaufvertrag ausdrücklich und klar geregelt ist. Sonst laufen Sie Gefahr, dass die Verkäuferin den Erneuerungsfondsanteil nachträglich von Ihnen einfordert. Das können rasch einmal 10 000 Franken sein. Verlangen Sie auch einen Bankauszug des Erneuerungsfondskontos, um nachprüfen zu können, ob der von der Verkäuferin für Ihre Einheit genannte Betrag tatsächlich vorhanden ist. ■

der Abwicklung der Zahlung sein. Bewährt und üblich ist folgendes Vorgehen: Erst wenn der Kaufvertrag bereinigt, von beiden Seiten unterschrieben, notariell beurkundet und im Grundbuch eingetragen ist, wird das Geld an den Verkäufer überwiesen – abzüglich etwaiger Anzahlungen. Damit der Verkäufer sicher sein kann, dass er sein Geld auch erhält, müssen Sie einen Beweis Ihres Zahlungswillens erbringen. Sicherstes Mittel ist eine unwiderrufliche Zahlungszusicherung der Bank, die garantiert, dass die Überweisung ausgelöst wird, sobald der Eintrag ins Grundbuch erfolgt ist.

ACHTUNG *Die genauen Zahlungsmodalitäten müssen unbedingt im Kaufvertrag vereinbart sein. Bezahlen Sie nur den im Vertrag festgehaltenen Preis und akzeptieren Sie keinerlei Zahlungen unter der Hand. Damit würde der Verkäufer zwar Grundstückgewinnsteuern sparen, doch wenn eine solche Schwarzzahlung auffliegt, wird der gesamte Kaufvertrag ungültig.*

Der Grundbucheintrag

Die Unterzeichnung des Kaufvertrags und die Sicherstellung der Zahlung allein genügen für die rechtskräftige Übertragung einer Immobilie noch nicht. Dies geschieht erst durch den Eintrag ins Grundbuch. Dieses wird vom Grundbuchamt der jeweiligen Gemeinde geführt. Jeder Eintrag besteht, vereinfacht gesagt, aus zwei Teilen: dem Grundbuchblatt, in dem alle wichtigen Daten eingetragen werden, und einem Grundbuchplan, auf dem die Grenzen des Grundstücks und die Lage der darauf befindlichen Gebäude und der Strassen eingetragen sind.

Als Eigentümer oder Eigentümerin einer Liegenschaft können Sie gegen Entgelt nach dem Eintrag eine beglaubigte Kopie des Grundbuchauszugs samt Plan verlangen. Zu jedem Eintrag ins Grundbuch gehören die folgenden Angaben:

- Name, Vorname und Heimatort des Eigentümers (bei Miteigentum aller Eigentümerinnen und Eigentümer)
- Datum des Kaufs
- Standort des Grundstücks, bezeichnet durch Strasse, Hausnummer (sofern vorhanden) und Katasternummer

- Versicherungsnummer der Gebäudeversicherung (sofern das Grundstück bereits bebaut ist)
- Alle Dienstbarkeiten (sofern vorhanden), beispielsweise Wegrechte, Durchleitungs- oder Näherbaurechte (siehe Seite 66)
- Grundpfandrechte (soweit vorhanden)
- Anteile bei Miteigentum

BEISPIEL: GRUNDBUCHAUSZUG

Auszug aus dem Grundbuch

Eigentümerin
Franziska T, geb. 5.12.1956, von Kreuzlingen TG

Im Grundbuchamtskreis Fluntern-Zürich
In Zürich 6 – Stadtquartier Oberstrass

Grundbuch Oberstrass, Blatt 87653
Kataster-Nr. 34652/Plan 22

Wohnhaus, Versicherungs-Nr. 32782, Musterstrasse 315
Schätzungswert der kantonalen Gebäudeversicherung:

Schätzungsjahr:	2010	Schätzungswert:	Fr. 1 200 000.–
Basisjahr:	1939	Basiswert:	Fr. 143 000.–

mit
4 a 98 m² (vier Aren achtundneunzig Quadratmeter) Gebäudegrundfläche und Umschwung, Musterstrasse 315, 8006 Zürich

Dienstbarkeit

Recht:
Abwasser-Durchleitungsrecht zulasten Kataster-Nr. 45762, 36789, dat. 4. Mai 1956, SP 2345

Last:
Mitbenützungsrecht eines Hydranten zugunsten Stadt Zürich, dat. 4. Mai 1944, SP 3489

Zürich, 29. Januar 2020/xy

Für richtigen Auszug
Grundbuchamt Fluntern-Zürich

INFO *In einer Liegenschaft, die im Stockwerkeigentum steht, gilt jede einzelne Einheit als eigenes «Grundstück», für das ein eigenes Grundbuchblatt erstellt wird.*

Grundpfandrecht und Schuldbrief

Üblicherweise stammt der grösste Teil des Geldes für den Kauf einer Wohnung oder eines Hauses von der Bank. Um den Kredit abzusichern, verlangt diese in der Regel die Errichtung eines Schuldbriefs. Darin wird festgehalten, dass die Schuld bei der Bank durch ein Grundpfand auf der Liegenschaft sichergestellt ist. Dieses wird im Grundbuch eingetragen, und zwar normalerweise mit dem Hinweis «im ersten Rang». Damit erhält die Bank bei einer Grundpfandverwertung (zwangsweisen Versteigerung) der Liegenschaft vor allen anderen Gläubigern ihr Geld.

Die Errichtung eines Schuldbriefs mit Absicherung durch ein Grundpfand können aber auch andere Gläubiger verlangen. Beispielsweise ein privater Geldgeber, der Ihnen für den Kauf Ihres Hauses, Ihrer Wohnung ein Darlehen gewährt.

Wenn Sie eine gebrauchte Liegenschaft kaufen, sind im Grundbuch oft schon Pfandrechte einer Hypothek des Verkäufers eingetragen. Diese können Sie umschreiben lassen und für das Pfandrecht Ihrer eigenen Bank nutzen. Das ist wesentlich günstiger als die Löschung alter und die Errichtung neuer Pfandrechte.

ACHTUNG *Nicht alle auf einer Liegenschaft lastenden Pfandrechte sind im Grundbuchauszug sichtbar. Während Sie durch Umschreiben eines bestehenden Pfandrechts der Hypothekarbank des Verkäufers Kosten sparen, kann es teuer werden, wenn etwa Pfandrechte von Gemeinden für nicht gezahlte Steuern oder Bauhandwerkerpfandrechte (siehe Seite 212) bestehen. Denn ohne Gegenmassnahmen gehen solche Pfandrechte auf Sie über. Klären Sie deshalb auf dem Grundbuchamt ab, ob noch weitere Eintragungen vorhanden sind. Finden Sie heikle Pfandrechte, empfiehlt es sich, die für die Tilgung nötige Summe auf einem Sperrkonto zurückzubehalten. Der Verkäufer erhält dieses Geld erst, wenn er seine Schulden beglichen hat.*

Die Kosten für den Kauf

Die Übertragung eines Grundstücks oder einer Liegenschaft von einem Eigentümer auf den anderen verursacht verschiedene Gebühren und Steuern, die schnell ins Geld gehen. Sie teilen sich folgendermassen auf:

- Honorar des Notars für das Abfassen des Vertrags, die Beurkundung und die Errichtung von Schuldbriefen
- Gebühren des Grundbuchamts für den Eintrag im Grundbuch und die Erstellung der beglaubigten Kopien
- Handänderungssteuer (nicht in allen Kantonen)
- Grundstückgewinnsteuer

Die Grundstückgewinnsteuer ist vom Verkäufer zu zahlen. Über die anderen Gebühren und Steuern müssen Sie sich mit ihm einigen. In den meisten Kantonen ist es aber Usus, dass sich die beiden Parteien die Zahlung teilen. Halten Sie diesen Punkt im Kaufvertrag fest.

Entschädigung des Notars

Üblicherweise wird der Notar in Promille des Kaufpreises entschädigt. Im Kanton Zürich etwa beträgt der Ansatz derzeit 1 Promille, im Kanton Aargau sind 4 Promille zu bezahlen, bei Liegenschaften über 600 000 Franken weitere 2 Promille auf dem Wert über diesen 600 000 Franken.

TIPP *In Kantonen mit freiem Notariat lohnt es sich, mehrere Offerten für die Beurkundung einzuholen. Prüfen Sie genau, welche Leistungen im Pauschalpreis eingeschlossen sind. Findige Notare könnten sonst jede zusätzliche Handreichung extra verrechnen.*

Grundbuchgebühren

Diese variieren je nach Kanton. In Zürich ist 1 Promille des Kaufpreises zu zahlen; andere Kantone, beispielsweise Bern und Baselland, verrechnen fixe Preise für jeden Teil eines Eintrags, unabhängig vom Kaufpreis. Auskunft erhalten Sie bei den örtlichen Grundbuchämtern.

Handänderungssteuer

Fast alle Kantone erheben auf solchen Handänderungen eine Steuer, einige kennen stattdessen eine Gebühr. Diese Kosten werden in der Regel hälftig unter den Parteien aufgeteilt. Die Höhe der Handänderungssteuer beträgt je nach Kanton zwischen 1 und 3,3 Prozent des Kaufpreises.

Praktisch jedes kantonale Steuergesetz kennt Ausnahmesituationen, in denen die Handänderungssteuer nicht zu zahlen ist. Darunter fallen etwa das Erben einer Liegenschaft, Schenkungen oder Handänderungen unter Verwandten.

INFO *Zahlt der Verkäufer trotz der Vereinbarung im Kaufvertrag seinen Anteil an der Handänderungssteuer nicht, kann die Gemeinde ein Pfandrecht auf der Liegenschaft errichten. Dieses bleibt so lange bestehen, bis die Schuld getilgt ist. Halten Sie daher im Kaufvertrag fest, dass der Steuerbetrag sicherzustellen ist. Am einfachsten lassen Sie sich vom Steueramt der Gemeinde den Betrag provisorisch berechnen, ziehen diesen vom Kaufpreis ab und deponieren ihn auf einem Sperrkonto, bis der Verkäufer seiner Pflicht nachgekommen ist.*

Grundstückgewinnsteuer

Um der Spekulation mit Liegenschaften einen Riegel zu schieben, erheben die Kantone eine Grundstückgewinnsteuer. Diese wird anhand der

GRUNDSTÜCKGEWINNSTEUERN IM KANTONALEN VERGLEICH

Steuern bei einem Gewinn von 100 000 Franken durch Liegenschaftsverkauf

Kanton	Besitzdauer 5 Jahre	Besitzdauer 20 Jahre	Besitzdauer 40 Jahre
Basel-Stadt*	30 000.–	16 500.–	12 000.–
Bern**	25 150.–	15 150.–	6 000.–
Luzern	17 660.–	15 540.–	13 250.–
St. Gallen	25 190.–	23 300.–	17 650.–
Zürich	27 930.–	14 700.–	14 700.–

* Selbst genutzte Wohnliegenschaften (Einfamilienhäuser und Eigentumswohnungen).

** Die Grundstückgewinnsteuer im Kanton Bern ist abhängig vom Steuerfuss der Gemeinde sowie der Konfession. Wert für die Stadt Bern, keine Konfession.

Quelle: VZ VermögensZentrum, 2019

Differenz zwischen dem Preis, den der Verkäufer beim Erwerb des Grundstücks bezahlt hat, und dem aktuellen Verkaufspreis errechnet. Je mehr Zeit zwischen Kauf und Wiederverkauf einer Immobilie liegt, desto tiefer fällt die Grundstückgewinnsteuer aus.

Achtung: Zahlt der Verkäufer die Grundstückgewinnsteuer nicht, kann die Gemeinde ein Pfandrecht auf der Liegenschaft errichten. Wird dann der Verkäufer zahlungsunfähig, bleibt die Schuld an Ihnen hängen. Weil es dabei um grosse Beträge gehen kann, sollten Sie unbedingt sicherstellen, dass die Grundstückgewinnsteuer korrekt gezahlt wird. Bewährt hat sich folgendes Vorgehen: Erfragen Sie bei der Gemeinde im Voraus den voraussichtlichen Betrag, zahlen Sie diesen direkt ans Steueramt und ziehen Sie ihn vom Kaufpreis ab. Achten Sie darauf, dass diese Zahlungsmodalitäten im Kaufvertrag festgehalten werden.

Kauf eines Objekts ab Plan

Kein Unternehmer kann es sich heute leisten, Häuser oder Wohnungen zu bauen und erst nach der Fertigstellung Käufer zu suchen. Meist muss er für mindestens die Hälfte der Einheiten Abnehmer haben, damit eine Bank den Bau vorfinanziert. Wenn Sie ein neu erstelltes Haus oder eine Neuwohnung von einem solchen Anbieter kaufen, werden Sie dies deshalb meist ab Plan tun müssen.

Bei einem Kauf ab Plan haben Sie keine Möglichkeit, den Bau vor dem Kaufentscheid zu besichtigen. Ein solcher Kauf ist für Laien nicht ganz einfach, denn:

- Sie können vor dem Kauf nur das Grundstück, Pläne, Computerbilder und ein Modell besichtigen. Ohne geschultes Raumvorstellungsvermögen wird es nicht ganz einfach sein, sich ein klares Bild vom künftigen Eigenheim zu machen.
- Sobald alle Verträge unterzeichnet sind und der Bau begonnen hat, haben Sie nur noch wenige Änderungsmöglichkeiten. Grössere Eingriffe werden dann aufwendig und teuer.

- Sie unterschreiben meist nur einen Vertrag für den ganzen Kauf oder maximal zwei Verträge: einen für den Grundstückskauf und einen für den Bau des Objekts durch einen Generalunternehmer. Enthalten diese Verträge Fehler oder macht der Anbieter während des Baus Konkurs, ist Ihr Schaden entsprechend gross.

TIPP *Die Erfahrung von Immobilienexperten zeigt, dass Verträge für den Kauf ab Plan oft vorschnell unterzeichnet werden, ohne dass die Käufer die Folgen einzelner Klauseln genau kennen. Nehmen Sie sich deshalb genügend Zeit und legen Sie den Vertrag unbedingt einer Person mit Bauerfahrung vor, zum Beispiel einem professionellen Bauherrenberater oder einer Baujuristin. Das Geld für diese Beratung ist gut investiert und erspart Ihnen unter Umständen grosse Verluste und viel Ärger.*

Vertrag mit einem Generalunternehmer

Ein Grossteil der Wohn- und Bürobauten in der Schweiz wird heute mit Generalunternehmern (GU) erstellt. Sie bieten dem Bauherrn die gesamten Arbeiten vom Aushub bis zum Innenausbau aus einer Hand an. Statt eines Vertrags pro Handwerksunternehmen muss nur noch ein einziger Werkvertrag (siehe Seite 172) abgeschlossen werden. Zudem garantiert der GU üblicherweise einen fixen Preis und einen festen Termin für die Fertigstellung.

Der Bauherr vereinfacht sich damit den Bauprozess, nimmt aber trotzdem ein Risiko auf sich. Denn wenn der GU schlecht arbeitet oder gar in Konkurs fällt, ist das gesamte Projekt betroffen; die Verluste für den Bauherrn können hoch ausfallen.

Wenn Sie ein Haus oder eine Wohnung ab Plan kaufen, werden Sie heute fast nicht um die Zusammenarbeit mit einem GU herumkommen. Dabei sollten Sie sich nicht täuschen lassen: Generalunternehmer ist weder ein Qualitätsbegriff noch eine geschützte Bezeichnung. Jeder kann sich GU nennen und am Markt auftreten. Umso wichtiger ist es, dass Sie die Solvenz eines solchen Unternehmens prüfen und sich im Zweifelsfall absichern, denn der GU wird Ihr wichtigster Vertragspartner sein. Zu Ihrer Absicherung haben Sie folgende Möglichkeiten:

- **Betreibungsauszug:** Prüfen Sie, ob gegen den GU Betreibungen vorliegen oder vorlagen.
- **Bonitätsprüfung:** Bitten Sie die Bank, die Ihnen den Hypothekarkredit gewährt, die Bonität des Generalunternehmers zu prüfen.
- **Referenzen:** Lassen Sie sich vom GU Referenzen geben und prüfen Sie diese.
- **Schutz vor Bauhandwerkerpfandrechten:** Verlangen Sie vom GU, dass er eine Bank- oder Versicherungsgarantie vorweist, die eventuelle Bauhandwerkerpfandrechte ablöst (siehe Seite 212). Damit ist sichergestellt, dass bei Zahlungsunfähigkeit des GU die Arbeiten weitergeführt und bezahlt werden. Lassen Sie sich die Policen zeigen!

Stolpersteine im GU-Vertrag

Prüfen Sie nicht nur die Solvenz des Generalunternehmers, sondern auch den dazugehörigen Vertrag. Ein besonderes Augenmerk gilt dabei folgenden drei Punkten:

- **Zahlungsplan:** Prüfen Sie zusammen mit einer Fachperson, zum Beispiel einem Bauherrenberater, ob die Abfolge der zu leistenden Zahlungen und die Höhe der einzelnen Beträge aufs Bauprogramm abgestimmt sind. Die einzelnen Zahlungen sollten jeweils möglichst genau den Umfang der bis dahin geleisteten Arbeiten abdecken. Bezahlen Sie in einer frühen Phase des Baus zu grosse Summen und geht der GU Konkurs, besteht das Risiko, dass Sie für Ihr Geld kaum einen gebauten Gegenwert haben.
- **Mängelrechte:** Vor allem in Verträgen unbekannter GU werden die Mängelrechte gern an den Auftraggeber «abgetreten». Was auf dem Papier gut klingt, bedeutet nichts anderes, als dass Sie sich nach der Übergabe des Objekts bei Mängeln selber mit den einzelnen Handwerkern herumschlagen müssen. Gibt es dabei Probleme, haben Sie keine Möglichkeit, auf den GU zurückzugreifen, und müssen die Mängel allenfalls auf eigene Kosten beheben lassen.
- **SIA 118:** Unterschreiben Sie keinen GU-Vertrag, in dem die Norm SIA 118 wegbedungen ist oder nicht erwähnt wird. Ist dies der Fall, haben Sie bei Mängeln und Garantiefristen schlechte Karten (siehe auch Seiten 149 und 216).

So schulen Sie Ihr Vorstellungsvermögen

Wenn Sie keine Bauerfahrung besitzen, werden Sie Mühe haben, Ihr künftiges Eigenheim nur anhand von Plänen, Computerbildern, Baubeschrieb und Modellen zu beurteilen. Es lohnt sich deshalb, die Unterlagen zusammen mit einer Architektin oder einem Bauherrenberater, die nicht ins Projekt involviert sind, in Ruhe durchzugehen. Stellen Sie bei dieser Gelegenheit Fragen zu allen Punkten, die Ihnen unklar sind.

Um eine möglichst präzise Vorstellung von einer Immobilie zu bekommen, können Sie sich auch mit einfachen Mitteln weiterhelfen:

- Vergleichen Sie die Grösse der Räume auf den Plänen mit denen Ihrer jetzigen Wohnung. So bekommen Sie ein Gefühl dafür, wie gross oder klein Ihr künftiges Schlaf- oder Wohnzimmer sein wird.
- Mit einer Rolle Abdeckband, wie es Maler benutzen, können Sie die Umrisse kleinerer Räume – etwa der Küche oder des Bades – in Originalgrösse auf dem Boden Ihres Wohnzimmers aufkleben.
- Oft täuscht die Grösse der in den Plänen eingezeichneten Möbel. Zeichnen Sie deshalb Ihre eigenen Möbel, die Sie mitnehmen wollen, im richtigen Massstab auf Papier auf und möblieren Sie Ihr künftiges Heim. So merken Sie schnell, ob die Räume gross genug und gut einzurichten sind. Noch besser ist es, wenn Sie ein Modell aus Karton im Massstab 1:20 bauen und dieses möblieren.
- Alternativ können Sie Ihr Haus oder Ihre Wohnung auch mit einem einfachen 3D-Programm am Computer modellieren. Im Internet finden sich dazu zahlreiche, zum Teil kostenlose Tools.
- Kaufen Sie eine Wohnung in einer grösseren Überbauung, bietet die Maklerin oft virtuelle Tools zur Besichtigung an. Nutzen Sie diese unbedingt, um sich einen Eindruck von den Räumen zu verschaffen, aber vertrauen Sie nicht blind auf das, was dort gezeigt wird.

TIPP *Internetseiten und Prospekte von Neubauprojekten sind heute fast immer mit lebensecht aussehenden Visualisierungen des Objekts illustriert. Diese Darstellungen sollten Sie mit Vorsicht geniessen: Oft wird die Perspektive so gewählt, dass die Räume grosszügiger erscheinen. Zudem sind die Wohnungen auf den Bildern nur sparsam möbliert und optimal ausgeleuchtet, was den Grösseneindruck ebenfalls verfälschen kann. Schätzen Sie deshalb die Dimen-*

sionen der Räume immer auch selber ein, indem Sie den Vergleich mit anderen, ähnlich grossen Räumen – beispielsweise in Ihrer jetzigen Wohnung – machen.

Unterlagen für den Kauf ab Plan

Beim Kauf ab Plan benötigen Sie etliche Unterlagen, um sich ein Bild vom Angebot machen zu können. Nur wenn Sie all diese Papiere kontrollieren, stellen Sie sicher, dass Sie am Schluss auch die erwartete Leistung erhalten. Folgende Unterlagen dürfen auf keinen Fall fehlen:

- Grundbuchauszug des Grundstücks
- Detaillierter Baubeschrieb: Dieser erreicht schnell die Dicke eines Bundesordners und sollte jedes Detail bis hin zum Typ des Wasserhahns in der Küche enthalten. Wichtig ist, dass alle Ihre Ausstattungswünsche richtig berücksichtigt wurden und die Angaben für beide Seiten verbindlich sind.
- Genaue Angaben, bis wann welche Änderungen möglich sind
- Zusammenstellung der Stundenansätze, die Ihnen bei Änderungswünschen verrechnet werden
- Regelung für Minderkosten bei Verzicht auf vorgesehene Ausbauten
- Detaillierte Pläne im Massstab 1:50 sowie alle wichtigen Detailpläne: Dazu zählen etwa Küchen- und Badezimmerpläne im Massstab 1:20 sowie bei Einfamilienhäusern ein Umgebungsplan mit der Bepflanzung. Diese Pläne müssen unbedingt Teil des Vertrags sein.
- Verbindlicher Terminplan mit allen wichtigen Daten
- Generalunternehmervertrag (falls dieser separat vom Grundstückskaufvertrag ausgefertigt wird)

Fussangeln beim Kauf ab Plan

Die aufwendigen Verträge und die Zusammenarbeit mit meist nur einem Partner bergen verschiedene Stolpersteine.

MARTIN W. IST GLÜCKLICH: Die Drei-Zimmer-Eigentumswohnung im Neubau, der nahe des Stadtzentrums erstellt wird, ist genau das, was er schon lange gesucht hat. Der Vertragsentwurf liegt auf dem Tisch; in zwei Tagen soll er auf dem Notariat unterschrieben werden.

Beim genauen Studium der einzelnen Vertragspunkte stösst Martin W. auf folgende Formulierung: «Nach Fertigstellung der Baugrube ist eine Zahlung von 550 000 Franken zu leisten.» Martin W. ist unsicher, ob eine so grosse Zahlung in einem frühen Stadium der Bauarbeiten richtig ist. Er fragt am nächsten Tag eine befreundete Architektin um Rat. Diese erklärt ihm, dass die Zahlungen üblicherweise parallel zum Baufortschritt geleistet werden und dass ihre Höhe in etwa der bereits ausgeführten Arbeit entsprechen sollte. Zudem müsse der Generalunternehmer nachweisen, dass er über eine Bankgarantie verfüge, die sicherstellt, dass auch bei einem Konkurs des Unternehmens die Arbeiten fertiggestellt werden können. Der Nachweis einer solchen Garantie fehlt in Martin W.s Vertrag ebenfalls. Da der Generalunternehmer nicht bereit ist, den Vertrag anzupassen und eine Bankgarantie beizubringen, verzichtet Martin W. schliesslich schweren Herzens auf den Kauf.

Es lohnt sich, sowohl die Verträge als auch den Generalunternehmer genau unter die Lupe zu nehmen. Achten Sie auf folgende Punkte:

- **Gebühren:** Oft tauchen plötzlich Gebühren auf, die den Gesamtpreis empfindlich erhöhen können. Dazu zählen Notariats- und Grundbuchgebühren (siehe Seite 141), aber auch Erschliessungsgebühren für Wasser-, Strom- oder Gasleitungen. Klären Sie vor Vertragsunterzeichnung, ob diese Beträge im Kaufpreis enthalten sind, und lassen Sie sich dies schriftlich bestätigen.
- **Grundstückgewinnsteuer:** Überweisen Sie die Grundstückgewinnsteuer direkt ans Steueramt und ziehen Sie den entsprechenden Betrag vom Kaufpreis ab (siehe Seite 142).
- **Baubeschrieb:** Ist der Baubeschrieb zu wenig ausführlich und sind Details nicht erwähnt, besteht das Risiko, dass Sie nicht genau das erhalten, was Sie sich vorgestellt haben. Dann müssen Sie mit der ausgeführten Variante leben oder gegen Aufpreis die gewünschte Qualität nachträglich herstellen lassen. Achten Sie zudem darauf, dass der Baubeschrieb ein integrierender Bestandteil des Kauf- oder Generalunternehmervertrags ist. Sonst haben Sie keinerlei Sicherheit, welche Leistungen Sie für Ihr Geld erhalten werden.
- **Änderungen:** Ist nicht genau festgehalten, welche Planungskosten bei Änderungswünschen verrechnet werden, können Sie eine böse Überraschung erleben. Lassen Sie deshalb im Kaufvertrag festhalten, zu welchen Tarifen Änderungen bearbeitet werden.

- **Minderkosten:** Verzichten Sie auf einen Teil der Ausstattung oder wählen Sie preiswertere Materialien, haben Sie ein Anrecht darauf, dass der Kaufpreis entsprechend reduziert wird.
- **Norm SIA 118:** Immer wieder werden Kauf- oder Generalunternehmerverträge unterschrieben, in denen die Norm SIA 118 nicht als verbindlich erklärt oder gar ausgeschlossen wird. Dabei ist diese Norm ein wichtiger Garant dafür, dass Sie im Fall von Mängeln zu Ihrem Recht auf Behebung kommen (siehe Kasten).

DIE NORM SIA 118: VON VORTEIL FÜR BAUHERREN

Wenn Sie Arbeiten an Handwerker vergeben oder einen Vertrag mit einem Generalunternehmer abschliessen, handelt es sich um einen Werkvertrag, der im Obligationenrecht (OR) geregelt ist. Im OR ist klar definiert, welche Rechte und Pflichten beide Seiten bei einem Werkvertrag haben. Dazu gehört zum Beispiel eine fünfjährige Haftung für versteckte Mängel.

Bei der Erstellung von Bauwerken wird in der Schweiz üblicherweise nach den Normen des Schweizerischen Ingenieur- und Architektenvereins SIA gearbeitet. Sie geben klare Regeln für die Ausführung von Arbeiten und die Qualitätssicherung vor. Zusätzlich hat der SIA den Werkvertrag nach OR durch weitere, schärfere Bestimmungen zum Mängelrecht ergänzt – zum Vorteil des Bauherrn (siehe Seite 219):

- Mangelhaft ausgeführte Arbeiten können nicht nur bei der Abnahme des Bauwerks, sondern jederzeit während einer zweijährigen Rügefrist reklamiert werden.
- Mängel, die in den darauffolgenden drei Jahren auftauchen – also bis zu fünf Jahre nach Abnahme –, müssen sofort gemeldet werden.
- Zusätzlich existiert eine zehnjährige Frist, innert derer arglistig verschwiegene Mängel gerügt werden können.
- Das OR sieht vor, dass der Kunde, der einen Mangel rügt, diesen auch beweisen muss. Diese Beweislast wird in der SIA-Norm während der zweijährigen Rügefrist für sichtbare Mängel umgedreht: Der Unternehmer muss beweisen, dass kein Mangel vorliegt.
- Im Gegensatz zum OR enthält die SIA-Norm 118 klare Regelungen zur Beschäftigung von Subunternehmern – heute auf Baustellen häufig anzutreffen – und zur Haftungsfrage, wenn Subunternehmer fehlerhaft arbeiten.

Eins dürfen Sie nicht vergessen: Damit Sie von den besseren Bedingungen profitieren können, müssen Sie sicherstellen, dass in Ihrem Kauf- oder Generalunternehmervertrag die Norm SIA 118 (aktuelle Ausgabe 2013) als verbindlich erklärt wird.

Wichtig

- **Abtretung der Garantie:** Einige GU fügen in die Verträge eine Klausel ein, wonach sie die Garantie auf die Leistungen der Handwerker an den Bauherrn abtreten. Das klingt im ersten Moment gut, heisst aber im Klartext, dass Sie sich bei Mängeln direkt an die Handwerker wenden müssen. Lassen Sie eine solche Klausel unbedingt aus dem Vertrag streichen.
- **Garantiefrist:** Damit Sie von der vollen Länge der Garantiefrist profitieren können, ist es wichtig, dass Sie eine Abnahme Ihrer Wohnung oder Ihres Hauses durchführen. Ähnlich wie bei einer Mietwohnung sollte diese bei der Übernahme stattfinden (siehe auch Seite 217). Da zu diesem Zeitpunkt aber viele Bauteile nicht mehr sichtbar sind, lohnt es sich, verdeckte Elemente – etwa die Leitungen der Bodenheizung – bereits vor dem Zudecken abzunehmen. Dazu sollten Sie einen Baufachmann beiziehen. Generell gilt beim Bauen mit Generalunternehmern: Die Garantiefrist läuft erst ab der Vollendung des gesamten Baus und nicht nach Abschluss der Arbeiten an einzelnen Etappen.

TIPP *Die Vertragswerke für den Bau eines Hauses sind kompliziert, die Abnahme des Bauwerks, insbesondere auch die Zwischenabnahmen, aufwendig und für Baulaien nur schwer durchführbar. Der Beizug eines von Ihnen bezahlten Bauherrenberaters lohnt sich deshalb in den meisten Fällen.*

Kaufvertrag und GU-Vertrag

Schliessen Sie für den Kauf und den Bau Ihres neuen Heims nur einen einzigen Vertrag ab, sollte er Folgendes beinhalten:

- Übliche Bedingungen (siehe Seite 133 und Mustervertrag im Download-Angebot unter www.beobachter.ch/download)
- Detaillierter Baubeschrieb
- Alle Pläne im Massstab 1:50 plus Detailpläne, wo nötig
- Bezugstermin
- Regelung für den Fall, dass der Termin nicht eingehalten werden kann
- Regelung der Zahlungsabwicklung
- Garantie nach SIA 118. Wichtig: Lassen Sie sich einen Garantieschein für alle Arbeiten ab dem Zeitpunkt der Übergabe ausstellen. So vermeiden Sie unterschiedliche Garantiefristen für einzelne Teile des Gebäudes.

- Keine Abtretung der Garantie auf Leistungen der Handwerker an den Käufer

Um eine zweimalige Handänderung (mit entsprechenden Kosten) zu umgehen, werden oft zwei separate Verträge abgeschlossen: Das Grundstück erwerben Sie direkt vom Landbesitzer, für den Bau schliessen Sie einen Vertrag mit einem Generalunternehmer ab. Meist enthält dann der Kaufvertrag für das Grundstück eine Klausel, die festlegt, mit welchem Unternehmer der Bau auszuführen ist.

Zahlungsablauf

Sowohl beim Kauf mit nur einem Vertrag als auch bei der Kombination Landkauf- plus Generalunternehmervertrag erfolgt die Bezahlung in Etappen.

- Falls nur ein Kaufvertrag unterschrieben wird, ist bei Vertragsunterzeichnung eine Anzahlung in der Höhe von bis zu 20 Prozent des Kaufpreises üblich. Der Restbetrag wird dann bei der Übertragung des Eigentums (Abnahme des Objekts und Eintrag im Grundbuch) überwiesen.
- Bei Verträgen mit Generalunternehmern richten sich die Zahlungen in der Regel nach dem Baufortschritt. Auch hier wird bei Vertragsabschluss eine Anzahlung fällig, weitere Zahlungen werden gestaffelt geleistet: beispielsweise wenn das Kellergeschoss fertiggestellt, der Rohbau hochgezogen und der Innenausbau beendet ist.

Immer wieder kommt es vor, dass unseriöse Generalunternehmer das Geld zum Stopfen von Finanzlöchern auf anderen Baustellen verwenden. Das kann dazu führen, dass die Arbeiten an Ihrem Neubau eingestellt werden, weil die Handwerker nicht bezahlt wurden. Auch besteht die Gefahr, dass die Handwerker ein Bauhandwerkerpfandrecht eintragen – mit der Folge, dass Sie, falls der GU die Rechnungen nicht begleicht, zur Kasse gebeten werden oder im schlimmsten Fall Ihr Haus verlieren (siehe auch Seite 212).

Um sicherzustellen, dass die von Ihnen gezahlten Gelder tatsächlich in Ihr Objekt fliessen, sollten Sie Ihre Hypothekarbank damit beauftragen, ein Baukonto zu führen und die Zahlungen direkt zu leisten. So übernimmt die Bank die Kontrolle darüber, ob die Gelder an den richtigen Ort gelangen und der Baufortschritt eine Zahlung rechtfertigt. Schutz bietet auch eine Versicherungs- oder Bankgarantie des Generalunternehmers (siehe Seite 213).

ACHTUNG *Behalten Sie bei beiden Vertragsvarianten am Schluss 10 Prozent der gesamten Summe zurück und deponieren Sie diesen Betrag auf einem Sperrkonto. Er dient Ihnen als Sicherheit bei Mängeln oder wenn die Arbeiten nur schleppend fertiggestellt werden. Zahlen Sie diese 10 Prozent erst aus, wenn alle Arbeiten zu Ihrer Zufriedenheit abgeschlossen sind, keine Handwerkerpfandrechte auf Ihrem Objekt eingetragen wurden und alle Abnahmen stattgefunden haben.*

Zeitaufwand für den Käufer

Grundsätzlich erhalten Sie beim Kauf ab Plan ein fixfertiges Projekt. Das setzt aber voraus, dass Sie die Grundrisse und den Ausbau genau so übernehmen wie vom Anbieter vorgeschlagen. Dann ist Ihr Zeitaufwand relativ klein und beschränkt sich auf den Vertragsabschluss und die Übernahme des Objekts. Die meisten Käufer setzen sich jedoch intensiv mit dem Projekt auseinander und spielen bei der Aufteilung des Grundrisses und der Ausstattung verschiedene Varianten durch, bevor sie sich entscheiden. Dafür sollten Sie genug Zeit einrechnen. Denn der Aufwand, um von Ausstellung zu Ausstellung zu fahren und sich zahlreiche Bodenbeläge und Wandplatten anzusehen, ist gross.

TIPP *Nur bei den wenigsten Anbietern von Häusern und Wohnungen ab Plan haben Sie bei der Planung Ihres Objekts Kontakt zum zuständigen Architekten. Meist werden Sie von einem Immobilienfachmann beraten, der Ihre Wünsche entgegennimmt und an den Architekten weiterleitet, der sie auf ihre Machbarkeit prüft. Wenn Sie Wert auf eine umfassende architektonische Beratung legen, müssen Sie auf eigene Rechnung einen Innenarchitekten beiziehen.*

Kauf eines Objekts aus zweiter Hand

Neben neu erstellten Gebäuden sind auf dem Immobilienmarkt zahlreiche Altbauten zu finden. Viele Hausbesitzer, die in den Fünfzigerjahren Wohneigentum erworben haben, trennen sich heute von ihren Häusern. So besteht die Chance, dass Sie ein gut erhaltenes Objekt an guter Lage und mit gewachsenem Umfeld finden.

Altbauten können im Gegensatz zu Objekten ab Plan zwar ausgiebig besichtigt werden. Dafür bergen sie das Risiko von veralteten technischen Anlagen, kurzfristig notwendigen Renovationsarbeiten oder Schäden, die nicht ohne Weiteres sichtbar sind.

TIPP *Wenn Sie gern selber Hand anlegen, ist ein Altbau das richtige Objekt für Sie. Hier können Sie viele Arbeiten selber ausführen und beispielsweise die Wände streichen oder neue Böden verlegen (zum Selbstbau siehe Seite 205). Wichtig ist aber, dass Sie ein Haus – oder eine Wohnung – übernehmen, das im bestehenden Zustand bewohnbar ist. Das gibt Ihnen Zeit, die Renovationsarbeiten nach und nach in Ruhe anzupacken. Oder Sie planen von Beginn an genügend Zeit und Geld ein für eine umfassende Erneuerung vor dem Einzug.*

Unterlagen für den Kauf von Altbauten

Um die Substanz eines Altbaus richtig einschätzen und einen Hypothekarkredit beantragen zu können, benötigen Sie folgende Unterlagen:

- Verkaufsprospekt des Anbieters (falls vorhanden)
- Grundbuchauszug
- Ausweis der Gebäudeversicherung
- Angaben zum Baujahr und zu durchgeführten Renovationsarbeiten inklusive Datum

- Baugesetz und Zonenplan der Gemeinde
- Fotos
- Reglement der Stockwerkeigentümer und Aufstellung über die Einlagen in den Erneuerungsfond (bei Eigentumswohnungen)
- Pläne, soweit vorhanden. Manchmal lassen sich solche noch auf dem Bauamt finden, wo sie seinerzeit bei der Einreichung des Baugesuchs deponiert wurden.

Die Tauglichkeit eines Altbaus – Renovationsbedarf, Potenzial für Ausbau und Erweiterung – sollte sehr genau abgeklärt werden.

Entspricht ein Altbau weitgehend Ihren Vorstellungen, sind keine An- oder Ausbauten nötig und ist das Gebäude nicht älter als zehn Jahre, können Sie unter Umständen auf den Beizug von Fachleuten verzichten. Bei allen anderen Objekten sollten Sie vor dem Unterschreiben eines Kaufvertrags unbedingt einen Architekten oder eine Liegenschaftenschätzerin beiziehen. Diese Fachleute können für Sie eine Analyse des Zustands durchführen, den Aufwand für die Sanierung abschätzen und abklären, welche An- oder Ausbauten möglich sind und was sie kosten. So erhalten Sie Klarheit darüber, welches Potenzial das Objekt hat und wie viel Geld Sie zusätzlich zum Kaufpreis in die Hand nehmen müssen. Die Unterlagen des Architekten sind auch wichtig, wenn Sie bei der Bank einen Hypothekarkredit für den Kauf und die Renovations- und Ausbauarbeiten beantragen.

ACHTUNG *Architekten arbeiten im Auftrag. Sobald Sie also einen Baufachmann mit einer Abklärung beauftragen, wird er Ihnen dafür auch eine Rechnung stellen. Lassen Sie sich deshalb zuerst den Preis für seine Arbeit offerieren.*

Altbauten erfordern Akzeptanz

Ältere Häuser und Wohnungen entsprechen meist nicht dem aktuellen Stand der Bautechnik. Vieles lässt sich nachrüsten – beispielsweise eine moderne Heizung oder bessere Fenster. Andere Aspekte können nur mit einem überproportionalen Aufwand oder gar nicht verbessert werden. Dazu zählen etwa Lärmschutzmassnahmen gegenüber angrenzenden

Wohnungen in Mehrfamilienhäusern oder die Abänderung von Grundrissen, wenn tragende Wände herausgerissen werden müssen. Solche Nachteile sollten Sie sich vor dem Kauf eines Altbaus bewusst machen und sie – wenn keine Abhilfe möglich ist – akzeptieren können.

Höhere Unterhalts- und Betriebskosten

Wenn Sie einen Altbau übernehmen, der zwanzig oder mehr Jahre alt ist, und vorerst keine Erneuerungsarbeiten an den technischen Anlagen durchführen, lohnt es sich, bei den Betriebs- und Unterhaltskosten grosszügiger zu kalkulieren. Denn mit einer alten Heizungsanlage und einer schlechten oder gar nicht vorhandenen Isolation wird Ihr Energieverbrauch um einiges höher liegen als bei neuen Gebäuden. Zudem erfordern die in die Jahre gekommenen Bauteile mehr Unterhalt oder müssen nach und nach ausgetauscht werden.

TIPP *Hohe Betriebskosten, vor allem für die Beheizung des Hauses, belasten Ihr Wohnbudget stark. Beim Kauf eines Altbaus sollten Sie deshalb unbedingt für eine energetische Verbesserung der Hülle sorgen (siehe Seite 193) und ein modernes Heizsystem einbauen. Solche Arbeiten lassen sich bei einem Neukauf in der Regel über den Hypothekarkredit finanzieren. Sind Ihre Finanzen knapp, sollten Sie rein optische Verbesserungen zurückstellen und das Geld für energetische Massnahmen einsetzen.*

Achtung, Altlasten

DIE ZUM VERKAUF AUSGESCHRIEBENE Doppelhaushälfte gefällt Barbara und Thomas L. sofort. Lage und Grösse entsprechen dem, was sie sich vorgestellt haben, und der Preis liegt im Rahmen des Bezahlbaren. Für die zweite Besichtigung nehmen sie zur Sicherheit einen befreundeten Bauleiter mit. Auch dieser findet, das Haus sei eine gute Sache. Stutzig machen ihn aber die Kunststoff-Bodenbeläge in den zwei Badezimmern und der Küche. Sie wurden bei einer Renovation um 1980 herum verlegt. Damals, so erzählt er den L.s, seien die Rücken solcher Beläge oft mit krebserregenden Asbestfasern verstärkt worden. Reisse man die Böden einfach heraus, würden die Fasern freigesetzt und die Gesundheit der Handwerker und Bewohner gefährdet. Zur Sicherheit schneidet Thomas L. hinter der Tür ein kleines Stück des Belags ab und schickt es in ein Speziallabor. Die Analyse ist schnell da und bestätigt den Asbestverdacht. Barbara L. holt bei mehreren Spezialfirmen Offerten für die fachgerechte Entsorgung der Böden ein. Die Kosten betragen rund 4000 Franken. Die L.s suchen das Gespräch mit dem Verkäufer und informieren ihn über die Tatsache. Schliesslich einigt man sich darauf, den Kaufpreis um die Sanierungskosten zu senken.

Liegenschaften, die vor 1990 gebaut oder renoviert wurden, bergen die Gefahr von sogenannten Altlasten. Hinter diesem Begriff verbergen sich gefährliche Stoffe im Boden oder Gebäude, die für die Umwelt oder die Bewohner – vor allem bei unsachgemässer Behandlung – ein Risiko darstellen können (siehe Tabelle). Bei Wohnbauten finden sich die meisten Altlasten im Gebäude selber. Zu den häufig anzutreffenden Stoffen zählen etwa das Holzschutzmittel Pentachlorphenol (PCP), Asbestfasern und Formaldehyd.

- **PCP** wurde bis zu seinem Verbot 1989 als Beigabe zu Holzschutzlasuren in vielen Häusern verstrichen. Gelangt es in die Raumluft, kann es gesundheitliche Beschwerden verursachen. Einzelne Häuser mussten deswegen sogar abgebrochen werden.
- **Asbestfasern** finden sich in fast allen Häusern, die vor 1990 erstellt wurden. Auch einige Jahre später kamen vor allem beim Innenausbau noch Materialien zum Einsatz, die Asbestfasern enthalten können. Werden asbesthaltige Produkte ohne Schutzmassnahmen herausgerissen, gelangen krebserregenden Fasern in die Raumluft (umfassende Informationen dazu finden Sie unter www.suva.ch/asbest).

  Verwendet wurden die gefährlichen asbesthaltigen Materialien für zahlreiche Bauprodukte, schwergewichtig im Innern von Gebäuden, und zum Teil an Orten, wo man sie nicht vermuten würde. Zum Einsatz kam Asbest beispielsweise in Klebern für Wand- und Bodenplättli in Küche und Bad, in Kunststoffböden (im Volksmund Novilon genannt), in Wandverputzen, im Fensterkitt, in Deckenplatten, als Isolationsmaterial für Rohre, als Brandschutzplatten hinter Heizkörpern oder bei Elektrotableaus. Fachleute schätzen, dass allein im Kanton Zürich bis zu drei Millionen Quadratmeter asbesthaltiger Plättlikleber verarbeitet wurden

INTERESSANTE TABELLE

TYPISCHE ALTLASTEN IN ALTBAUTEN

Schadstoff	Vorkommen in Innenräumen	Problem	Akute Symptome	Langzeitrisiken
Formaldehyd	Holzwerkstoffe, Spanplatten, Klebstoffe, Möbel	Wird unter Einfluss von Wärme und Feuchtigkeit freigesetzt und gelangt in die Raumluft.	Reizung von Augen und Schleimhäuten, Kopfschmerzen	Einstufung als krebserregender Stoff bei Mensch und Tier
Pentachlorphenol (PCP)	Holzschutzmittel, Lacke (seit 1989 verboten)	Gelangt über lange Zeit in die Raumluft und bindet sich dort am Staub.	Kopfschmerzen, Müdigkeit, Schlafstörungen	Schwächung des Immunsystems möglich
Polychlorierte Biphenyle (PCB)	Fugendichtungsmassen und Brandschutzanstriche (seit 1986 verboten)	Gelangt über Jahre hinweg in die Raumluft.	Hautbeschwerden	Negative Auswirkungen auf die geistige und sensomotorische Entwicklung von Kindern werden diskutiert.
Asbestfasern	Kunststoff-Bodenbeläge aus PVC, Elektrotableaus, Deckenplatten, Abdeckungen von Heizkörpern	Bei Beschädigung und unsachgemässem Ausbau gelangen die Fasern in die Raumluft.	Keine	Risiko von Krebserkrankungen
Teeröle	Holzschutzmittel, Feuchtigkeitsschutz in Böden	Wird über lange Zeit an die Raumluft abgegeben.	Reizung von Augen und Schleimhäuten	Einige Inhaltsstoffe der Teeröle sind krebserregend.
Schimmelpilze	Auf allen Oberflächen im Gebäude	Sporen können via Raumluft in die Atemwege gelangen.	Allergische Reaktionen (wie Rhinitis und Asthma)	Wirken sensiblisierend, können allergische Reaktionen auslösen.
Künstliche Mineralfasern	Dämmstoffe (Glaswolle, Steinwolle)	Fasern können als Staub in die Raumluft gelangen .	Irritationen von Augen, Atemwegen oder Haut	Bei älteren Dämmstoffen (vor 1995 hergestellt) besteht ein gewisses Risiko für Krebserkrankungen.

Quelle: Coutalides Consulting, Schaffhausen

und dass schweizweit gegen zwölf Millionen Quadratmeter Kunststoffböden mit Asbestfasern zum Einsatz kamen. Leider wissen immer noch viele Handwerker zu wenig Bescheid über das Vorkommen von Asbest in Ausbaumaterialien. Daher lohnt es sich, selber die nötigen Vorabklärungen zu machen.
- **Formaldehyd** ist ein Bestandteil von Leimen. Deshalb findet es sich insbesondere in alten Spanplatten in höherer Konzentration. Auch dieser Stoff kann, wenn er an die Raumluft abgegeben wird, gesundheitliche Probleme verursachen.

Solche Altlasten beeinträchtigen nicht nur die Gesundheit, sondern auch das Budget. So kostet die Entsorgung eines Quadratmeters asbestverseuchten Bodens durch Fachfirmen zwischen 120 und 250 Franken. Deshalb sollten Sie vor einem Kaufentscheid abklären, ob Ihr Traumobjekt Altlasten enthalten könnte. Dazu können Sie kleine Proben von Böden, bei denen Asbestverdacht besteht, an verschiedene Labors einsenden (Adressen unter www.forum-asbest.ch).

Schwieriger wird es bei Holzschutzmitteln, Formaldehyd und weiteren Substanzen. Besteht ein Verdacht, empfiehlt sich der Beizug eines Bauchemikers. Eine umfassende Untersuchung kostet zwischen 2000 und 3000 Franken. Geld, das gut eingesetzt ist: Entdecken Sie Altlasten vor dem Kauf, können Sie die Kosten für die Entsorgung unter Umständen vom Kaufpreis abziehen.

ALTLASTEN UND UMBAU

Die 2016 vom Bundesrat erlassene Verordnung über die Vermeidung und Entsorgung von Abfällen nimmt Bauherrschaften in die Pflicht: Diese müssen vor der Durchführung von Bauarbeiten prüfen oder prüfen lassen, welche Mengen von Bauabfällen entstehen und wie diese zu entsorgen sind.

Die Regelung gilt, wenn mit mehr als 200 Kubikmeter Bauabfall oder mit Schadstoffen zu rechnen ist. Ersteres betrifft nur grössere Bauvorhaben, der zweite Punkt hingegen kann auch bei Einfamilienhäusern oder Eigentumswohnungen zum Tragen kommen. Als Bauherr oder Bauherrin können Sie den Architekten explizit mit den Abklärungen bezüglich Schadstoffen beauftragen. Bauen Sie ohne Begleitung einer Fachperson um, müssen Sie die nötigen Abklärungen selber vornehmen oder eine Spezialistin für Bauschadstoffe beiziehen. ■

TIPP *Sind bei Unterzeichnung des Kaufvertrags nicht alle Altlastenfragen geklärt, können Sie eine Klausel einfügen lassen. Diese verpflichtet den Verkäufer, die Sanierungskosten für später gefundene Altlasten zu übernehmen. Als Sicherheit sollten Sie dann einen Teil des Kaufpreises auf einem Sperrkonto deponieren, damit er für die Bezahlung der Entsorgung zur Verfügung steht.*

Kaufvertrag für gebrauchte Objekte

Der Kaufvertrag für gebrauchte Objekte ist grundsätzlich gleich aufgebaut wie derjenige für neue (Mustervertrag im Anhang). Sie sollten aber besonders darauf achten, dass die folgenden Punkte geklärt sind:

- Genauer Termin für die Übergabe der Liegenschaft
- Zustand bei der Übergabe (entrümpelt und gereinigt)
- Übernahme oder Aufkündigung bestehender Verträge (beispielsweise Serviceverträge für technische Anlagen)
- Übernahme oder Aufkündigung von Versicherungen: Ein Hauskauf bricht Versicherungsverträge. Meist gilt aber eine vierzehntägige Kündigungsfrist. Verstreicht diese, laufen die Versicherungen zulasten des ursprünglichen Besitzers weiter.
- Eventuell Vorbehalt bezüglich Altlasten
- Bei Stockwerkeigentum: aktueller Anteil am Erneuerungsfonds

Bauen und Umbauen

7

Zusammen mit einem Architekten ein Haus zu bauen oder umzubauen, ist der individuellste, aber auch der aufwendigste Weg, den Traum vom Eigenheim zu verwirklichen. Eine intensive Auseinandersetzung mit dem Thema ist deshalb besonders wichtig.

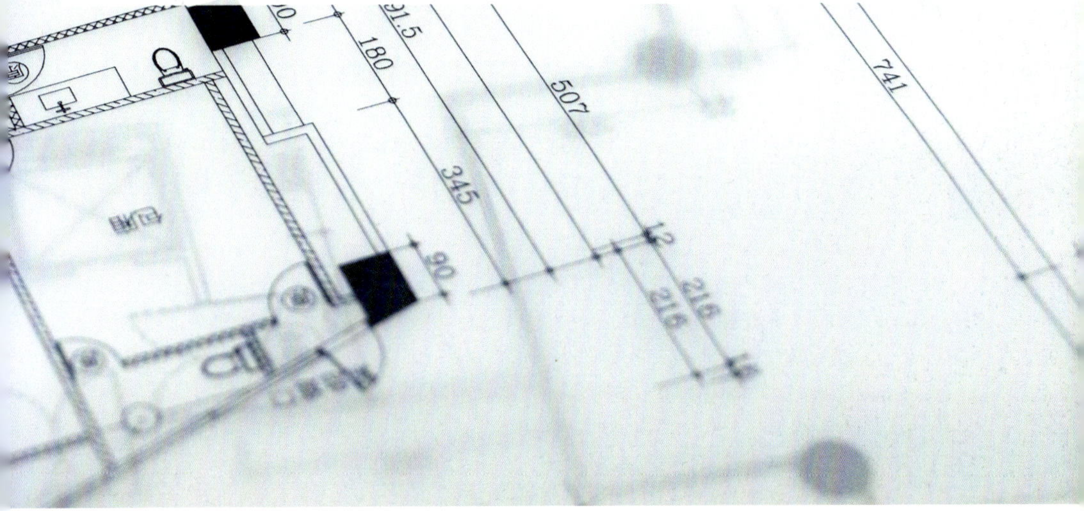

Der individuelle Neubau

Wollen Sie Ihr Haus nicht in einer Siedlung mit Dutzenden identischen Bauten kaufen, stehen Ihnen zwei Möglichkeiten offen: Entweder Sie beauftragen eine Architektin, ein Gebäude ganz nach Ihren Wünschen zu entwerfen. Oder Sie wählen aus den Katalogen der Typen- und Fertighausanbieter das passende Modell aus

Wählen Sie ein Typen- oder Fertighaus, ist die Individualität zwar eingeschränkt, da nur eine gewisse Anzahl an Basismodellen zur Verfügung steht und der Anpassbarkeit im Innern Grenzen gesetzt sind. Dafür ist die Bauzeit meist kurz und der Preis bei Vertragsunterzeichnung fix.

Typen- und Fertighäuser

In Österreich und Deutschland haben solche Häuser einen festen Platz auf dem Immobilienmarkt. In Deutschland stammt jedes siebte Haus aus dem Katalog. In der Schweiz ist die Nachfrage kleiner, doch verschiedene Unternehmen bieten eine breite Palette an Typen- und Fertighäusern an.

Das Typenhaus

Typenhäuser werden beliebig oft nach den gleichen Plänen und zu einem fixen Preis erstellt. Als Typenhauskäufer wählen Sie Ihr künftiges Eigenheim aus einer Palette von Basismodellen aus. Dann werden die Pläne an Ihre Wünsche angepasst, die Räume eingeteilt und die Materialien für den Innenausbau festgelegt. Auf der Basis dieser Vorgaben errechnet der Anbieter den Preis und erstellt das Haus auf Ihrem Grundstück zusammen mit lokalen Handwerkern zum vereinbarten Preis. Die Funktion des Anbieters ist dabei mit derjenigen eines Generalunternehmers vergleichbar (siehe Seite 144). Die Konstruktion solcher Typenhäuser erfolgt meist mit Beton und Backstein.

Dank der Verwendung bestehender Pläne sparen Sie sich beim Typenhaus einen Grossteil der Kosten für die Entwurfsarbeit des Architekten. Dafür sind die Möglichkeiten für Anpassungen an Ihre Wünsche kleiner.

TIPP *Typen- und auch Fertighäuser (siehe unten) werden oft in Ausstellungen präsentiert. Dort können Sie die Modelle im Massstab 1:1 besichtigen. Haben Sie sich grundsätzlich für einen Typ entschieden, lohnt es sich, auch bewohnte Objekte zu besichtigen. So erhalten Sie einen Eindruck von möglichen Varianten beim Ausbau oder bei der Raumeinteilung und können die Hausbesitzer nach den Erfahrungen mit dem Anbieter fragen.*

Das Fertighaus

Auch das Fertighaus wird x-fach in gleicher Weise erstellt. Im Gegensatz zum Typenhaus entsteht es aber in einer Fabrik. Alle Wände und Decken werden dort vorgefertigt, mit dem Lastwagen auf die Baustelle gefahren und vor Ort zusammengesetzt. Die Konstruktion besteht deshalb meist aus einem Holzrahmenbau. Das macht kurze Bauzeiten möglich. Oft können Sie bereits drei oder vier Monate nach Erteilung der Baubewilligung einziehen. Wie beim Typenhaus sind auch beim Fertighaus die Gestaltungsmöglichkeiten begrenzt. Prüfen Sie deshalb vor dem Entscheid, ob die angebotenen Varianten sich mit Ihren Wohnwünschen decken.

HOLZ- ODER MASSIVBAU?

In den letzten zwanzig Jahren haben sich Gebäude aus Holz wieder am Markt etabliert, nachdem sie zuvor ein Schattendasein gefristet hatten. Heute werden dank moderner Technologie sogar Hochhäuser aus dem nachwachsenden Rohstoff gebaut.

Punkten kann Holz nicht nur mit einer guten Ökobilanz, sondern auch mit kurzen Bauzeiten. Die meisten Holzbauten werden heute in einer Werkhalle vorgefertigt und auf der Baustelle nur noch zusammengesetzt. Bezüglich Brandschutz sind aus Holz gefertigte Häuser heute gleich sicher wie solche aus massiven Baumaterialien, und beim Energieverbrauch können sie dank sehr guter Wärmedämmung vorn mithalten. Ein Nachteil von Holzgebäuden ist die fehlende Speichermasse. Deshalb heizen sie sich im Sommer oft schneller auf als Massivbauten. Dem kann man aber mit einer hybriden Bauweise entgegenwirken. Etwa indem einzelne Wände aus Lehmbausteinen errichtet oder die Decken betoniert werden.

Kostenmässig liegen Holz- und Massivbauten fast gleichauf und auch bei der Individualität gibt es keine Unterschiede. Zwar bestehen Holzbauten aus vorgefertigten Elementen. Das System lässt aber fast alle Formen und Grössen zu.

ACHTUNG *Immer wieder werben Typen- und Fertighausanbieter mit Lockvogelpreisen. Darin ist meist bloss die Basisvariante ohne Keller, Garage oder Gartengestaltung enthalten. Lassen Sie sich deshalb genau vorrechnen, was das Haus in Ihrer Variante samt Umgebungsgestaltung kostet, und achten Sie darauf, ob im Preis auch alle Gebühren für die Baubewilligung und den Anschluss ans Leitungsnetz enthalten sind. Grundsätzlich sollten Sie den Vertrag mit einem Typen- oder Fertighausanbieter genauso gründlich überprüfen wie denjenigen für einen Kauf ab Plan (siehe Seite 147).*

Bauen mit dem Architekten

Wer vom Eigenheim träumt, denkt wohl zuallererst an ein nach den eigenen Ideen gebautes Haus. Damit das Ergebnis schliesslich Ihren Wunschvorstellungen entspricht, muss Ihr Architekt, Ihre Architektin nicht nur das Entwurfs- und Bauhandwerk beherrschen. Ausschlaggebend ist, dass auch die Chemie zwischen Ihnen und dieser wichtigen Vertrauensperson für Ihren Bau stimmt.

ACHTUNG *Lassen Sie eine Architektin erste Abklärungen für Ihr Projekt machen, sollten Sie sich bewusst sein, dass ihr dafür ein Honorar zusteht – auch wenn Sie sich später entscheiden, mit einem anderen Partner weiterzumachen.*

Die Aufgabe des Architekten

Der Aufgabenbereich eines Architekten ist komplex. Seine Arbeit umfasst eine Vielzahl an Tätigkeiten, die es braucht, um einen Bau von der ersten Idee bis zum Bezug zu begleiten. Dazu gehören unter anderem:

- Beratungsgespräche und erste Ideen
- Vorprojekt und Projekt
- Kostenschätzung
- Baubewilligung
- Ausführungsplanung
- Ausschreibungen und Offertvergaben
- Bauleitung
- Kostenkontrolle

- Bauabrechnung
- Bauabnahme
- Kontrolle der Garantiearbeiten

Abgesehen von diesen Aufgaben ist der Architekt aber auch der wichtigste Ansprechpartner der Bauherrschaft während der gesamten Projekt- und Bauphase, ihr Stellvertreter auf der Baustelle und ihr Treuhänder im Umgang mit den Baukosten. Ein guter Architekt soll deshalb nicht nur ein guter Entwerfer und Bauleiter sein, sondern auch Manager, Kostenplaner und Psychologe.

Der passende Architekt, die richtige Architektin

Als Schlüsselfigur wird Sie Ihr Architekt über viele Monate hinweg begleiten. In dieser Zeit werden Sie gute und schlechte Phasen durchleben, miteinander planen, streiten und sich freuen. Deshalb wäre es fahrlässig, den erstbesten Architekten mit Ihrem Bauprojekt zu beauftragen. Lassen Sie sich genügend Zeit und prüfen Sie mehrere Architektinnen und Architekten auf Herz und Nieren. Dabei zählen nicht nur Referenzen ehemaliger Auftraggeber und realisierte Projekte, sondern auch der Charakter und Ihr «Bauchgefühl».

Suchen Sie die Vertrauensperson für Ihren Bau auf mehreren Kanälen und gehen Sie folgendermassen vor:

- Sicher kennen Sie Häuser in Ihrer Gegend, die Ihnen gefallen. Fragen Sie die Bewohner nach dem Architekten. Bei gleicher Gelegenheit erfahren Sie auch einiges darüber, wie die Zusammenarbeit gelaufen ist.
- Fragen Sie Bekannte und Verwandte, die gebaut haben, nach der Architektin und den Erfahrungen mit ihr.
- Durchforsten Sie Architektur- und Wohnzeitschriften. Zu jedem Bau wird dort auch der Architekt, die Architektin aufgeführt.
- Setzen Sie ein Suchinserat in eine in der Schweiz erscheinende Architekturzeitschrift. Darin sollten Sie Ort, Preisrahmen und gewünschte Grösse des Hauses angeben.
- Fragen Sie bei der örtlichen Sektion des Schweizerischen Ingenieur- und Architektenvereins (SIA, www.sia.ch) nach Fachleuten in Ihrer Umgebung, die auf Einfamilienhäuser spezialisiert sind.
- Suchen Sie auf spezialisierten Websites nach passenden Architekten (Links im Anhang).

Den Architekten überprüfen

Wenn Sie alle Bewerberinnen und Bewerber zusammenhaben, können Sie relativ rasch diejenigen aussortieren, die Ihnen unsympathisch sind oder deren Bauten Ihnen nicht gefallen. Die Architekten, die in die engere Wahl kommen, sollten Sie genauer unter die Lupe nehmen:

- Schauen Sie sich von jeder Architektin mehrere Referenzbauten an und fragen Sie die Bewohner, wie die Zusammenarbeit gelaufen ist.
- Führen Sie mit jedem Architekten ein persönliches Gespräch. So erfahren Sie mehr über seinen Charakter und seine Fähigkeit, zuzuhören und zu analysieren. Gleichzeitig können Sie seine Ehrlichkeit prüfen. Antwortet er auf die Frage, ob in früheren Projekten auch mal etwas schiefgelaufen sei, mit Nein, können Sie ihn gleich aussortieren.
- Lassen Sie sich von jeder Architektin eine provisorische Honorarofferte für die Projektierung und Ausführung Ihres Hauses geben.

TIPP *Eine emotionale Distanz zwischen Architekt und Bauherr ist in den meisten Fällen wichtig für das Gelingen des Projekts. Denn Bauen heisst auch hinterfragen und bedeutet manchmal sogar Streit. Deshalb sollten Sie nie einen Architekten aus Ihrem Freundes-, Bekannten- oder Familienkreis mit Ihrem Projekt beauftragen. Zum einen ist es schwieriger, einem Freund etwas vorzuwerfen, zum andern riskieren Sie bei grösseren Differenzen, zugunsten Ihres Hauses einen Freund zu verlieren.*

Was kostet ein Architekt?

Die Honorierung der Architekten orientiert sich üblicherweise an der Leistungs- und Honorarordnung 102 (LHO 102) des Schweizerischen Ingenieur- und Architektenvereins. Danach ist sowohl eine Honorierung mit Pauschalen als auch in Abhängigkeit von den Baukosten oder nach Aufwand möglich.

- Bei kleineren Um- und Anbauten oder Studienaufträgen wird das Honorar meist pauschal festgelegt, oder der Architekt arbeitet im Stundenaufwand. Ist dies der Fall, sollten Sie ein Kostendach vereinbaren, das nur mit Ihrer Bewilligung überschritten werden darf.
- Für Einfamilienhäuser, deren Baukosten sich meist in der Grössenordnung von 350 000 bis 850 000 Franken bewegen, wird oft eine Honorierung in Abhängigkeit dieser Kosten vereinbart. Die Archi-

tektin berechnet die Honorarsumme auf der Basis des geschätzten Stundenaufwands mit einer vom SIA festgelegten Formel. Darin ist neben den Kosten auch der Schwierigkeitsgrad des Baus berücksichtigt.

Die Berechnung in Abhängigkeit von der Bausumme hat einen Nachteil: Je teurer der Bau wird, desto höher fällt das Honorar des Architekten aus. Der Ansporn, Kosten zu sparen, entfällt. Deshalb empfiehlt es sich, von den Vorgaben des SIA abzuweichen: Lassen Sie das Honorar vom Architekten auf der Basis des Kostenvoranschlags ausrechnen und legen Sie dieses als Pauschale fest. Veränderungen der Baukosten haben so keinen Einfluss mehr auf das Honorar des Architekten. Als Ansporn können Sie ihn bei Einsparungen mit einer Erfolgsprämie belohnen.

ACHTUNG *Kosten für weitere Planer, die Sie für Ihren Bau benötigen – etwa eine Bauingenieurin oder ein Sanitäringenieur –, sind nicht im Honorar des Architekten eingeschlossen. Achten Sie darauf, dass die Entschädigungen für solche Spezialisten im detaillierten Kostenvoranschlag für den Bau ebenfalls enthalten sind.*

DIE KOSTENGENAUIGKEIT

Wenn Sie Ihr Haus von einem Architekten planen und bauen lassen, erhalten Sie normalerweise keinen Fixpreis, sondern eine Kostenschätzung. Deren Genauigkeit bewegt sich in folgendem Rahmen:

- Grobkostenschätzung +/–20 %
- Kostenschätzung (Vorprojekt) +/–15 %
- Kostenschätzung (Bauprojekt) +/–10 %
- Nach Einholen der Offerten +/–5 %

Wichtig: Wenn Sie sichergehen wollen, dass Ihr Haus am Schluss keinen Franken mehr kostet, als die von Ihnen genannte Obergrenze, müssen Sie im Auftrag an den Architekten klar definieren, dass diese Grenze sich bereits inklusive der üblichen Abweichungen versteht. Sollen die Kosten beispielsweise 500 000 Franken nicht übersteigen, darf die Grobkostenschätzung bei maximal 420 000 Franken +/–20 Prozent liegen. Kommt der Architekt hingegen auf eine Schätzung von 500 000 Franken, dürfte er später um bis zu 20 Prozent davon abweichen, und Ihr Haus würde im schlimmsten Fall 600 000 Franken kosten.

Der Architektenvertrag

Wenn Sie einer Architektin einen Auftrag erteilen, empfiehlt es sich auf jeden Fall, einen schriftlichen und detaillierten Vertrag abzuschliessen. Unbedingt darin enthalten sein sollten die folgenden Punkte (eine Checkliste finden Sie unter www.beobachter.ch/download):

- Aufgabenbereich der Architektin
- Honorar mit Zahlungskonditionen
- Maximale Obergrenze aller Kosten
- Details zum Projekt (zum Beispiel ein Baubeschrieb)
- Terminplan
- Projektorganisation mit allen Planern und deren rechtlicher Stellung
- Bevollmächtigung für die Architektin, im Auftrag des Bauherrn Entscheide zu fällen, inklusive Kostengrenze
- Berufshaftpflichtversicherung der Architektin
- Regelung bei Streitigkeiten (Schiedsgericht, Beizug eines Mediators)
- Rückbehalt des Honorars im Umfang von 15 Prozent bis nach Abschluss aller Garantiearbeiten

Standard für die Abmachungen zwischen Architekt und Bauherr ist ein vom SIA herausgegebener Mustervertrag (kostenloser Download unter www.sia.ch/contract). Er regelt alle nötigen Punkte. Wichtig ist aber, dass er korrekt ausgefüllt wird. Eigene Verträge, ohne den SIA-Vertrag als Basis, sollten Sie nur unter Beizug eines Baujuristen ausarbeiten. Denn die Materie ist für Laien zu komplex, und die Folgen der einzelnen Abmachungen sind nur schwer abzuschätzen.

Da der Standardvertrag auf der Ordnung 102 des SIA beruht, hat er für Bauherren aber auch Schwachstellen. Denn die Ordnung reduziert – verglichen mit dem Werkvertrag (siehe Seite 172) – den Haftungsumfang des Architekten. Zwar gewährt auch der SIA-Vertrag eine fünfjährige Garantiefrist, aber nur bei «verschuldeter fehlerhafter» Ausführung – und eine solche ist schwierig nachzuweisen. Ebenfalls ausgeschlossen wird die Haftung des Architekten für die Arbeit beigezogener Spezialisten.

TIPP *Um notfalls Leistungen, die der Architekt schlecht oder nicht erbracht hat, einfordern zu können, sollten Sie darauf bestehen, dass der SIA-Vertrag so abgeändert wird, dass Sie die letzten*

5 bis 10 Prozent des Honorars (abhängig von dessen Höhe) vorerst auf einem Sperrkonto deponieren können. Der Architekt erhält diesen Honorarteil erst dann überwiesen, wenn alle Arbeiten – inklusive Behebung von Garantiefällen – zu Ihrer Zufriedenheit ausgeführt sind.

Wenns teurer wird

Kostensteigerungen entstehen häufig aus Wünschen der Bauherrschaft zum Innenausbau, die erst während der Erstellung des Baus auftauchen, also etwa wegen einer teureren Küche oder teurerer Bodenbeläge. Wie viel solche Zusatzwünsche kosten, zeigt sich oft erst in der Schlussabrechnung. Um unschöne Überraschungen auszuschliessen, sollten Sie einerseits vom Architekten genügend hohe Budgetpositionen für Ausbauwünsche einrechnen lassen, andererseits nicht von diesen Budgetpositionen abweichen – ausser Sie können die Mehrkosten an anderer Stelle wieder einsparen. Am einfachsten geht dies, wenn vor Baubeginn definiert wird, welche Positionen eingespart werden könnten und welche zusätzlich gewünscht wären. Will man sich einen Wunsch erfüllen, muss im Gegenzug eine andere Position entfallen.

Die Phasen des Bauprojekts

Planung und Bau eines Hauses laufen nach einem festen Schema ab. In all diesen Phasen sind Sie als Bauherr oder Bauherrin gefragt: Sie müssen Gespräche führen, Unterlagen studieren, Entscheide treffen, Rechnungen kontrollieren und vieles mehr.

Vorstudien und Vorprojekt

In ausführlichen Gesprächen versucht der Architekt in der ersten Phase, herauszufinden, wie Ihr Wunschhaus aussehen soll. Parallel dazu klärt er ab, welche Möglichkeiten Ihr Grundstück bietet und welche Einschränkungen vorhanden sind. Aus diesen Vorgaben entstehen erste Skizzen, Pläne und Modelle.

Hat sich aufgrund der Vorstudien und der Gespräche herauskristallisiert, welche Variante Ihren Erwartungen an Ihr künftiges Haus am besten entspricht, arbeitet der Architekt diese weiter aus und erstellt eine grobe Kostenschätzung.

Ausführungs- oder Bauprojekt

Haben Sie sich mit der Architektin auf der Basis des Vorprojekts genauer festgelegt, werden die Details ausgearbeitet und die Grundriss-, Schnitt- und Detailpläne für die Baueingabe erstellt. Jetzt ist auch eine präzisere Bestimmung der Baukosten möglich.

Bewilligungsverfahren

Um mit Bauen beginnen zu können, benötigen Sie eine Baubewilligung. Dazu reicht die Architektin einen Satz Pläne und eine ganze Reihe von Formularen und Berechnungen beim Bauamt ein. Dieses prüft, ob das Projekt den Gesetzen und Bauvorschriften entspricht und bewilligungsfähig ist. Gleichzeitig werden die Baugespanne aufgestellt, die zeigen, wie gross das Gebäude wird und wo genau es zu stehen kommt. Wenn nötig, verlangt die Baubehörde zuerst noch Nachbesserungen an der Baueingabe.

Steht einer Bewilligung vonseiten der Behörden nichts im Weg, wird das Projekt öffentlich aufgelegt. Diese Auflage wird im Amtsblatt, in kleineren Gemeinden auch in einem Schaukasten bekannt gegeben. Die Auflagefrist variiert je nach Gemeinde, üblicherweise beträgt sie zwischen 14 und 30 Tage. Während dieser Zeit haben alle vom Projekt Betroffenen die Möglichkeit, Einsprache zu erheben. Meist kommen die Einsprechenden aus der Nachbarschaft – etwa weil der Neubau die Aussicht verstellt oder Schatten auf das Nachbargebäude wirft. Entspricht ein Bau jedoch den geltenden Baugesetzen, werden solche Einsprachen häufig abgewiesen. Sind alle Einsprachen bereinigt, erteilen die Behörden schliesslich die Bewilligung.

TIPP *Erfahren die Nachbarn erst beim Aufstellen des Baugespanns von Ihren Plänen, werden sie eher dazu neigen, Einsprache zu erheben. Selbst wenn die Nachbarn nicht recht bekommen, wird der Baubeginn dadurch zumindest verzögert – vor allem, wenn sie den Fall noch an eine höhere Instanz weiterziehen. Um Einsprachen möglichst auszuschliessen, lohnt es deshalb, frühzeitig das Gespräch mit den umliegenden Hausbesitzern zu suchen und ihnen das Projekt vorzustellen.*

Ausführungsplanung und Ausschreibung

Parallel zum Baubewilligungsverfahren beginnt der Architekt mit der Detail- und Ausführungsplanung. In dieser Phase zeichnet er detaillierte Pläne,

BEISPIEL: OFFERTZUSAMMENSTELLUNG

Preisvergleich Offerten Sanitärarbeiten (BKP* 250–259)
Einfamilienhaus Familie G., Wiesenweg 3, 5000 Aarau

	Firma A	Firma B	Firma C	Firma D
Sanitärapparate	25 000.–	26 500.–	23 000.–	25 000.–
Material für Leitungsnetz	20 300.–	22 500.–	19 800.–	24 300.–
Arbeit	11 000.–	12 300.–	10 500.–	9 500.–
Total	**56 300.–**	**61 300.–**	**53 300.–**	**58 800.–**
Abweichung gegenüber dem preiswertesten Anbieter	3 000.–	8 000.–	0.–	5 500.–
Kommentar Architekt	Gute Zusammenarbeit bei anderen Objekten	Jeweils gute Zusammenarbeit, oft teuer	Preiswert, aber Unklarheiten in der Offerte	Leistet gute Arbeit

* Baukostenplan

legt in Absprache mit Ihnen sämtliche Materialien und Installationen fest, plant den Bau Schritt für Schritt durch, erstellt einen ausführlichen Terminplan und trägt die gesamten Kosten zusammen.

Zur genauen Kostenbestimmung und späteren Vergabe der Arbeiten holt der Architekt Offerten bei Handwerkern ein. Üblicherweise erhalten Sie eine Zusammenstellung dieser Offerten, damit Sie besser entscheiden können, wer den Auftrag erhalten soll (siehe Beispiel). Die offerierten Preise haben oft nur kurze Zeit Gültigkeit. Deshalb ist es wichtig, möglichst rasch einen Werkvertrag mit dem jeweiligen Unternehmer abzuschliessen (siehe nächste Seite).

Ausführung

Sobald die Baubewilligung vorliegt, wird der erste Spatenstich gesetzt, gefolgt vom Aushub für den Keller. Ist die Architektin auch für die Bauleitung zuständig, wird sie während der ganzen Bauphase mehrmals wöchentlich – in heiklen Phasen sogar täglich – auf der Baustelle anzutreffen sein, um den Fortgang der Arbeiten zu überwachen und Fragen der Handwerker direkt vor Ort zu klären.

DIE ABMAHNUNG

Wenn Sie von Ihrer Architektin oder von einem Handwerker die Ausführung eines Details verlangen, für das diese keine Garantie übernehmen wollen, oder wenn Sie einen zu kurzfristigen Termin setzen, müssen Sie mit einer Abmahnung rechnen. Das heisst, die Architektin oder der Handwerker teilen Ihnen in einem eingeschriebenen Brief mit, dass sie die Arbeit gemäss Ihren Wünschen ausführen bzw. versuchen werden, den Termin einzuhalten, dafür aber keine Verantwortung und Garantie übernehmen. Bestellt beispielsweise ein Liebhaber von unbehandeltem Holz die Fronten seiner neuen Küchenkombination aus diesem Material, wird ihn ein sorgfältiger Schreiner darauf aufmerksam machen, dass unbehandeltes Holz schnell fleckig wird und sich, wenn Wasser eindringt, auch verziehen kann. Besteht der Bauherr dann auf seinem Wunsch, wird der Schreiner für die Küchenfronten jede Garantie ablehnen. ■

Inbetriebnahme und Schlussabrechnung

Sind alle Bauarbeiten abgeschlossen, findet die Bauabnahme statt (siehe Seite 217) und das Haus wird offiziell an die Bauherrschaft übergeben. Nachdem schliesslich die letzten Rechnungen der Handwerker eingetroffen sind, erstellt die Architektin eine detaillierte Bauabrechnung und veranlasst die Zahlung der noch offenen Rechnungen.

Der Werkvertrag mit den Handwerkern

Zu allen Arbeiten, die Sie für Ihr künftiges Haus an die einzelnen Handwerker vergeben, gehört ein Werkvertrag. Dieser wird zwar normalerweise vom Architekten aufgesetzt, Vertragspartner sind aber trotzdem Sie als Bauherr oder Bauherrin sowie die Handwerksfirma. Deshalb sollten Sie jeden Werkvertrag vor der Unterzeichnung genau prüfen und darauf achten, dass die folgenden Punkte enthalten sind:

- Alle auszuführenden Arbeiten, wie in der bereinigten Offerte beschrieben (Sie können diese auch zum Bestandteil des Vertrags erklären.)
- Preis für die Arbeit inklusive aller Rabatte und Mehrwertsteuer
- Zahlungsmodalitäten
- Vereinbarung der SIA-Norm 118 (siehe Seite 149)

- Terminplan der Arbeiten
- Stundenansätze für eventuell notwendige Arbeiten, die über den offerierten Umfang hinausgehen, sowie eine Vereinbarung, dass solche Regiearbeiten nur gemäss schriftlichem Auftrag des Bauherrn oder seiner Vertretung (Architektin bzw. Bauleiter) vorgenommen werden dürfen
- Haftpflichtversicherung des Unternehmers (siehe Seite 179)
- Rückbehaltsrecht für 10 Prozent des Werklohns, bis allfällige Mängel behoben sind
- Recht zur Ersatzvornahme bei Mängeln
- Schiedsgerichtsklausel

ACHTUNG *Unterschreiben Sie keinen Werkvertrag, in dem die SIA-Norm 118 nicht als verbindlich erklärt oder sogar wegbedungen ist. Sonst haben Sie bei Mängeln und Garantiefristen schlechte Karten (siehe Seite 216). Am besten verwenden Sie den Mustervertrag des SIA und passen diesen an Ihre Situation und Ihre Bedürfnisse an.*

VORTEILHAFTE LÖSUNG: DER HANDWERKER ALS KOORDINATOR

Nicht immer benötigen Sie für den Umbau eines Hauses eine Architektin. Werden beispielsweise nur einige Oberflächen aufgefrischt, die Küche ausgetauscht und das Bad erneuert, können Sie das grundsätzlich auch selber organisieren. Das ist allerdings mit einigem Aufwand verbunden, müssen doch verschiedenste Handwerker koordiniert und Schnittstellen abgesprochen werden.

Wenn Sie sich das nicht zutrauen oder die Zeit dafür nicht haben, gibt es eine einfache Lösung: Sie beauftragen den Handwerker, der beim Umbau den grössten Anteil der Arbeit leistet, mit der Organisation der anderen Beteiligten sowie der Baustelle, und entschädigen ihn dafür zusätzlich. So kann bei einem Küchenumbau der Schreiner, der die Küchenkombination liefert, gleich auch noch Elektriker, Sanitär, Gipser, Maler sowie Bodenleger aufbieten und die Arbeiten aller koordinieren. In der Regel sind Handwerker untereinander vernetzt und der Schreiner kennt andere Baufachleute, mit denen er schon gut zusammengearbeitet hat. Das vereinfacht für Sie als Bauherr oder Bauherrin nicht nur den Umbau, sondern sichert auch eine hohe Ausführungsqualität. ■

BEIDE SEITEN LESEN

ZEHN GOLDENE REGELN FÜR DEN HAUSBAU

Mit dem Bau eines Hauses begibt man sich auf weitgehend unbekanntes Terrain. Umso wichtiger ist es, mögliche Stolperfallen zu kennen und sich bei Unsicherheiten neutralen fachlichen Rat zu holen – beispielsweise in Form eines Bauherrenberaters (Adressen unter www.kub.ch). Egal ob mit oder ohne fachliche Begleitung, beachten sollten Sie beim Bau Ihres Hauses auf jeden Fall die folgenden zehn Regeln:

1. Wissen, was man will
Ein detailliertes Anforderungsprofil erleichtert dem Architekten die Planung oder ermöglicht es, bei einem Objekt ab Stange schnell und einfach zu prüfen, ob es Ihren Wünschen entspricht. Unbedingt in ein solches Profil gehören Aussagen zur Lage, zum Raumprogramm, zu den Beziehungen der Räume untereinander, zur Bauweise, zu den Materialien, zu den technischen Anforderungen und zum gewünschten Energiestandard.

2. Genügend Zeit einplanen
Nur wenn vor Baubeginn alles detailliert geplant ist, lassen sich Kosten und Termine verbindlich festlegen. Eine rollende Planung hingegen birgt hohe Risiken für Kostenüberschreitungen und Terminprobleme. Deshalb sollten Sie unbedingt genügend Zeit für die Projekterarbeitung einrechnen.

3. Finanzrahmen klar abstecken
Legen Sie einen maximalen Finanzrahmen fest, den Sie auf keinen Fall überschreiten wollen, und denken Sie auch an Kosten wie den Umzug oder die Reinigung der bisherigen Wohnung.

4. Sorgfältige Wahl der Partner
Gute und versierte Partner für Planung und Ausführung sind ein wichtiger Baustein für eine möglichst reibungslose Abwicklung des Hausbaus. Deshalb sollten Sie vor der Auftragsvergabe unbedingt Referenzen einholen und diese auch prüfen.

5. Wasserdichte Verträge
Alle Verträge mit den Planern oder Anbietern eines Hauses sollten unbedingt von einem Bauherrenberater geprüft werden. Ganz wichtig: Den Ausschluss wichtiger

Normen (zum Beispiel SIA 118) sowie die Abtretung von Mängelrechten dürfen Sie auf keinen Fall akzeptieren. Besteht ein Anbieter darauf, verzichten Sie besser auf einen Vertragsabschluss.

6. Sicherheiten einbauen

Prüfen Sie vor Abschluss der Verträge unbedingt, ob der Planer oder der Anbieter über alle nötigen Sicherheiten verfügt. Dazu gehört beispielsweise eine Erfüllungsgarantie einer Bank.

7. Vorsicht bei Änderungen

Während der Bauphase sollten Sie möglichst wenig ändern, denn dann ziehen Anpassungen oft Folgekosten nach sich und sprengen gern das Budget. Versierte Planer legen der Bauherrschaft ein Entscheidungsprogramm vor, was bis zu welchem Zeitpunkt klar sein muss. Es lohnt sich, dieses Programm einzuhalten. Sind dennoch Änderungen nötig, lassen Sie vor einem Entscheid zuerst die Mehr- oder Minderkosten berechnen.

8. Transparente Finanzen

Eine korrekt geführte, aktuelle Baubuchhaltung ist das A und O, um während des Baus die Übersicht über die Finanzen zu behalten. Wichtig dabei: Lassen Sie sich nicht auf Vorauszahlungen für noch nicht erstellte Bauetappen ein. Bezahlen Sie nur, was tatsächlich gebaut wurde.

9. Kein eigenmächtiges Handeln

Beim Bauen müssen Dienstwege und Prozesse unbedingt eingehalten werden. Als Bauherr oder Bauherrin sollten Sie deshalb auf der Baustelle keine Anweisungen erteilen, sondern immer den Weg über den Bauleiter oder Architekten gehen.

10. Kein Bezug ohne Abnahme

Jeder Neubau hat Mängel. Damit Sie diese korrekt rügen können – und sie anschliessend behoben werden –, ist eine detaillierte Bauabnahme zusammen mit dem Ersteller oder Architekten wichtig (siehe Seite 217).

Ihre Aufgaben als Bauherr oder Bauherrin

Wird ein Haus individuell vom Architekten erstellt, wartet viel Arbeit auf den Bauherrn oder die Bauherrin, also auf Sie. Den Zeitaufwand dafür sollten Sie nicht unterschätzen. Denn involviert sind Sie während aller Phasen des Bauprozesses: bei den ersten Gesprächen mit dem Architekten, bei der Besprechung des Entwurfs sowie der überarbeiteten Versionen, bei der Erarbeitung des endgültigen Projekts, beim Vergleich von Offerten, bei der Vergabe von Arbeiten an Handwerksfirmen, bei der Auswahl der Materialien für den Ausbau, bei Kontrollen auf der Baustelle, bei der Kostenkontrolle und bei der Bauabnahme.

Wie viel Zeit all diese Arbeiten in Anspruch nehmen werden, ist schwer zu sagen. Das hängt stark davon ab, wie viele Entscheide Sie selber treffen und was alles Sie dem Architekten überlassen.

Kostenkontrolle

Bei der Bezahlung der Handwerkerrechnungen spielen die Bank und der Architekt eine entscheidende Rolle. Üblicherweise unterzeichnet der Architekt eine Treuhanderklärung, die ihn gegenüber der Bank verpflichtet, die Baukosten zu kontrollieren und nur Rechnungen zu bezahlen, für die auf der Baustelle tatsächlich Leistungen erbracht wurden. Dies ist nötig, da die Bank nicht den Überblick hat, welche Arbeiten bereits ausgeführt wurden. Die Aufträge für Auszahlungen an die Handwerker tragen deshalb neben Ihrer Unterschrift immer auch diejenige des Architekten.

Als Bauherr oder Bauherrin müssen Sie aber nicht nur die Auszahlungen unter Kontrolle, sondern jederzeit auch den Überblick über den aktuellen Stand der Kosten haben. Deshalb sollten Sie vom Architekten von Baubeginn an bis zur Abnahme der Schlussrechnung regelmässig Kostenzusammenstellungen verlangen. Wie die Offerten sind diese normalerweise nach den Nummern des Baukostenplans gegliedert (einen Baukostenplan finden Sie unter www.beobachter.ch/download).

Üblicherweise erhalten Sie die aktuellen Zahlen vom Architekten tabellarisch aufgelistet (siehe Beispiel). So sehen Sie auf einen Blick, wie viel offeriert und wie viel schliesslich verrechnet wurde. Mit auf die Zusammenstellung gehören auch immer Begründungen für allfällige Kostenüberschreitungen sowie der Gesamtstand der Baukosten. So sehen Sie

BEISPIEL: ZUSAMMENSTELLUNG FÜR DIE KOSTENKONTROLLE

Kostenkontrolle Stand 29.3.2020

BKP*-Nummer	Arbeitsgattung	Preis gemäss Kostenvoranschlag	Preis gemäss Abrechnung Unternehmer	Differenz	Begründung für Kostenüberschreitung
243	Wärmeverteilung	23 000.–	26 500.–	3 500.–	Je 1 weiterer Heizkörper im Bad 1. OG und Dachgeschoss
251	Sanitärapparate	25 000.–	22 500.–	– 2 500.–	
332	Starkstrom-installationen	46 000.–	44 500.–	– 1 500.–	
...					
...					
...					
...					
387	Baureinigung	4 000.–	noch offen		
Total		**480 500.–**	**noch offen**	**– 500.–**	

* Baukostenplan

frühzeitig, ob die Kosten eingehalten werden oder aus dem Ruder zu laufen beginnen.

INFO *Kleinere Kostenüberschreitungen sind beim Bauen normal. Einer guten Architektin gelingt es in der Regel, diese durch Einsparungen in anderen Bereichen wieder wettzumachen. Die im gesamten Kostenvoranschlag eingerechnete Baukostenreserve sollte deshalb wirklich nur im Notfall und in Absprache mit Ihnen zum Einsatz kommen.*

Ausführungskontrolle

Der von Ihnen beauftragte Architekt oder Bauleiter ist grundsätzlich dafür verantwortlich, dass der Bau termingerecht voranschreitet und alles gemäss Plänen und Baubeschrieb ausgeführt wird. Kommt es zu Verzögerungen oder Abweichungen, ist er verpflichtet, Sie zu informieren und das weitere Vorgehen mit Ihnen zu besprechen. Trotzdem schadet es nicht, wenn Sie selber regelmässig auf die Baustelle gehen und anhand der Pläne und des Bauprogramms prüfen, ob die Arbeiten termingerecht vorankommen und planmässig ausgeführt werden. Sie können mit dem Architekten oder Bauleiter auch regelmässige gemeinsame Rundgänge abmachen.

TIPP *Spielen Sie sich auf der Baustelle nicht als kleinlicher Polizist auf. Damit bringen Sie die Handwerker schnell gegen sich auf und nehmen ihnen die Freude an der Arbeit und die Bereitschaft, sich einzusetzen. Kleinere Fehler und Ungenauigkeiten gehören zu einem Bau, denn noch immer wird die Mehrheit der Arbeiten von Hand ausgeführt.*

Änderungswünsche

Wenn ein Haus langsam Gestalt annimmt, tauchen bei den meisten Bauherrinnen und Bauherren Änderungswünsche auf. Vielleicht möchten Sie, wenn Sie das Bad im Rohbau sehen, das Waschbecken plötzlich lieber an einer anderen Stelle als der vorgesehenen montiert haben, oder Sie

VORGEFERTIGTE HOLZBAUTEN

Traditionell aus Beton, Backstein und Holz gefertigte Häuser sind aufwendige Einzelanfertigungen. Entsprechend lange dauert die Bauzeit. Auch bei günstigen Witterungsverhältnissen und guter Planung müssen Sie vom Auffahren des Baggers für den Aushub bis zum Bezug mit sieben bis zwölf Monaten Bauzeit rechnen.

Eine schnellere Alternative bietet der Holzsystembau. Wände, Decken und Böden werden dabei – wie bei Fertighäusern (siehe Seite 45 und 163) – als Holzrahmenkonstruktion in einer Zimmerei vorgefertigt und auf der Baustelle innert ein bis zwei Tagen zusammengesetzt. Anders als Fertighäuser sind Holzsystembauten trotzdem Unikate. Denn der Entwurf dazu stammt von der Architektin Ihrer Wahl und berücksichtigt alle Ihre Wünsche. Dank der Vorfertigung wird aber viel Bauzeit gespart. Das ermöglicht einen schnelleren Einzug und verkürzt die Doppelbelastung durch die Zinsen für den Baukredit einerseits und den Mietzins für Ihre bisherige Wohnung andererseits (zum Baukredit siehe Seite 111). ■

wollen nun doch eine Trennwand zwischen Küche und Essplatz einziehen lassen.

Über eines müssen Sie sich im Klaren sein: Jeder Änderungswunsch kann einen Rattenschwanz an Folgen und Mehrkosten nach sich ziehen. Deshalb sollten Sie Änderungen nie selber gegenüber den Handwerkern anordnen, sondern sie beim Architekten oder Bauleiter deponieren. Nur er kann abschätzen, was für Folgen eine Änderung hat und ob die Mehrkosten vertretbar sind. Eine gute Architektin, ein kompetenter Bauleiter wird Ihre Wünsche nicht sofort ausführen oder ablehnen, sondern sich eine Bedenkzeit ausbedingen, um die nötigen Abklärungen vorzunehmen. Dabei kann es auch vorkommen, dass ein Wunsch abgelehnt wird – weil er bautechnisch nicht realisierbar ist oder den Budgetrahmen sprengt.

TIPP *Versuchen Sie, nach Abschluss der Offertphase und Vergabe der Werkverträge auf Änderungen zu verzichten. Dadurch helfen Sie mit, die Baukosten im veranschlagten Rahmen zu halten.*

Versicherungen während der Bauzeit

Während eines Baus kann so einiges passieren: Ihre Freundin besichtigt am Wochenende die Baustelle und wird von einem herabfallenden Ziegel am Kopf verletzt. Oder der Kranführer macht einen Fehler und lässt seine Last auf das Nachbargebäude fallen. Schadenfälle, die schnell Kosten von einigen Hunderttausend Franken verursachen können. Kümmern Sie sich deshalb bereits vor Baubeginn um den Abschluss aller Versicherungen, die während der Bauzeit nötig sind. Klären Sie mit Ihrem Architekten ab, ob er diese bereits abgeschlossen hat. Sonst laufen Sie Gefahr, für denselben Versicherungsschutz zweimal zu bezahlen. Verlangen Sie unbedingt auch von allen am Bau beteiligten Firmen den Nachweis, dass sie selbst die nötigen Betriebshaftpflichtversicherungen abgeschlossen haben (zu den Versicherungen nach dem Einzug siehe Seite 233).

TIPP *Solche Versicherungen sollten nicht nur für Neubauten, sondern auch für Umbauten abgeschlossen werden. Da die Prämien je nach Versicherer stark variieren können, lohnt es sich, mehrere Offerten einzuholen und zu vergleichen.*

INTERESSANT

WAS IST WO VERSICHERT?

Produkt	Vorschrift	Versicherte Risiken	Kosten	Bemerkungen	Beispiel
Bauherrenhaftpflichtversicherung	Freiwillig, aber empfohlen	Personenschäden von Dritten/Sachschäden an benachbarten Gebäuden oder Grundstücken/Rechtsschutz gegenüber unberechtigten Ansprüchen	Ca. 0,5 ‰ bis 0,9 ‰ des Bauvolumens (abhängig von der Höhe des Selbstbehalts)	Deckt Schäden, egal ob vom Bauherrn, Architekten, Handwerker etc. verursacht. Die Versicherung erlischt am Tag der Bauabnahme.	Infolge von Aushubarbeiten senkt sich der Boden des Nachbargrundstücks und am Gebäude entstehen Risse.
Bauwesenversicherung	Freiwillig, aber empfohlen	Schäden am eigenen Bau (Gebäude und Grundstück), auch wenn durch Diebstahl, Vandalismus und teilweise Feuer verursacht	Ca. 1 ‰ bis 1,5 ‰ des Bauvolumens (abhängig von der Höhe des Selbstbehalts)	Je nach Versicherer können die Leistungen stark variieren; evtl. sind Zusatzversicherungen nötig. Achten Sie darauf, dass Sie Feuer nicht doppelt versichern.	Ein einstürzendes Gerüst beschädigt Fassade und Fenster.
Bauzeitversicherung (Gebäudeversicherung bzw. Feuerversicherung)	Obligatorisch (ausser in den Kantonen GE, TI und VS)	Schäden am eigenen Bau durch Feuer sowie Elementarschäden	Ca. 0,3 ‰ bis 1 ‰ des Gebäudewerts	Läuft je nach Kanton über die Gebäudeversicherung oder über eine Feuerversicherung.	Um ein Zimmer auszutrocknen, wird über Nacht ein Heizlüfter laufen gelassen. Es kommt zu einem Kurzschluss – der Bau brennt nieder.

Umbauen und Renovieren liegen im Trend

Obwohl überall in der Schweiz neue Häuser gebaut werden, ist ihr Anteil am gesamten Hausbestand gering. Der Zuwachs an Neubauten beträgt im Schnitt gerade mal ein Prozent pro Jahr. Entsprechend wichtig sind die Renovation und der Umbau bestehender Objekte.

An Wichtigkeit zugelegt haben in den letzten Jahren aber auch umfassende Sanierungen und Erweiterungsbauten. Der Grund: Ältere Hausbesitzer verkaufen vermehrt ihr Eigenheim, und die neuen, meist jungen Besitzer wünschen mehr Platz und einen moderneren Ausbau.

Richtiges Planen verhindert Fehlinvestitionen

Abgenutzte Wände oder ein durchgelaufener Teppich sind oft der Auslöser, um eine Renovation des Eigenheims ins Auge zu fassen. Nicht selten wird aus dem Neuanstrich für ein Zimmer oder dem Teppichwechsel aber eine grössere Übung. Denn neben dem aufgefrischten Bereich wirkt der Rest des Hauses schnell einmal schäbig. Lässt man dann die anderen Wände und Böden auch gleich noch instand stellen, können die Kosten das Budget stark strapazieren. Deshalb lohnt es sich, bevor Sie Handwerker beauftragen oder selber zu Pinsel und Teppichmesser greifen, die Renovationsarbeiten umfassend zu planen und zu budgetieren. Erweisen sich die Gesamtkosten als zu hoch, können Sie die Renovation auch in sinnvolle Etappen unterteilen.

TIPP *Bevor Sie die Renovation Ihres Hauses oder Ihrer Wohnung planen, sollten Sie grundsätzlich darüber nachdenken, ob die eigenen vier Wände noch all Ihren Ansprüchen genügen. Vielleicht stört es Sie schon lange, dass das Bad zu eng und der Stauraum in der Küche knapp ist. Oder die Kinder sind ausgezogen und Sie könnten ein leeres Kinderzimmer dazu benützen,*

Ihr Schlaf- oder Wohnzimmer zu erweitern. Wenn Sie solche Punkte mit in die Planung einbeziehen, verhindern Sie Fehlinvestitionen und werden mit dem Ergebnis Ihrer Umbau- und Renovationsarbeiten umso zufriedener sein.

Selber planen oder einen Architekten beiziehen?

Für eine Pinselrenovation Ihres Wohnzimmers oder die Erneuerung einer bestehenden Küche benötigen Sie keine Architektin. Maler, Küchenbauer oder Sanitärinstallateur übernehmen in solchen Fällen das Offerieren und die Planung der Arbeiten. Geht eine Renovation über dieses Mass hinaus oder planen Sie einen grösseren Umbau, lohnt es sich hingegen, eine Architektin beizuziehen. Diese plant nicht nur die Arbeiten und erstellt die Pläne dafür, sondern klärt zuallererst das Potenzial Ihres Eigenheims und alle Möglichkeiten für einen Umbau und eine Erweiterung ab.

TIPP *Wenn Sie für Ihr Projekt einen Architekten benötigen, sollten Sie ihn sorgfältig auswählen. Denn nur wenn die Chemie zwischen ihm und Ihnen stimmt und er die nötige Erfahrung für Um- und Anbauten mitbringt, wird das Resultat am Schluss befriedigend sein (siehe auch Seite 165).*

Ohne Baubewilligung geht es selten

Ab wann ist für eine Renovation eine Baubewilligung nötig? Da jeder Kanton und jede Gemeinde eigene Baugesetze mit unterschiedlichen Spielräumen hat, gibt es auf diese Frage keine allgemeingültige Antwort. Als Faustregel gilt aber: Werden bestehende Räume bloss erneuert und wird die Nutzung nicht geändert, kann auf eine Bewilligung verzichtet werden. Darunter fallen beispielsweise der Ersatz der Kücheneinrichtung oder das Streichen von Zimmern. Vielerorts darf auch die Fassade neu gestrichen werden, ohne dass eine Bewilligung eingeholt werden muss. Einschränkungen gibt es in diesem Fall aber oft bei den zulässigen Farbtönen, die sich ins Quartier einfügen sollten.

Wird die Nutzung von Räumen geändert, eine Wand herausgerissen, ein Dachfenster eingebaut oder ein Anbau erstellt, braucht es hingegen fast immer eine Bewilligung. Nicht überall ist aber ein aufwendiges Bewilligungsverfahren nötig: Für kleinere Eingriffe kennen viele Gemeinden ein vereinfachtes Verfahren, das innert weniger Tage abgewickelt werden kann. Ist jedoch eine vollständige Baubewilligung nötig, müssen Sie mit einigen Wochen Vorlaufzeit rechnen.

TIPP *Sind Sie unsicher, ob Sie für die Renovation Ihres Hauses eine Bewilligung brauchen, lohnt es sich, beim Bauamt der Gemeinde nachzufragen. Unrechtmässig ausgeführte Arbeiten ziehen nämlich eine Anzeige nach sich, und im schlimmsten Fall müssen die Veränderungen wieder rückgängig gemacht werden. Ist eine Baubewilligung nötig, sollten Sie auf jeden Fall einen Architekten beiziehen, der die Pläne ausarbeitet und die Formulare korrekt ausfüllt.*

Selber renovieren oder Handwerker beiziehen?
Renovationsarbeiten sind grundsätzlich gut geeignet, um selber Hand anzulegen. Das Streichen von Wänden oder das Verlegen eines Teppichbodens ist für geübte Heimwerker kein Problem. Kompliziertere Arbeiten sollten Sie jedoch Fachleuten überlassen (siehe Seite 205).

TIPP *Unterschätzen Sie den Aufwand als Heimwerker nicht! Es empfiehlt sich, einen realistischen Zeitplan aufzustellen und für grössere Arbeiten Ferien zu nehmen. Sonst riskieren Sie, über Monate auf einer Baustelle leben zu müssen, weil Sie nicht so vorankommen, wie Sie es sich vorgestellt haben.*

Ausbauten sind Grenzen gesetzt

Ist der Platz im Haus knapp, sind der Ausbau des Estrichs, ein Anbau oder eine Aufstockung gute Möglichkeiten, den Wohnraum zu vergrössern. Doch der Gesetzgeber setzt hier Grenzen. Was möglich ist, regeln die örtlichen Baugesetze und der Zonenplan. Wenn Sie einen Estrichausbau oder eine Hauserweiterung planen, sollten Sie deshalb frühzeitig beim Bauamt der Gemeinde vorsprechen und abklären, welche Möglichkeiten auf Ihrem Grundstück vorhanden sind. Für ein erstes unverbindliches Gespräch genügen die Pläne des bestehenden Hauses, der Katasterplan und eine grobe Skizze der geplanten Erweiterung. Haben Sie einen Architekten mit der Planung beauftragt, wird er diese Arbeit für Sie übernehmen und direkt beim Bauamt vorsprechen.

Denkmalschutz

Alte Häuser, die als wichtige Zeugen einer Bauepoche gelten, sind oft im Inventar der schützenswerten Bauten der Gemeinde oder des Kantons eingetragen. Ob das auch auf Ihre Liegenschaft zutrifft, lässt sich im Internet abklären. Dort können Sie auf spezialisierten Karten der Gemeinde oder des Kantons – meist einem sogenannten GIS-Browser – die entsprechende Information einblenden lassen. Existiert für Ihre Gemeinde keine solche Karte, wenden Sie sich direkt an die lokale Baupolizei.

Befindet sich eine Liegenschaft im Inventar, steht sie formal noch nicht unter Denkmalschutz. Der Eintrag bedeutet auch nicht, dass keine Veränderungen am Objekt möglich sind. Stehen Baumassnahmen an, muss aber auf jeden Fall die zuständige Denkmalschutzbehörde involviert werden. Sie prüft dann, welche Eingriffe möglich sind, und macht unter Umständen Vorgaben zur Umsetzung. Ein besonderes Augenmerk legt sie dabei auf diejenigen Elemente, die den speziellen Charakter des Objekts ausmachen: etwa die Fassade, die Form und Positionierung der Fenster, das Dach oder auch die Gartengestaltung. Ist Ihr Haus im Inventar vermerkt, sollten Sie vor dem Umbau zuerst das Gespräch mit der Denkmalpflege suchen und zusammen den Rahmen der Möglichkeiten abstecken. Oft findet sich eine Lösung, um die eigenen Wünsche mit denen der Behörde unter einen Hut zu bringen. Viele Denkmalschützer sind heute Umbau- und Renovationsarbeiten gegenüber sehr aufgeschlossen, denn damit ist auch der langfristige Erhalt des Objekts gesichert.

Gleiches gilt für Gebäude, die bereits komplett unter Denkmalschutz stehen. Auch hier ist es sinnvoll, frühzeitig mit der Denkmalpflege über die geplanten Arbeiten zu sprechen. Für den Umbau und die Renovation eines solchen Objekts sollten Sie aber unbedingt eine Architektin mit entsprechender Erfahrung beiziehen. Sie hat nicht nur das nötige Wissen im Umgang mit alter Substanz, sondern meist auch einen guten Draht zur Denkmalpflege. Das ist wichtig, wenn es darum geht, Veränderungen am Objekt im Detail auszuhandeln.

INFO *Vielerorts sind die Denkmalschutzbehörden oder der Heimatschutz bereit, bei Renovationen an geschützten Objekten finanzielle Unterstützung zu leisten. Diese Beträge sind jedoch meist klein und haben eher einen symbolischen Charakter.*

Die Kosten im Griff behalten

Während sich der Aufwand für einen Neubau relativ genau kalkulieren lässt, bergen grössere Umbau- und Renovationsarbeiten immer ein gewisses Risiko von Mehrkosten. Dies gilt insbesondere bei sehr alten Häusern. Da kann sich hinter jeder Wand und unter jedem Boden eine unliebsame Überraschung verbergen, die die Kalkulation des Handwerkers ins Wanken bringt: etwa wenn sich beim Streichen der Fassade ein Teil des Verputzes löst und zusätzlich ein Baumeister aufgeboten werden muss, um die Schäden auszubessern.

Wichtig ist deshalb die richtige Wahl der Handwerker und des Architekten. Bringen diese viel Erfahrung mit Altbauten mit, können sie Sie bereits im Voraus auf heikle Stellen hinweisen und mögliche zusätzliche Kosten in die Kalkulation einbeziehen.

TIPP *Komplizierte Renovationsarbeiten an Altbauten werden von Handwerkern oft im Stundenaufwand verrechnet, da sich der Aufwand nur sehr ungenau abschätzen lässt. Ist dies der Fall, sollten Sie unbedingt ein Kostendach festlegen, das nur mit Ihrer Einwilligung überschritten werden darf. So verhindern Sie, dass die Schlussabrechnung den Rahmen Ihres Budgets sprengt.*

Finanzierung von Renovation und Umbau

Renovationsarbeiten, die bloss der Werterhaltung dienen, können aus dem Unterhaltsbudget finanziert werden (siehe Seite 229). Für wertvermehrende Arbeiten – dazu zählen beispielsweise ein Estrichausbau oder der Anbau eines Zimmers – muss die Finanzierung anders geregelt werden: Entweder Sie nehmen das Geld aus Ihren Ersparnissen oder Sie stocken die Hypothek auf. Insbesondere bei Wohnraumerweiterungen sind die Banken meist bereit, eine Krediterhöhung zu gewähren, da sie den Marktwert des Hauses steigern. Voraussetzung ist aber, dass Sie mit der bisherigen Belehnung Ihres Eigenheims nicht schon am Limit sind.

MARLIES UND RALF K. HABEN VOR ZEHN JAHREN eine Liegenschaft aus zweiter Hand gekauft. Da das Haus schon gut vierzig Jahre alt war und der frühere Besitzer keine Renovationen durchgeführt hatte, konnten sie es zu einem günstigen Preis erwerben. Doch sie mussten rund 15 000 Franken investieren, um alle Zimmer zu streichen, die Fenster auszubessern und die Parkettböden instand zu setzen. Kürzlich ist nun das Lavabo im Badezimmer zerbrochen, und als der Installateur das neue Becken anschrauben will, stellt er fest, dass die Leitungen marode sind. Auf über 30 000 Franken lautet seine Offerte für den Austausch der Wasser- und Abwasserleitungen, die Wiederherstellung der Wände und Böden nicht eingerechnet.

Die K.s beschliessen angesichts dieser hohen Kosten, Nägel mit Köpfen zu machen: Zusammen mit einer Architektin überdenken sie die Nutzung des ganzen Hauses. Sie entscheiden sich, nicht nur die Leitungen auszutauschen, sondern gleich noch die Wand zum benachbarten kleinen Zimmer niederzureissen und so das Bad zu vergrössern – ein lange gehegter Wunsch. Die Architektin schlägt ihnen ausserdem vor, auch die Wand zwischen Küche und Esszimmer zu entfernen und eine neue Küchenkombination einzubauen. Da Marlies und Ralf K. den Hypothekarkredit seinerzeit beim Kauf nicht voll ausgeschöpft hatten und die Badezimmererweiterung von der Bank als wertvermehrend eingestuft wird, können sie die Umbaukosten von gut 100 000 Franken über eine Hypothek abwickeln.

Eigenheim und Ökologie

Bauen und Wohnen benötigen Ressourcen und Energie. Beziehen Sie also in Ihre Überlegungen zum neuen Heim ökologische Faktoren mit ein. Die wichtigsten Entscheide fallen bereits vor dem Bau oder Kauf und haben langfristige Auswirkungen. Während Sie ein Auto mit hohem Benzinverbrauch nach spätestens zehn Jahren gegen ein effizienteres eintauschen können, werden Sie ein Haus trotz schlechter Isolierung über Jahrzehnte bewohnen und beheizen.

Drei Bereiche sollten Sie besonders im Auge behalten: den Standort, die Materialien und den Energieverbrauch. Die folgende Zusammenstellung liefert Ihnen die wichtigsten Tipps.

Ökologie und Standort

FAMILIE T. HAT BISHER in einer Genossenschaftswohnung in Zürich gelebt. Marion T. konnte mit dem Velo zur Arbeit fahren. Ihr Mann Dieter benutzte die S-Bahn, um zu seiner Arbeitsstelle beim Flughafen zu gelangen, die Kinder gingen zu Fuss oder mit dem Tram zur Schule, und die Einkäufe besorgte die Familie in der Migros um die Ecke. Vor Kurzem haben sich die T.s ihren Traum erfüllt und ein Bauernhaus im Tösstal gekauft. Das hat ihr Verkehrsverhalten grundlegend verändert: Frau T. fährt täglich mit der S-Bahn zur Arbeit, pro Weg sind das 40 Kilometer. Ihr Mann braucht für seinen Arbeitsweg den Familienwagen, da er sonst zu lange auf einen Anschluss warten müsste, und die Kinder fahren beide mit der S-Bahn ins 20 Kilometer entfernte Winterthur zur Schule. Dorthin fährt Familie T. am Wochenende auch mit dem Auto für den Grosseinkauf – in ein Einkaufszentrum am Stadtrand.

Das Beispiel zeigt, wie die Wahl des Standorts eines Eigenheims die ökologische Bilanz allein durch die Veränderung der Verkehrswege und der Verkehrsmittel verschlechtern kann. So verfährt Dieter T. jährlich rund 1200 Liter Benzin, die er früher nicht gebraucht hat. Ökologisches Handeln in Bezug auf den Standort heisst deshalb:

- Möglichst kurze Wegdistanzen für alle Mitglieder des Haushalts
- Gute Erreichbarkeit mit öffentlichen Verkehrsmitteln

Ökologische Materialwahl

Für den Bau eines Hauses werden Tausende von Materialien und Substanzen eingesetzt. Aus ökologischer Sicht sollte man dabei drei Bereiche im Auge behalten: die Energie für Herstellung und Transport (graue Energie), die Frage der späteren Wiederverwertung und Entsorgung und die Schädlichkeit von Materialien und Substanzen für die Bewohner und die Umwelt.

- **Graue Energie:** Weite Transportwege und eine aufwendige Bearbeitung von Materialien benötigen viel Energie. Entsprechend schlecht fällt die Energiebilanz aus. Wenn Ihnen diese ein Anliegen ist, wählen Sie beispielsweise Holz aus einheimischen Wäldern und Materialien, die möglichst wenig bearbeitet wurden.

- **Wiederverwertung:** Stark bearbeitete Materialien oder solche, die miteinander verklebt sind, lassen sich beim Abbruch nur schwer wiederverwerten oder entsorgen. Besser sind möglichst naturbelassene Materialien und einfach trennbare Verbindungen, etwa durch Schrauben.
- **Giftige Stoffe:** Rund 10 000 verschiedene chemische Substanzen werden heute auf den Baustellen eingesetzt. Selbst Fachleute haben manchmal Schwierigkeiten, den Überblick zu behalten. Wenn Sie auf Nummer sicher gehen wollen, setzen Sie auf baubiologische Materialien oder solche mit Zertifikat (siehe Kasten).

TIPP *Wenn Sie grossen Wert auf die Verwendung ökologisch verträglicher Baumaterialien in Ihrem Eigenheim legen, arbeiten Sie am besten von Beginn an mit spezialisierten Architekten und Handwerkern zusammen, die sich in diesem Bereich weitergebildet haben und die nötige Erfahrung mitbringen. Zu finden sind sie über die Schweizerische Interessengemeinschaft für Baubiologie und Bauökologie sowie über ein spezielles Branchenverzeichnis (Adressen und Literatur im Anhang).*

LABELS FÜR BAUMATERIALIEN – EINE AUSWAHL

- **Natureplus:** Baumaterialien, die in Bezug auf graue Energie, Wiederverwertbarkeit und die Verwendung nachwachsender Rohstoffe hohe Anforderungen erfüllen
- **FSC:** Tropenhölzer und einheimische Hölzer, die aus nachhaltig bewirtschafteten Wäldern stammen
- **Coop Oecoplan:** Label des Grossverteilers Coop für besonders umweltverträgliche Baustoffe, die er in seinen Heimwerkermärkten verkauft
- **Minergie-Eco:** Label von Minergie für Gebäude, bei denen auf den Einsatz ökologisch verträglicher Materialien geachtet wurde (siehe auch Seite 191)

Kostenfaktor Energie

Rund 40 Prozent des schweizerischen Energieverbrauchs entfallen auf den Gebäudebereich. Hauptkomponente ist dabei die Heizung. Ihr Verbrauch hängt von der Grösse, der Form, der Dichtigkeit und der Isolation des Gebäudes sowie vom gewählten Heizsystem ab.

Als die Energiepreise sich noch auf tiefem Niveau bewegten, war der Verbrauch für die Heizung und die Aufbereitung von Warmwasser nur ein Randthema. So bezahlte man im Jahr 2000 für den Liter Heizöl lediglich rund 40 Rappen. Bei einem jährlichen Verbrauch von 1500 Litern für ein durchschnittliches Einfamilienhaus waren das gerade mal 50 Franken Heizkosten pro Monat. Heute belastet die gleiche Menge Heizöl das Haushaltsbudget mit gegen 120 Franken pro Monat.

Verschiedene Prognosen zur Entwicklung des Ölpreises gehen davon aus, dass tiefe Preise der Vergangenheit angehören. Doch nicht nur Erdöl, sondern auch Gas und Elektrizität sind starken Preisschwankungen un-

ENTWICKLUNG DER HEIZÖL- UND ERDGASPREISE

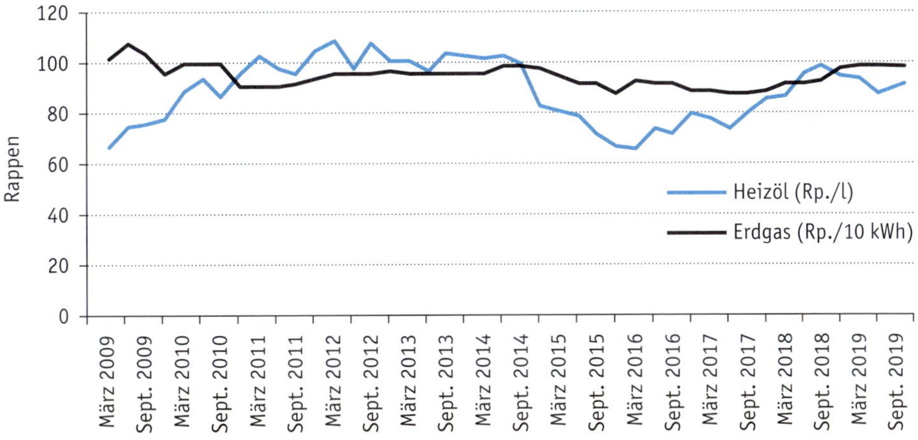

Quelle: HEV Schweiz

terworfen und werden tendenziell teurer. Zudem sind aufgrund der Energiewende weitere Kostensteigerungen angekündigt. Der Energieverbrauch wird so auch in Zukunft ein wichtiger Budgetposten jedes Eigenheimbesitzers sein.

Im Moment, in dem Sie ein Haus neu bauen lassen oder ein gebrauchtes renovieren, haben Sie die Möglichkeit, die Weichen so zu stellen, dass der Energieverbrauch sich langfristig auf tiefem Niveau bewegen und das Budget in erträglichem Mass belasten wird.

TIPPS *Wenn Sie ein speziell energiesparendes Haus bauen, etwa nach einem Minergie-Standard, können Sie unter Umständen von vergünstigten Hypotheken profitieren. Verschiedene Banken bieten Ökohypotheken an (siehe Seite 96). Zudem bezahlen einige Kantone und Gemeinden Beiträge an Neubauten oder Ersatzneubauten nach Minergie-P und Minergie-A.*

In verschiedenen Kantonen können Sie sich unentgeltlich über energiesparende Massnahmen beim Bauen beraten lassen. Fragen Sie beim Umweltamt Ihres Kantons oder in grösseren Orten bei der Umweltfachstelle der Gemeinde, ob ein solcher Service angeboten wird (umfassende Informationen unter www.energie-schweiz.ch).

Minergie

Eine wichtige Orientierungshilfe für den Bau energiesparender und ökologischer Gebäude sind seit 1997 die Standards von Minergie (siehe Grafik auf Seite 192). Im Jahr 2017 wurden diese wesentlich überarbeitet. Neu beziehen sie neben der Energie für Heizung und Warmwasser auch den Stromverbrauch im Gebäude mit ein. Zudem sorgt Minergie für eine Qualitätssicherung in der Planungs-, Bau- und Betriebsphase.

Nach den Vorgaben des Standards erstellte Bauten benötigen zum Teil wesentlich weniger Energie als solche, die nach den gesetzlichen Vorschriften erstellt wurden.

- Der **Basisstandard** von Minergie beschränkt den Energieverbrauch für Heizung, Warmwasseraufbereitung, Beleuchtung, Geräte, Lüftungsanlage sowie andere elektrische Verbraucher bei Neubauten auf

55 kWh pro Quadratmeter beheizter Wohnfläche und Jahr, bei renovierten Häusern sind es 90 kWh.

- Wird der strengere Standard **Minergie-P** gewählt – auch als Passivhaus bekannt –, betragen die Werte 50 kWh bei Neubauten und 80 kWh bei der Erneuerung bestehender Gebäude.
- Noch strenger sind die Vorgaben beim Standard **Minergie-A,** hier müssen sowohl bei Neubauten als auch bei Renovationen 35 kWh erreicht werden. Möglich ist dieser tiefe Wert meist nur, weil solche Gebäude selber einen Teil der benötigten Energie erzeugen – beispielsweise mithilfe einer Fotovoltaikanlage.

Erreicht werden die tiefen Verbrauchswerte durch eine dichte, gut isolierte Hülle und den Einbau einer kontrollierten Wohnungsbelüftung mit einem Wärmetauscher. Sie versorgt alle Räume mit frischer Luft. Gleichzeitig wird die verbrauchte Luft abgesaugt und die darin enthaltene Wärme mithilfe des Wärmetauschers zur Temperierung der Frischluft verwendet. Das spart nicht nur Energie, sondern erhöht auch den Wohnkomfort, da alle Räume immer gut gelüftet sind.

Die verschiedenen Standards von Minergie lassen sich alle mit dem Zusatz «Eco» kombinieren. Soll ein Gebäude diesen Standard erreichen, müssen die verwendeten Materialien besonders strenge Anforderungen bezüglich grauer Energie und Umweltbelastung erfüllen. Dazu kommen

VERSCHÄRFUNG DER ENERGIEVORSCHRIFTEN

Die Belastung der Umwelt mit CO_2 ist trotz freiwilliger Bemühungen in den letzten Jahren nicht besser geworden. Um die Vorgaben der Energiewende umzusetzen, werden die Energievorschriften in den Kantonen in den nächsten zwei bis drei Jahren nochmals verschärft. Basis dafür bilden die MuKEn (Mustervorschriften der Kantone im Energiebereich). Diese wurden im Januar 2015 verabschiedet und fliessen nun nach und nach in die Energiegesetze der einzelnen Kantone ein. Ziel ist es, den Energieverbrauch von Gebäuden merklich zu senken. So müssen Neubauten künftig selber Energie produzieren – beispielsweise mit Sonnenkollektoren –, und bei Altbauten dürfen fossile Heizsysteme nicht mehr eins zu eins ersetzt werden. Zulässig sind nur noch Heizungen, die mindestens 10 Prozent der Energie aus erneuerbaren Quellen beziehen, also etwa die Kombination von Sonnenkollektoren und klassischer Heizung. Details finden Sie unter www.endk.ch. ■

weitere Auflagen, beispielsweise zur Austrocknung des Gebäudes und zum Bauablauf.

Ganz gratis zu haben sind die höheren Energiestandards für Ihr Haus nicht. Während beim Basisstandard von Minergie gegenüber den gesetzlichen Vorschriften vor allem die Kosten für die Belüftungsanlage hinzukommen, schlagen die Mehrkosten beim Standard Minergie-P gemäss Untersuchungen der Fachhochschule Nordwestschweiz mit 10 bis 14 Prozent zu Buche.

TIPP *Nicht alle Architekten und Ingenieurinnen beherrschen heute das Bauen nach Minergie-Standard. Realisieren Sie deshalb solche Häuser mit Planern, die entsprechende Referenzen haben. Eine Liste von Fachleuten finden Sie auf der Website von Minergie (www.minergie.ch). Halten Sie zudem unbedingt im Kaufvertrag oder im Vertrag mit dem Architekten fest, dass das Haus nach Minergie oder Minergie-P zertifiziert werden muss.*

MINERGIE-STANDARDS IM VERGLEICH

Verbrauch in Kilowattstunden pro Quadratmeter beheizter Wohnfläche und Jahr (kWh/m²a)

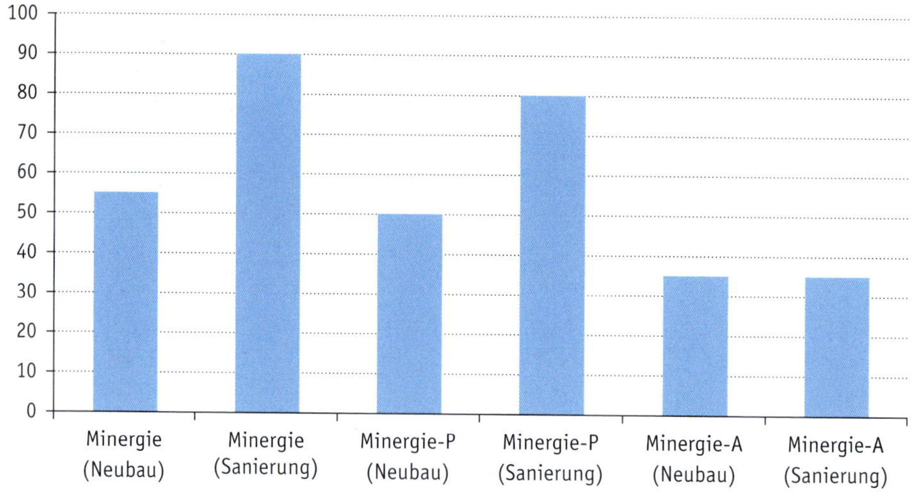

Quellen: BFS/EWB

Isolation von Neubauten

Viele Planer arbeiten noch immer mit relativ dünnen Isolationen und Fenstern, die nicht dem neusten Stand der Technik entsprechen. Auch wenn Sie Ihr Haus nicht nach Minergie-Standard bauen lassen wollen, sollten Sie darauf achten, dass es möglichst gut isoliert wird. Denn die Kosten für einige Zentimeter Isolation mehr sind bescheiden, diese helfen Ihnen aber, über Jahrzehnte hinweg Heizkosten zu sparen. Folgende Werte können dabei als Richtwert dienen:

- Fassade: 18 bis 24 Zentimeter Isolationsstärke
- Dach: 20 bis 30 Zentimeter Isolationsstärke
- Fenster: Dreifachverglasung mit einem U-Wert von maximal 0,7

Wärmetechnische Sanierung von Altbauten

Viele Altbauten sind wahre Energieschleudern. Das gilt vor allem für Häuser, die in der Zeit zwischen 1950 und 1980 gebaut wurden. Damals wurden zum Teil sehr dünne Aussenwände erstellt, die nur schlecht isolieren und dadurch hohe Heizkosten verursachen. Ältere Bauten verfügen meist über dickere Mauern, die etwas besser dämmen, jüngere Bauten bereits über eine Isolation.

Wenn Sie die Sanierung eines gebraucht erworbenen Hauses planen, sollten Sie deshalb energetische Verbesserungen nicht vergessen. Je nach Umfang der Renovation können Sie von der Baubehörde sogar verpflichtet werden, Massnahmen zu ergreifen.

Auch hier können Sie auf den Minergie-Standard setzen, den es für Altbauten ebenfalls gibt. Er sieht einen Grenzwert von 90 kWh pro Quadratmeter beheizter Wohnfläche für Heizung und Warmwasser vor, und analog zu Neubauten ist auch eine kontrollierte Wohnungsbelüftung vorgeschrieben. Wenn Sie mit spezialisierten Planern zusammenarbeiten, ist es sogar möglich, Altbauten nach dem strengen Standard Minergie-P zu sanieren (Adressen unter www.ig-passivhaus.ch).

Auch wenn Sie Ihr Haus nicht nach Minergie sanieren, sollten Sie Wert auf eine bessere Isolation legen. Schwachpunkte sind meist Fenster, Haustür, Dach/Estrich, Fassade und Kellerdecke. Es lohnt sich, möglichst gute Fenster und Türen sowie eine möglichst dicke Isolation einzubauen. Bei

Fenstern, Türen, Dach/Estrich und Keller ist die Verbesserung in der Regel kein Problem, bei Fassaden hingegen ergeben sich manchmal Schwierigkeiten, etwa aufgrund denkmalpflegerischer Auflagen. Gemeinsam mit Fachleuten (Architekt, Energieplanerin, Denkmalpfleger) findet sich aber meist eine Lösung, die den Energiehaushalt verbessert.

INFO *Eine energetische Sanierung ist teurer als eine Standardsanierung. Einen Teil der Mehrkosten erhalten Sie aber in Form von Fördergeldern wieder zurück (siehe Kasten). Zudem profitieren Sie bei energetischen Sanierungsmassnahmen von Steuerabzügen (siehe Seite 238) und können speziell günstige Hypotheken beanspruchen (siehe Seite 96).*

Energetische Sanierung in Etappen

Unter Umständen können Sie sich zum Zeitpunkt des Kaufs eine komplette energetische Sanierung noch nicht leisten. Auch wenn Sie nur Teilbereiche ausführen – etwa die Isolation des Dachs, die Dämmung der Kellerdecke oder den Einbau neuer Fenster –, lohnt es sich, zusammen mit Fachleuten (Architektin, Energieplaner) vorgängig ein Gesamtkonzept zu erstellen. So sind Sie sicher, dass künftig alle Teile zusammenpassen.

FÖRDERGELDER FÜR DIE ALTBAUSANIERUNG

Welche Massnahmen am Standort Ihrer Liegenschaft gefördert werden, können Sie am einfachsten auf der Website www.energie-experten.ch/energiefranken herausfinden. Nach Eingabe der Postleitzahl erhalten Sie sofort eine Auflistung aller erhältlichen Förderbeiträge und direkte Links zu den entsprechenden Ausrichtern.

Im Jahr 2018 wurde das Sanierungsprogramm für Gebäude im Rahmen der Energiestrategie 2050 des Bundes neu ausgerichtet. Mit Geldern aus der CO_2-Abgabe unterstützt es jährlich die energetische Sanierung von Gebäuden mit bis zu 450 Millionen Franken. Das Programm läuft mindestens bis ins Jahr 2025. Welche Massnahmen gefördert werden, entscheidet jeder Kanton individuell. In der Regel unterstützt das Gebäudeprogramm die bessere Dämmung der Gebäudehülle, den Ersatz fossiler Heizanlagen durch alternative Systeme sowie Sanierungen nach dem Standard Minergie-P. Wie viel Geld es in welchem Kanton wofür gibt, zeigt die Website www.dasgebaeudeprogramm.ch. Dort erfahren Sie auch das richtige Vorgehen, um von den Geldern profitieren zu können. Wichtig zu wissen: Unterstützt werden die energetischen Massnahmen nur, wenn das Gesuch vor Baubeginn bewilligt wurde. ■

Streben Sie für Ihr saniertes Gebäude den Minergie-Standard an, können Sie auf eine von fünf Systemlösungen setzen. Diese ermöglichen es, die Vorgaben einfach und zielgerichtet zu erfüllen, ohne dass aufwendige Einzellösungen geplant werden müssen. Die Systeme sind nach Alter und Zustand der Gebäude abgestuft. Für die Umsetzung empfiehlt sich aber trotzdem, Planer beizuziehen, die Erfahrung mit energetischen Sanierungen haben (siehe auch Seite 192).

TIPP *Möchten Sie sicherstellen, dass das Haus, das Sie kaufen wollen, keine Energieschleuder ist, können Sie sie es von einem GEAK-Experten prüfen lassen (GEAK = Gebäudeenergieausweis der Kantone). Dieser erstellt für das Gebäude einen Energieausweis, der analog zur Energieetikette für Elektrogeräte funktioniert. Zudem zeigt Ihnen der Experte auf, wo und wie Sie das Haus am sinnvollsten energetisch sanieren. Eine solche Expertise kostet für ein Einfamilienhaus zwischen 400 und 600 Franken; einige Kantone und Gemeinden subventionieren diesen Betrag (Informationen unter www.geak.ch).*

Heizung und Warmwasser

Ausser wenn Sie Ihr Eigenheim nach dem Standard Minergie-P erstellen lassen, brauchen Sie in jedem Fall eine Heizungsanlage. Die hohen Preise für fossile Brennstoffe (siehe Seite 189) und die technische Weiterentwicklung haben alternative Heizsysteme unterdessen konkurrenzfähig gemacht. Dazu zählen beispielsweise Wärmepumpen, Holzpelletheizungen und Sonnenenergie.

Entscheidend bei der Wahl eines Heizsystems sollten nicht die Beschaffungs-, sondern die Wärmekosten sein. Darin sind alle Nebenkosten berücksichtigt, zum Beispiel der Kaminfeger oder die Abschreibung, sowie der Wirkungsgrad einer Anlage über die gesamte Lebensdauer hinweg. Ein Vergleich der Schweizer Erdgaslieferanten für Einfamilienhäuser (siehe Tabelle auf der nächsten Seite) zeigt, dass Anlagen mit tiefen Erstellungskosten letztlich die Heizwärme nicht günstiger produzieren als in der Anschaffung teurere Systeme. Im Gegenteil: Auf den ersten Blick teure Heizungen, etwa eine Wärmepumpe, sind langfristig sogar kostengünstiger als eine in der Offerte sehr preiswerte Öl- oder Gasheizung.

KOSTENVERGLEICH VERSCHIEDENER HEIZSYSTEME
(Modellbeispiel für ein Einfamilienhaus mit 140 m² beheizter Wohnfläche, in Franken)

Wärmebedarf: ca. 13 000 kWh pro Jahr = ca. 1300 l Heizöl	Ölheizung	Gasheizung	Wärmepumpe (Erdsonde)
Investitionen für Installation inkl. Heizverteilung	29 000	25 000	36 500
Jährliche Kapitalkosten (Abschreibung)	1 621	1 201	1 990
Jährliche Energiekosten	1 257	1 538	678
Übrige Heizkosten wie Service, Reparaturen, Kontrolle, Verzinsung Kapital, etc.	744	367	100
CO_2-Abgabe	125	93	0
Jährliche Betriebskosten inkl. Abgaben	3 747	3 199	2 768
Wärmepreis inkl. Abgaben (Rp./kWh)	29	25	21

Energiekosten:	Heizöl extra leicht	94	Fr./100 Liter
	Erdgas Grundpreis	300	Fr./a
	Erdgas Energiepreis	9,5	Rp/kWh
	Strom Standardpreis	21	Rp/kWh
	Strom Wärmepumpen-Tarif HT	16	Rp/kWh
	Strom Wärmepumpen-Tarif NT	11	Rp/kWh
	Preis für WP-Zähler	135	Fr./Jahr
	Pellets in Silo geblasen	400	Fr./t

TIPP *Müssen Sie bei der Sanierung Ihres Hauses die Heizung austauschen, sollten Sie vorgängig die Isolation des Gebäudes verbessern. So können Sie in den meisten Fällen die neue Heizanlage kleiner dimensionieren. Unter Umständen lohnt es sich, eine veraltete Heizung noch einige Zeit weiter zu betreiben, bis die Isolation des Gebäudes abgeschlossen ist, und erst dann einen Ersatz vorzunehmen.*

Sonnenenergie

Voll auf die Sonne als Energieträger für Ihr Eigenheim setzen können Sie nur, wenn Sie das Haus von Beginn an speziell planen. Dazu gehören

Wärmepumpe (Wärmequelle Aussenluft)	Pellets	Pellets/Solar	Öl/Solar	Gas/Solar
29800	32000	40300	36300	32300
1759	1815	2317	2061	1624
845	1257	1026	1101	1373
200	714	709	741	367
0	0	0	107	79
2804	3786	4052	4010	3443
22	29	31	31	26

Hinweis:
Unter www.wwf.ch/heizen kann ein Excel-File zur Berechnung der Kosten für ein beliebiges Einfamilienhaus heruntergeladen werden.

Quelle: WWF Schweiz, 2019

etwa die Ausrichtung zur Sonne hin, grosse Fenster für die passive Nutzung und ein grosser Speichertank zur Überbrückung von Tagen ohne Sonne.

Doch auch in einem Haus üblichen Zuschnittes profitieren Sie möglicherweise von der kostenlos zur Verfügung stehenden Sonnenenergie. Schon für gut 10000 Franken (ohne Montage) sind heute fixfertige Sonnenkollektorenanlagen erhältlich, mit denen warmes Wasser erzeugt wird. Übers Jahr hinweg decken sie 60 bis 80 Prozent des Warmwasserbedarfs eines Hauses. Als Faustregel gilt: Pro Person wird ein Quadratmeter Kollektorfläche benötigt. Die angebotenen Warmwasserkollektoren arbeiten vollautomatisch. Und fehlt es einmal an Sonne, so übernimmt automatisch die vorhandene Heizung oder ein elektrischer Boiler die Warmwasserversorgung.

Ist Ihr Haus gut isoliert und können Sie mehr als einen Quadratmeter Kollektorfläche pro Person erstellen, ist es auch möglich, die Heizung mit Sonnenenergie zu unterstützen. Vor allem im Herbst und im Frühling lässt sich so Energie sparen. Wie viel Energie ein Kollektor auf dem Dach Ihres Hauses erzeugen würde, können Sie mit dem Solardachrechner durch wenige Mausklicks eruieren (www.swissolar.ch → Für Bauherren → Planungshilfsmittel).

INFO *Vielerorts benötigen Sie für Solaranlagen heute keine Baubewilligung mehr. Davon ausgenommen sind historische Ortskerne sowie Gebäude, die sich im Inventar der schützenswerten Bauten befinden oder unter Denkmalschutz stehen.*

Strom sparen

Nicht nur die Beheizung des Gebäudes benötigt viel Energie, sondern auch Haushaltsgeräte und Beleuchtung konsumieren Strom. Es lohnt sich deshalb, beim Neubau oder Umbau eines Hauses ans Stromsparen zu denken. Für die Beleuchtung sind energiesparende Lampen, beispielsweise mit LED-Technologie, heute Standard.

Wichtig ist auch die richtige Auswahl von Haushaltsgeräten wie Kühlschrank, Geschirrspüler, Backofen, Herd und Waschmaschine. Hier setzen Sie am besten konsequent auf Geräte der höchsten Energieklassen.

Beim Bauen Geld sparen

Die Baupreise in der Schweiz bewegen sich auf vergleichsweise hohem Niveau. Ein hiesiger Durchschnittsverdiener muss rund zehn Jahreslöhne aufwenden, um sich ein Haus zu kaufen. In anderen Ländern mit vergleichbarem Lebensstandard reicht oft die Hälfte. Nur aufgrund des tiefen Niveaus der Hypothekarzinsen und der Tatsache, dass in der Schweiz die erste Hypothek nicht zurückgezahlt werden muss, sind Eigenheime hierzulande überhaupt bezahlbar. Trotzdem bleibt die Beschaffung des Eigenkapitals für viele, die vom eigenen Haus träumen, ein Problem.

Die hohen Baupreise haben verschiedene Ursachen: Die Topografie spielt ebenso eine Rolle wie die Vielzahl von Gesetzen und Vorschriften und die hohen Qualitätsansprüche der Eigenheimbesitzer. Häuser in Frankreich, Deutschland oder Holland beispielsweise würden hiesigen Anforderungen oft nicht genügen.

Kommt dazu, dass es vielfach am Ansporn fehlt, billiger zu bauen: Für die Banken werfen höhere Hypothekarkredite mehr Zinsen ab, für viele Gemeinden und Notariate bedeuten höhere Baukosten mehr Gebühren, da diese prozentual erhoben werden, und eine grosse Zahl von Architekten errechnet ihr Honorar noch immer in Prozenten der Baukosten.

Umso sinnvoller ist es, das eigene Bauprojekt auf unnötige Kosten zu überprüfen und die fast immer vorhandenen Sparpotenziale auszuschöpfen. Denn mit jedem Franken weniger, der im Haus steckt, sinkt die Zins- und Amortisationslast. Über Jahrzehnte hinweg lässt sich so ein anständiger Betrag einsparen.

1. **Richtig dimensionieren:** Die Grösse des Eigenheims sollte von Anfang an auf das Nötige beschränkt werden (siehe auch Seite 201). Familien zum Beispiel planen oft viel Wohnfläche, die nur während weniger Jahre gebraucht wird, aber danach noch Jahrzehnte weiter kostet.
2. **Richtig bestellen:** Wer früh genau definiert, was er will, die Budgetgrenze klar festlegt und später auch nicht davon abweicht, erlebt bei der Schlussabrechnung keine teuren Überraschungen.

3. **Richtig planen lassen:** Planungsprofis kosten zwar, sie sind aber auch Garanten dafür, dass sauber geplant und der Kostenrahmen eingehalten wird. Bei komplexen Bauten oder bei jungen, wenig erfahrenen Architekten kann es sich lohnen, zusätzlich eine versierte Baukostenplanerin beizuziehen.
4. **Richtig sparen:** Wer nur auf die Baukosten achtet, betrügt sich beim Sparen unter Umständen selber. Profis berechnen deshalb immer den finanziellen Aufwand über die ganze Lebensdauer eines Bauteils hinweg – auch «Life-Cycle Costs» genannt. Ein Beispiel: Wer einen billigen Laminatboden verlegen lässt, spart zwar bei den Baukosten. Doch unter Umständen muss ein solcher Boden während 30 Jahren dreimal ersetzt werden, etwa weil er beschädigt wird und nicht repariert werden kann. Ein massiver Parkettboden hingegen hält mindestens 30 Jahre, lässt sich reparieren und ist unter dem Strich günstiger.

TIPP *Je früher die Einzelheiten für den Neubau Ihres Hauses oder die Ausstattung der künftigen Wohnung klar sind, desto detaillierter können die Fachleuten die Kosten planen. Das erspart Ihnen unliebsame Überraschungen und Kostensteigerungen durch nachträgliche Anpassungen (siehe Seite 178).*

Weglassen spart Geld

AUF DEN ERSTEN BLICK sehen sich die Häuser der Siedlung Sinfonia in Laupen im Zürcher Oberland ähnlich. Doch ihre Bewohner haben ganz unterschiedliche Preise bezahlt. Wie bei einem Baukasten konnten sie gemeinsam mit Architekt Walter Steinmann die Elemente ihres Hauses zusammenstellen und so den Endpreis mitbestimmen. Standard sind bei allen acht Einheiten drei Stockwerke und eine speziell gute Isolation. Alle anderen Elemente waren optional erhältlich: beispielsweise der Ausbau des Estrichs, der Keller oder der Balkon vor dem Elternzimmer. Wer alle Optionen wegliess, sparte rund 100 000 Franken, besitzt aber trotzdem ein gut ausgebautes Haus mit sechseinhalb Zimmern. Und mit Ausnahme des Kellers lassen sich alle Optionen später nachrüsten. Sämtliche Befestigungen, Fundamente und Leitungen sind bereits vorhanden.

Das Beispiel zeigt, wie viel durch gezielten Verzicht eingespart werden kann. Das gilt auch für den Innenausbau und die Umgebung: Fürs Auto genügt oft ein Carport statt einer viel teureren Garage. Die Magerwiese im Garten sieht gut aus und kostet erst noch weniger als eine aufwendige Gestaltung. Trotzdem sollte man nicht einfach blind sparen, sondern einige wichtige Kriterien beachten:

- Auf eine gute Isolation der Gebäudehülle und auf Fenster mit besten Isolationswerten sollten Sie nicht verzichten. Die momentane Ersparnis würden Sie über Jahrzehnte hinweg mit höheren Energiekosten bezahlen.
- Ob Sie einen Keller brauchen, ist ein Grundsatzentscheid; eine Nachrüstung ist nicht möglich. Wenn Sie einen Keller einbauen, sollten Sie ihn unbedingt isolieren lassen. So haben Sie die Möglichkeit, einen Kellerraum später ohne viel Aufwand zu einem Büro oder Hobbyraum auszubauen.
- Falls Sie planen, später den Estrich als Wohnraum auszubauen oder einen Balkon ans Haus anzusetzen, sollten Sie die nötigen Vorarbeiten – etwa die Isolation des Dachs, das Heranführen von Leitungen oder das Setzen von Fundamenten – bereits während des Baus erledigen lassen.

Weniger Fläche spart Geld

Rund 30 Prozent der Kosten für ein neues Einfamilienhaus stecken im Rohbau (siehe Grafik auf der nächsten Seite). Das heisst: Je weniger Wohnfläche Ihr Eigenheim haben soll, desto günstiger wird es im Bau. Deshalb sollten Sie genau überlegen, welche Räume Sie wirklich benötigen und welche Sie – ohne spürbare Komforteinbusse – weglassen oder kleiner planen können. Als Faustregel gilt: Jeder Quadratmeter Wohnfläche eines Einfamilienhauses kostet rund 4000 Franken. Lässt man ein Zimmer von 20 Quadratmetern weg, sinken die Baukosten also um 80 000 Franken. Eine Massnahme, die nicht nur zu Beginn Geld spart, sondern während der gesamten Nutzungsdauer des Hauses. Die Rechnung ist einfach: Veranschlagt man einen Hypothekarzins von 1 Prozent sowie 1 Prozent für Amortisation und Rückstellungen, kosten die 80 000 Franken jährlich 1600 Franken – über 40 Jahre Nutzung sind das 64 000 Franken.

WICHTIG – so kann ich kosten ungefähr abschätzen

WAS KOSTET BEIM BAUEN WIE VIEL?

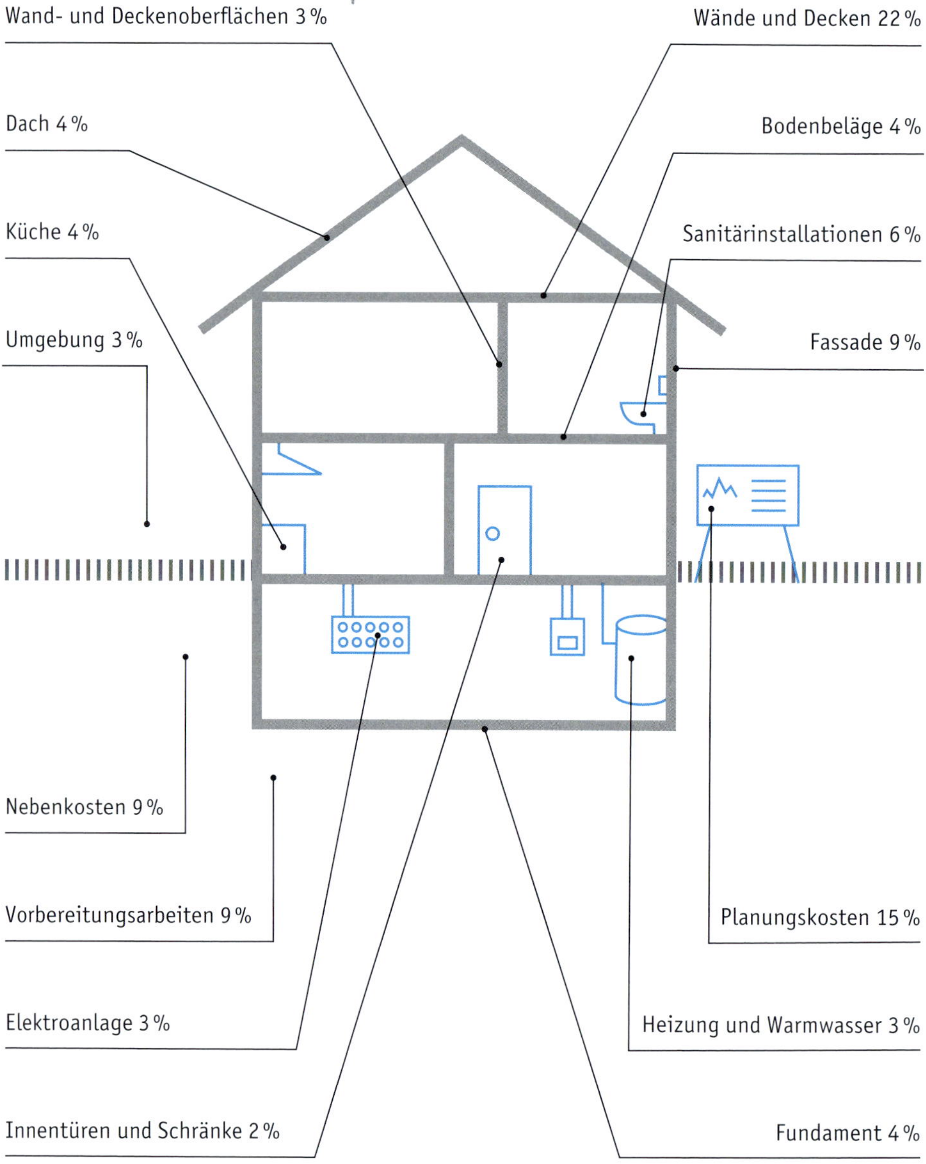

Wollen Sie von solchen Sparpotenzialen profitieren, müssen Sie die Weichen früh stellen – durch eine Reduktion der Wohnfläche auf das wirklich benötigte Minimum. Erreichen lässt sich dies etwa durch geschicktes Kombinieren von Räumen: Das Heimbüro zum Beispiel kann auch als Besucherzimmer und Hauswirtschaftsraum dienen – so benötigen Sie zwei Räume weniger. Sparpotenzial bieten auch die Kinderzimmer: Sind die Kinder noch klein, spielen sie meist sowieso im Wohn- und Essbereich, brauchen also keine allzu grossen eigenen Zimmer. Später dann als Teenager genügt ihnen in der Regel ein kleineres Zimmer ebenfalls.

Einfacher Ausbau spart Geld

Die Mehrheit der Kostenüberschreitungen beim Bau von Einfamilienhäusern geht auf das Konto des Innenausbaus. Jeder Zusatzwunsch kostet Geld. Die Einzelbeträge läppern sich schnell zu mehreren Zehntausend Franken zusammen.

Dabei ist es gar nicht nötig, bereits auf den Einzugstermin hin das volle Wunschprogramm für den Ausbau zu realisieren. Denn in Zyklen von zehn bis fünfzehn Jahren werden Sie ohnehin verschiedene Oberflächen und Materialien ersetzen, weil sie abgenutzt oder nicht mehr modern sind. Auf diesen Zeitpunkt hin können Sie dann auch den einen oder anderen Wunsch realisieren, der beim Bau des Hauses das Budget übermässig belastet hätte. Einige Beispiele:

- Wenn die Kinder beim Einzug noch klein sind, können Sie ihre Zimmer vorerst mit einem preiswerten und robusten Teppich ausstatten. Haben die Kinder das Teenageralter erreicht, ist der Teppich abgenutzt und kann durch einen Belag nach ihrem Geschmack ersetzt werden.
- Nicht in jedem Zimmer werden Sie von Beginn an eine Kabelfernseh- oder eine Netzwerksteckdose benötigen. Lassen Sie nur die nötigen Leerrohre dafür einziehen und rüsten Sie die Dosen und Kabel bei Bedarf nach.
- Stellen Sie den Einbau eines Ofens oder Cheminées hinten an. Wenn der nötige Kamin eingebaut ist, können Sie den Ofen jederzeit anschliessen.

Gebrauchte Bauteile sparen Geld

Neue Bauteile wie Badewannen, Türen und WC-Schüsseln haben ihren Preis. Viel preiswerter finden sich die gleichen Artikel in den Bauteilbörsen. Die Betreiber solcher Börsen bauen bei Renovationen oder wenn Liegenschaften abgerissen werden, alle brauchbaren Teile aus, stellen sie instand und verkaufen sie zu einem günstigen Preis weiter. Unbeschädigte WC-Schüsseln, Badewannen oder Waschbecken beispielsweise kosten bloss noch ein Viertel bis ein Drittel des Neupreises. Zu haben sind aber auch Türen, Heizkörper, Parkettböden, Fenster, Fensterläden, komplette Küchen, Öfen oder Spiegelschränke. Der Grossteil der Artikel kann im Internet abgerufen und dann in der nächsten Filiale der Bauteilbörse abgeholt werden (Links im Anhang).

TIPP *Nicht alle Handwerker arbeiten gern mit gebrauchten Bauteilen, da sie auf neuen eine Gewinnmarge haben. Klären Sie deshalb zuerst ab, ob Ihre Handwerker damit kein Problem haben, oder lassen Sie sich von der Bauteilbörse Adressen von Firmen geben, die mit dem Einbau gebrauchter Teile vertraut sind.*

Leasen statt kaufen

Beim Autokauf ist Leasing heute gang und gäbe. Statt das Kapital ins Fahrzeug zu stecken, zahlt man eine monatliche Mietgebühr. Nach dem gleichen Prinzip können an verschiedenen Orten in der Schweiz auch komplette Heizungsanlagen geleast werden. Damit sparen Sie Investitionskosten in der Grössenordnung von 20 000 bis 30 000 Franken – so viel kostet üblicherweise eine Heizung mit Brenner und Boiler. Anbieter des Heizungsleasings, das auch Contracting genannt wird, sind die örtlichen Elektrizitätswerke (Adressen im Anhang). Sie wenden das gleiche Prinzip oft schon seit Jahren für Grosskunden wie Hotels oder Industriebetriebe an.

Und so funktioniert es: Als Kunde wählen Sie die passende Heizungsanlage für Ihr Objekt aus – beispielsweise Öl, Gas oder Wärmepumpe – und unterschreiben mit dem Contracting-Anbieter einen Vertrag. Dieser läuft üblicherweise fünfzehn Jahre, so lange, wie eine Heizungsanlage im Schnitt hält. Der Vertrag umfasst drei Komponenten: die Abzahlung der Anlage samt Zins, die Lieferung der Energie und einen Servicevertrag. Dafür installiert der Contracting-Anbieter auf seine Kosten die Heizung und sorgt rund um die Uhr für einen reibungslosen Betrieb. Geht die Anlage vorzeitig kaputt, tauscht er sie auch aus.

Vergleichsrechnungen zeigen, dass die Kosten für ein solches Contracting in etwa gleich hoch sind, wie wenn man die Heizung selber kaufen und einen Wartungsvertrag mit einem Sanitärunternehmen abschliessen würde. Geht eine selbst gekaufte Anlage dann jedoch kaputt, bezahlt man die Reparaturen selber.

INFO *Aus einem Contracting-Vertrag können Sie normalerweise problemlos aussteigen. Sie sind dann aber verpflichtet, die Heizungsanlage zu einem im Vertrag festgelegten Preis, der vom Alter abhängig ist, zu übernehmen.*

Selber Hand anlegen

Wenn Sie beim Bau Ihres eigenen Hauses Hand anlegen, erhalten Sie nicht nur interessante Einblicke in die Entstehung eines Gebäudes, sondern sparen auch Geld. Verschiedene Arbeiten – etwa die regelmässige Reinigung der Baustelle, Abbrucharbeiten, das Streichen von Wänden oder das Verlegen von Böden – können auch Laien mit etwas handwerklichem Geschick ausführen (siehe Tabelle auf der nächsten Seite). Unter der Aufsicht und Anleitung versierter Handwerker sind auch kompliziertere Arbeiten wie das Verlegen von Ziegeln und Isolationsmatten oder Ausbauten mit Holzwerkstoffen möglich.

Eingespart werden damit die Stundenlöhne der Handwerker, die meist zwischen 60 und 100 Franken betragen. Erfahrungen von Architekten, die der Bauherrschaft die Mitarbeit beim Bau des eigenen Hauses explizit anbieten, zeigen, dass sich im Schnitt zwischen 15 000 und 30 000 Franken sparen lassen.

Die Faustregel dazu lautet: Jeder selbst geleistet Arbeitstag auf der Baustelle hat einen Wert von 350 bis 500 Franken. Voraussetzung ist allerdings, dass Sie die Materialien günstig einkaufen können, sonst werden die Einsparungen von den höheren Materialkosten wieder aufgefressen.

ÜBERBLICK: MÖGLICHE EIGENLEISTUNGEN

Art der Arbeit	Schwierigkeit	Körperliche Belastung	Handwerkliches Geschick nötig?	Anleitungen durch Fachpersonen nötig?	Übung nötig?
Baureinigung	Tief	Mittel	Nein	Nein	Nein
Verputzarbeiten innen	Mittel	Hoch	Ja	Ja	Ja
Streichen	Mittel	Mittel	Ja	Ja	Ja
Teppich verlegen	Mittel	Mittel	Ja	Ja	Ja
Parkett/Laminat verlegen	Hoch	Mittel	Ja	Ja	Ja
Keramikplatten verlegen	Hoch	Mittel	Ja	Ja	Ja
Dachziegel aufbringen	Mittel	Hoch	Von Vorteil	Ja	Ja
Isolationsarbeiten	Mittel	Mittel	Von Vorteil	Ja	Ja
Holztäfer montieren	Mittel	Mittel	Ja	Ja	Ja
Abbrucharbeiten	Mittel	Hoch	Nein	Von Vorteil	Nein

Fortschrittliche Handwerksfirmen sind bereit, Eigenleistungen zu akzeptieren, Sie bei den Arbeiten anzuleiten, Werkzeuge auszuleihen und die Materialien zu einem fairen Preis einzukaufen. Wenn Sie selber Hand anlegen wollen, sollten Sie solche Punkte unbedingt zum Voraus mit Ihrem Architekten und den beteiligten Handwerkern absprechen.

INFO *Einzelne Regionalbanken sind bereit, Eigenleistungen am Bau als Eigenkapital zu akzeptieren. Wenn Sie knapp bei Kasse sind, aber über handwerkliches Geschick verfügen, lohnt es sich also nachzufragen.*

Damit Ihre Mitarbeit auf der eigenen Baustelle nicht zu einem unschönen Erlebnis wird, sollten Sie einige Punkte im Auge behalten:

- Unterschätzen Sie den Zeitaufwand nicht. Mit Vorteil nehmen Sie für die Mitarbeit auf dem Bau Ferien.

- Trauen Sie sich nicht zu viel zu. Führen Sie nur Arbeiten aus, die Sie gut beherrschen, und lassen Sie sich im Zweifelsfall von einem Baufachmann beraten.
- Denken Sie daran, dass Sie lärmige Arbeiten aus Rücksicht auf die Nachbarn nicht am Abend oder am Sonntag durchführen sollten. Beachten Sie auch die Ruhezeitenverordnung der Gemeinde.
- Bedenken Sie, dass die rechtzeitige Fertigstellung Ihrer Arbeiten wichtig für den Arbeitsfluss auf der Baustelle ist. Wenn Sie ins Hintertreffen geraten, riskieren Sie Bauverzögerungen.
- Klären Sie ab, ob Ihre Versicherungspolicen auch Unfälle auf Baustellen abdecken.
- Kaufen Sie nicht unnötig teures Spezialwerkzeug ein. Vieles können Sie von Handwerkern oder Vermietfirmen ausleihen.
- Seien Sie sich bewusst, dass Arbeiten, die von Ihnen oder von Freunden ausgeführt werden, nicht immer so perfekt ausfallen werden, wie wenn Fachleute am Werk sind. Zudem können Sie auf Ihren Eigenleistungen keine Garantie einfordern.

Vorsicht bei Tiefpreisen

Um die Preise tief zu halten, werden heute bei Bauten vielfach günstige Materialien eingesetzt. Hier sollten Sie vorsichtig sein. Denn was auf den ersten Blick nach einer willkommenen Preissenkung aussieht, kann sich längerfristig als teuer erweisen. Oft halten billige Konstruktionen weniger lang als solche aus qualitativ hochstehenden Materialien, und Sie müssen bereits nach wenigen Jahren erste Renovationsarbeiten vornehmen, die Ihr Unterhaltsbudget belasten.

Grundsätzlich sollten Sie sich deshalb an folgende Faustregel halten: Materialien – insbesondere für den Innenausbau –, die Sie nach zehn oder fünfzehn Jahren sowieso austauschen werden, weil sie Ihnen nicht mehr gefallen, dürfen ruhig auch mal billig sein. Bei Bauteilen wie Fassaden oder Türen hingegen, die ohne Unterhalt jahrzehntelang halten sollten, lohnt es sich nicht, Billigversionen zu wählen.

Für Laien sind diese Abwägungen nicht immer einfach. Wenn Sie mit einer guten Architektin zusammenarbeiten, wird diese Ihnen die Vor- und Nachteile verschiedener Konstruktionen oder Materialien erklären. Tut sie das nicht, sollten Sie unbedingt einen Bauherrenberater beiziehen. Die folgenden Beispiele zeigen einige Bereiche, in denen sich der Einsatz billiger Materialien kaum lohnt:

- Billige **Armaturen** (Wasserhahnen) sind oft nur mit einer dünnen Chromschicht versehen, die sich schnell abnutzt. Obwohl die Armatur noch funktioniert, sieht sie nach kurzer Zeit schäbig aus und muss vorzeitig ausgetauscht werden.
  Alternative: Hochwertige Armaturen in zeitlosem Design halten Jahrzehnte.
- **Parkettböden** sind langlebige Bodenbeläge, deren Optik nicht verleidet. Billige Varianten weisen aber oft nur eine sehr dünne Holzschicht auf. Diese kann, wenn der Boden mit der Zeit Kratzer und «Hicke» abkriegt, höchstens einmal abgeschliffen werden.
  Alternative: Massive Parkettböden oder solche mit einer mehrere Millimeter dicken Nutzschicht lassen sich mehrfach schleifen und überdauern Jahrzehnte.
- Aus Kostengründen sind heute häufig **Aussenisolationen** anzutreffen, auf denen der Verputz direkt aufgebracht wird. Diese sind jedoch empfindlich auf Verletzungen, und es kommt immer wieder vor, dass sich auf dem Verputz Algen bilden. Solche Fassaden müssen häufig gereinigt oder neu mit einer Farbe gestrichen werden, die giftige Bestandteile gegen Algen enthält.
  Alternative: Fassadensysteme mit einer Luftschicht zwischen der Aussenhaut und der Isolation (hinterlüftete Fassaden) sind zwar teurer in der Anschaffung, kommen aber über Jahrzehnte ohne grossen Unterhalt aus.

Und wenn es doch etwas Luxus sein soll?

Allen Sparbemühungen zum Trotz: Wenn zukünftige Eigenheimbesitzer von ihrem neuen Zuhause träumen, dann denken viele an ein mondänes Haus inmitten grünster Natur. Davor ein blau schimmernder Swimmingpool, dahinter ein reich bepflanzter Wintergarten, drinnen im Wohnzimmer das knisternde Cheminéefeuer und im Keller die heimelige Sauna. Luxus, den man nicht braucht, der aber das Wohnen versüssen kann und zusätzliches Prestige bringt. Der Spass hat allerdings auch seinen Preis.

LUXUS UND WAS ER KOSTET

Was	Kosten	Pluspunkte	Minuspunkte
Cheminée	Heizcheminée ab ca. Fr. 8000.–, Cheminée-Ofen ab ca. Fr. 5000.– (beides inkl. Kamin)	Romantik, wohlige Wärme	Aufwand für Holzbeschaffung, Kaminreinigung
Sauna	Ab ca. Fr. 10 000.–	Wellness zu Hause, Prestige	Braucht viel Energie, wird bald nur noch selten benutzt
Whirlwanne oder Whirlpool, der Platz für mehrere Personen bietet	Wanne ab ca. Fr. 10 000.–, Pool ab ca. Fr. 25 000.–	Wellness zu Hause, Prestige	Oft relativ laut, braucht Pflege (Sprudellöcher entkalken)
Wintergarten	Ab ca. Fr. 50 000.– (15 Quadratmeter)	Im Sommer Schutz vor Regen und Wind, Saisonverlängerung im Frühling und Herbst	Im Sommer oft zu heiss, im Winter zu kalt für Nutzung als Wohnraum
Swimmingpool	Ab ca. Fr. 50 000.–	Wasser direkt vor dem Haus, Optik, Prestige	Erfordert viel Pflege, hohe Unterhaltskosten, während heissen Perioden Wasser meist zu warm

8

Stolpersteine für Bauherren

Einen Bau ohne Probleme und Mängel gibt es nicht. Umso wichtiger ist es, im Voraus zu wissen, wo es hapern könnte, wie Unannehmlichkeiten zu vermeiden sind und welche Rechte Bauherren haben.

Probleme während des Baus

Probleme können Ihnen direkt und offensichtlich auf der Baustelle begegnen. Etwa wenn Sie Ihren Bauplatz besuchen und feststellen, dass die Arbeiten weniger weit fortgeschritten sind, als sie sollten. Aber auch neben der Baustelle kann es bereits während der Realisierungsphase zu Unregelmässigkeiten kommen. Beispielsweise wenn Ihr Generalunternehmer die Rechnungen der Handwerker nicht begleicht.

Wer sich mit den möglichen Problemen bereits im Vorfeld auseinandersetzt, kann unliebsamen Überraschungen vorbeugen oder wird im Notfall wenigstens wissen, wie er zu reagieren hat.

Bauhandwerkerpfandrechte

GERTRUD W. BAUT mit Generalunternehmer F. ein Reihenhaus in einer Siedlung. Frau W. zahlt ihre Raten an den GU immer pünktlich. Dieser hingegen verwendet das Geld nicht für den Bau, sondern begleicht damit alte Schulden. So wartet die Firma Z., die den Aushub vor zwei Monaten beendet hat, immer noch auf die Bezahlung ihrer Rechnung. Um sicher zu ihrem Geld zu kommen, meldet die Firma ein Bauhandwerkerpfandrecht an, lautend auf das Grundstück von Gertrud W. Der Grundbuchbeamte erklärt Frau W., was das bedeutet: dass sie möglicherweise persönlich für diese Schuld aufkommen muss, und zwar auch dann, wenn sie dem GU die Summe für den Aushub bereits gezahlt hat.

Bauhandwerkerpfandrechte sind für die am Bau beteiligten Unternehmen und Handwerker ein Mittel, um ihre finanziellen Forderungen abzusichern. Sie als Bauherr oder Bauherrin müssen sich mit diesem Thema vor allem dann auseinandersetzen, wenn Sie mit einem Generalunternehmer bauen.

Macht Ihr GU Konkurs (siehe Seite 214) oder zahlt er gewisse Rechnungen nicht, haben die geschädigten Handwerksfirmen von Gesetzes wegen das Recht, innerhalb von vier Monaten nach Abschluss ihrer Arbeit ein Bauhandwerkerpfandrecht anzumelden. Darauf wird dieses im Grundbuch als Belastung Ihres Grundstücks eingetragen. Erhält der Handwerker sein Geld definitiv nicht vom Generalunternehmer, werden Sie als Grundeigentümer oder Grundeigentümerin für die Schuld haftbar und bezahlen so möglicherweise für dieselbe Arbeit zweimal. Weigern Sie sich zu bezahlen, hat der Handwerker sogar das Recht, Ihr Grundstück über eine Versteigerung verwerten zu lassen.

So können Sie sich absichern

- Haben Sie direkt mit einem Handwerker, etwa mit dem Sanitärinstallateur, einen Werkvertrag abgeschlossen, vereinbaren Sie, dass dieser die Arbeiten selbst vornimmt oder dass er Arbeiten nur mit Ihrem Einverständnis an Subunternehmer weitergibt. Bevor Sie die Rechnung des Sanitärinstallateurs begleichen, verlangen Sie den Nachweis, dass er seine Subunternehmer bezahlt hat. Im Zweifelsfall können Sie Ihre Zahlung statt an ihn direkt an die Subunternehmer leisten.
- Wurden Subunternehmer eingesetzt, halten Sie Ihre Zahlungen wenn möglich zurück und begleichen Ihre Schuld erst, wenn klar ist, dass kein Pfandrecht eingetragen wurde – das ist rund fünf Monate nach Abschluss sämtlicher Arbeiten.
- Wenn Sie mit einem Generalunternehmer bauen, verlangen Sie eine Bank- oder Versicherungsgarantie. Damit verpflichtet sich die Bank oder der Versicherer, allfällige Bauhandwerkerpfandrechte sofort abzulösen. Bietet Ihr Vertrag mit dem GU keinen solchen Schutz, lassen Sie sich vor Überweisung der Zahlung für eine Bauetappe von den beteiligten Unternehmern schriftlich bestätigen, dass der GU sämtliche Rechnungen beglichen hat.
- Beauftragen Sie einen unabhängigen Bautreuhänder mit der Überwachung des Zahlungsverkehrs.

Natürlich sind das recht aufwendige Absicherungen, und Ihre Baupartner werden diese Massnahmen unter Umständen auch nicht akzeptieren wollen. Trotzdem lohnt es sich, sie so weit als möglich durchzusetzen (eine Checkliste finden Sie unter www.beobachter.ch/download). Auch dann werden Sie sich allerdings nie zu 100 Prozent gegen Bauhandwerkerpfandrechte absichern können.

Konkurs des Baupartners

Macht einer Ihrer Vertragspartner während des Baus Konkurs, kann dies höchst unangenehme Folgen haben. Besonders wenn es einen Generalunternehmer trifft, der Ihr gesamtes Bauvorhaben abwickeln sollte. Dann droht ein vollständiger Baustopp, Ihre bereits geleisteten Zahlungen fallen in die Konkursmasse des GU und sind möglicherweise verloren.

So können Sie sich absichern

- Überprüfen Sie die Bonität Ihres GU: Verlangen Sie beim Betreibungsamt am Firmenstandort einen Betreibungsregisterauszug.
- Zahlen Sie keine grossen Summen im Voraus an den GU. Handeln Sie aus, dass Sie nur parallel zum Baufortschritt zahlen: die erste Tranche, wenn der Aushub gemacht ist, die zweite, wenn die Hülle steht, die dritte Tranche, wenn das Dach fertig ist...
- Lassen Sie sich vom GU Bank- oder Versicherungsgarantien geben. Damit verpflichtet sich die Bank oder der Versicherer, für Ihren Vertragspartner einzuspringen, sollte dieser in Konkurs fallen.
- Lassen Sie den Zahlungsverkehr von der Bank, die Ihnen den Baukredit gewährt, oder von einem Bautreuhänder abwickeln. Diese werden überwachen, dass der GU das Geld tatsächlich in Ihren Bau investiert und nicht zweckentfremdet verwendet.

Terminverzögerungen

Ein termingerechter Abschluss der Bauarbeiten bedingt eine gute Planung, eine wache Bauleitung sowie verlässliche Lieferanten und Handwerker. Hapert es auch nur an einem einzigen Ort, kann davon der ganze Bau betroffen sein. Denn häufig sind durch einen Verzug alle anderen Arbeiten ebenfalls blockiert. Falls Sie Ihre Wohnung bereits auf einen bestimmten Termin gekündigt und das Zügelunternehmen verpflichtet haben, hat eine Verzögerung sehr unangenehme Folgen.

So können Sie sich absichern

- Vereinbaren Sie schriftlich Konventionalstrafen für den Fall, dass das Objekt nicht fristgerecht bezogen werden kann. Halten Sie fest, welche

Leistungen Ihr Vertragspartner in diesem Fall zu erbringen hat (Übernahme der Kosten für Hotel, Einlagerung der Möbel, Annullierung beim Zügelunternehmen).

- Kaufen Sie ein Objekt ab Plan, sollten Sie im Kaufvertrag eine einseitige Rücktrittsklausel integrieren, die Ihnen die Möglichkeit gibt, vom Vertrag zurückzutreten, falls der Bau massgebliche Verzögerungen erfährt.
- Verlangen Sie vom Architekten oder GU ein Bau-Terminprogramm, aus dem genau ersichtlich ist, welche Arbeit wann angefangen werden sollte und wann sie erledigt zu sein hat. Entdecken Sie Abweichungen, sprechen Sie den Architekten oder GU darauf an und fragen Sie ihn, wie er Abhilfe schaffen will.

Mangelhafte Arbeit

Für Bauneulinge ist es oft schwierig, die Qualität der Arbeiten während des Baus zu beurteilen. Sind die Fugen zwischen den Badezimmerplatten wirklich mit dem wasserundurchlässigen, schimmelabstossenden Spezialkitt versehen? Mängel sind gerade für Laien meist erst nach längerer Zeit sichtbar – dann etwa, wenn sich im Badezimmer Schimmel breitmacht. Umso wichtiger ist einerseits die Qualität der ausgewählten Handwerksfirmen und ihrer Mitarbeiter und andererseits die Professionalität der Bauleitung. Diese hat die Aufgabe, den Bau zu begleiten, die Handwerker anzuleiten und den Baufortschritt zu überwachen. Der Bauleiter muss mangelhafte Arbeit erkennen und die nötigen Massnahmen einleiten, um den Schaden zu beheben. Ausserdem liegt es am Bauleiter oder an der Architektin selbst, den Bau so zu planen, dass alle Beteiligten genügend Zeit haben, ihre Arbeiten fachgerecht auszuführen. Andernfalls tragen sie indirekt zu Bauschäden bei.

TIPPS *Achten Sie darauf, dass der Terminplan des Architekten realistisch ist und einen integrierenden Bestandteil des Werkvertrags mit den Handwerksfirmen darstellt.*

Fällt Ihnen bei einem Rundgang selbst ein Mangel auf, melden Sie dies dem Bauleiter und nicht direkt dem ausführenden Handwerker. Sonst ist das Chaos auf der Baustelle perfekt.

Mängel und Garantien

Trotz jahrhundertelanger Erfahrung im Hausbau und trotz des technischen Fortschritts gibt es auch heute noch keinen Neu- oder Umbau ohne Mängel. Im Gegenteil: Die Zahl der Bauschäden hat in den letzten Jahren sogar zugenommen. Die Ursachen für diese Entwicklung liegen bei den Architekten und Generalunternehmern, bei den Handwerkern, bei der Wahl der Materialien, aber auch bei den Bauherren selbst.

Bereits bei der Planung eines Bauvorhabens können Schäden programmiert werden. Etwa wenn sich der Architekt oder GU für die Verwendung von neuartigen Baumaterialien entscheidet, zu denen die nötige Langzeiterfahrung fehlt. Auch die Auswahl zu vieler unterschiedlicher Materialien, die an einem Bau aufeinandertreffen, kann zu Problemen führen. Denn oft vertragen sich diese nicht miteinander.

Ein weiterer Grund für die vielen Bauschäden ist der Kosten- und Zeitdruck, dem die ausführenden Firmen ausgesetzt sind. Das kann dazu führen, dass sie billiges und unqualifiziertes Personal einsetzen, dass sie minderwertige Materialien verwenden oder dass sie zwar schnell, aber dafür auch schludrig arbeiten. Wenn ein Bau in Terminverzug ist und der Bauleiter die Malerin dazu drängt, eine Wand anzustreichen, obwohl der Gipsuntergrund noch feucht ist, dann wird die Farbe bald wieder abblättern.

TIPP *Bauschäden können Sie einschränken, wenn Sie einen guten Architekten oder eine Generalunternehmung mit einem fähigen Bauleiter auswählen. Ausserdem liegt es auch an Ihnen selbst, einen realistischen Zeitrahmen zu setzen und bei der Arbeitsvergabe nicht einfach nur die billigsten Offerten auszuwählen. Holen Sie Referenzen ein und wählen Sie das beste Preis-Leistungs-Angebot.*

Die Bauabnahme

THOMAS R. HATTE DIE BAUABNAHME bereits im Architektenvertrag vereinbart und ist jetzt bestens vorbereitet. Zusammen mit der Architektin macht er einen Rundgang durch das eben fertiggestellte Haus und notiert in einem Protokoll alle offensichtlichen Mängel: zwei Kratzer im Parkett, eine fehlende Steckdose im Büro … Im Abnahmeprotokoll wird zudem festgehalten, auf welchen Termin der Schaden von welchem Unternehmer zu beheben ist. Die Liste umfasst schliesslich sieben A4-Seiten. Trotz der zahlreichen Mängel hat Thomas R. ein gutes Gefühl und die Gewissheit, alles richtig gemacht zu haben.

Gerade weil es einen Bau ohne Mängel nicht gibt, kommt der Bauabnahme umso grössere Bedeutung zu. Ähnlich wie bei der Abnahme einer Mietwohnung geht es darum, sämtliche Mängel am Bauwerk festzustellen und zu rügen (siehe Checkliste unter www.beobachter.ch/download).

Mit dem Tag der Abnahme beginnen die Garantie- und Rügefristen zu laufen. Diese sind im Obligationenrecht (OR) geregelt. Gemäss OR beträgt die Garantiefrist für unbewegliche Objekte wie ein Haus fünf Jahre. Handelt es sich um eine arglistige Täuschung, hat der Architekt Ihnen also bewusst einen Mangel verheimlicht, beträgt die Garantiefrist sogar zehn Jahre. Für bewegliche Objekte wie eine Waschmaschine oder einen Backofen gilt lediglich die Herstellergarantie, die meist nach zwei Jahren ausläuft.

Während der Garantiezeit ist der Verkäufer oder der Unternehmer verpflichtet, Mängel zu beheben – sofern sie rechtzeitig gerügt werden. Rechtzeitig heisst: sofort, nachdem der Mangel entdeckt wurde. Das nimmt Sie als Bauherrn oder Bauherrin in die Pflicht, Ihr Haus möglichst genau auf Mängel zu durchforsten. Denn wenn Sie sogenannte offensichtliche Mängel – das sind diejenigen, die bei einer genauen Prüfung zu erkennen sein sollten – bei der Bauabnahme nicht rügen, gilt das Werk auch mit dem Mangel als genehmigt und Ihr Garantieanspruch verfällt.

ACHTUNG *Akzeptieren Sie in Ihren Verträgen auf keinen Fall Formulierungen wie: «Mit dem Bezug des Hauses gilt das Objekt als rügelos abgenommen.»*

Das Abnahmeprotokoll

Empfehlenswert ist, bereits im Kaufvertrag eine ordentliche Bauabnahme zu vereinbaren. Vorgenommen wird diese nach der Vollendung des Bauwerks – am besten zusammen mit dem Architekten oder mit der Bauleiterin. Alle festgestellten Mängel sollten Sie genau protokollieren und gleichzeitig festhalten lassen, bis wann sie behoben werden (siehe Muster).

MUSTER: ABNAHMEPROTOKOLL

Bauabnahme-Protokoll
gemäss SIA-Norm 118, Art. 157 ff. OR

Bauobjekt: Einfamilienhaus, Waldeggstrasse 15, 3000 Bern
Bauherr: Franz K.
vertreten durch:
Architekt/Bauleitung: Hans V. Architekten
vertreten durch: Hans V.

BKP-Nr.	Betreffende Arbeiten	Mängel	Frist zur Behebung der Mängel	Bemerkungen	Das Werk gilt als abgenommen (ankreuzen)	Die Abnahme wird zurückgestellt (ankreuzen)
214	Montagebau in Holz	Verfärbung auf dem Sitzplatzrost	31.3.20			X
221.4	Aussentüren	Eingangstür dichtet schlecht	31.3.20			X
23	Elektroanlagen	–			X	
281.9	Kittfugen	Diverse Fugen abgerissen	–	Ersatz im Zusammenhang mit Garantiearbeiten		X

Ort: Bern
Datum: 7. März 2020
Der Architekt/die Bauleitung: Hans V. Der Bauherr: Franz K.

Das Protokoll sollte von beiden Seiten unterschrieben werden. Ist man sich nicht einig, ob es sich bei einem bestimmten Punkt um einen Mangel handelt, gilt es, die Situation mit Notizen, Fotos etc. möglichst detailliert zu dokumentieren. Auch Mängel wie Feuchtigkeitsflecken, die nach Aussage des Architekten von selbst wieder verschwinden, sollten im Protokoll so vermerkt werden. Denn oft fehlt dem Bauherrn die Erfahrung, um Mängel und ihre möglichen Folgen richtig einschätzen zu können.

TIPPS *Kündigen sich schon vor der Abnahme Probleme an oder haben Sie grundsätzlich Zweifel an der Qualität des Baus, kann es hilfreich sein, bei der Bauabnahme einen neutralen Bauherrenberater beizuziehen. Die Kosten dafür belaufen sich, je nach Anzahl Berufsjahre der Fachperson, auf 120 bis 250 Franken pro Stunde (Adressen im Anhang).*

Erhalten Sie den Eindruck, dass die zuständigen Unternehmer es mit der Mängelbehebung nicht so ernst nehmen, lassen Sie sich im Abnahmeprotokoll das Recht einräumen, Mängel – wenn die vereinbarte Frist ungenutzt verstreicht – auf Kosten des säumigen Unternehmers von einem Dritten beheben zu lassen. Haben Sie einen Rückbehalt vereinbart (siehe Seite 222), können Sie dieses Geld dafür verwenden.

Die Zweijahresabnahme

Haben Sie in Ihrem Vertrag vereinbart, dass die SIA-Norm 118 gilt (siehe Seite 149), ändert sich bei den Rüge- und Verjährungsfristen einiges zu

FRISTEN IM ÜBERBLICK

Verjährungsfrist für das ganze Haus (unbewegliche Objekte)	5 Jahre
Verjährungsfrist für arglistig verschwiegene Mängel	10 Jahre
Herstellergarantie für einzelne Geräte (bewegliche Objekte)	2 Jahre
Rügefrist nach Obligationenrecht	sofort nach Entdeckung
Rüge- und Garantiefrist nach SIA-Norm 118	2 Jahre, anschliessend gemäss OR

Ihren Gunsten: Die Verjährungsfrist bleibt zwar bei fünf Jahren bestehen, doch Sie erhalten eine zweijährige Garantiefrist (Rügefrist), während derer Sie Mängel aller Art jederzeit rügen können. Innerhalb der darauffolgenden drei Jahre können Sie weiterhin verdeckte Mängel rügen. Dies muss aber – wie bei der Garantie nach OR – sofort nach Auftreten des Mangels geschehen.

Auch wenn Sie die SIA-Norm 118 in Ihrem Kaufvertrag integriert haben, muss nach der Vollendung des Baus eine erste Bauabnahme gemacht werden. Die zweijährige Garantiefrist hat für Sie aber den Vorteil, dass Sie einen offensichtlichen Mangel nicht gleich nach der Abnahme rügen müssen und auch mit später entdeckten Mängeln bis zum Ende der zweijährigen Frist zuwarten können. Einzige Ausnahme: Würde sich der Schaden ohne Behebung des Mangels mit der Zeit verschlimmern, müssen Sie ihn sofort nach der Entdeckung rügen. Üblich ist, dass jeweils kurz vor Ablauf der zweijährigen Garantiefrist eine zweite Abnahme des Baus durchgeführt wird, bei der nochmals sämtliche bestehenden Mängel protokolliert werden.

2-jährig Garantie

Die Mängelrechte

Auf der Basis des Abnahmeprotokolls wird in der Regel Ihr Architekt oder Generalunternehmer die Mängel gegenüber den Handwerkern rügen. Wichtig ist, dass dies sofort nach der Bauabnahme geschieht. Übernehmen Sie die Mängelrüge selbst, müssen Sie diese aus Beweisgründen eingeschrieben verschicken. In der Mängelrüge beschreiben Sie den Schaden und setzen eine Frist, bis wann der Mangel behoben sein muss (siehe Musterbrief).

TIPP *Dass überhaupt ein Werkmangel vorliegt, muss nach OR der Bauherr beweisen. Das kann für Sie unter Umständen schwierig und teuer werden. Integrieren Sie deshalb unbedingt in sämtliche Verträge die SIA-Norm 118 (siehe Seite 149): Dann wird während der zweijährigen Garantiefrist die Beweislast umgekehrt, und es liegt am Unternehmer, zu beweisen, dass kein Mangel vorliegt. Zeigen sich nach Ablauf dieser zwei Jahre noch verdeckte Mängel, liegt die Beweislast allerdings wieder bei Ihnen.*

MUSTER: MÄNGELRÜGE

Franz K.
Waldeggstrasse 15
3000 Bern

EINSCHREIBEN
Generalbau AG
Herr Hermann N.
Postfach
3000 Bern 3

Bern, 15. Oktober 2020

Mängelrüge

Sehr geehrter Herr N.

Seit gut fünf Wochen wohnen wir nun in unserem neuen Heim. Wir müssen sagen, es gefällt uns ausserordentlich gut und wir fühlen uns sehr wohl.

Leider haben wir nun aber auf dem Parkettboden im Wohnzimmer hässliche Spalten zwischen den einzelnen Riemen entdeckt. In anderen Räumen ist das Parkett aufgeworfen und bildet kleine «Wellen».

Wir bitten Sie deshalb, in den nächsten Tagen vorbeizukommen und den Boden anzuschauen. Nehmen Sie doch mit uns Kontakt auf, damit wir einen Termin vereinbaren können. Am besten erreichen Sie uns abends unter 031 234 56 78.

Vielen Dank und freundliche Grüsse

Franz K.

Behebung der Mängel

Grundsätzlich hat ein Unternehmer drei Möglichkeiten, einen Mangel zu beheben:

- **Unentgeltliche Nachbesserung** (Art. 368 Abs. 2 OR): Dem Unternehmer wird die Möglichkeit gegeben, sein Werk nachzubessern. Bei Mängeln, die relativ einfach zu beheben sind – etwa wenn der Maler schlecht gestrichene Wände nochmals bearbeiten muss –, ist das die üblichste Vorgehensweise. Der Handwerker kann eine Nachbesserung aber verweigern, wenn der Aufwand in einem Missverhältnis zum Nutzen steht. Dann müssen Sie sich wohl oder übel mit einer Preisminderung zufriedengeben.

- **Minderung** (Art. 368 Abs. 2 OR): Der Unternehmer setzt den Kaufpreis im Rahmen des verminderten Werts des Objekts herunter. Diese Wertminderung kommt zum Tragen, wenn eine Nachbesserung nicht möglich oder zu aufwendig ist. Wegen ein paar Kratzern wird beispielsweise nicht der ganze Linoleumboden im Badezimmer herausgerissen, sondern Sie erhalten einen Preisnachlass. Meist ist dies jedoch eine unbefriedigende Lösung. Der Minderwert fällt häufig ausserordentlich gering aus. Gerade bei ästhetischen Schäden ist wenig herauszuholen.
- **Wandlung** (Art. 368 Abs. 1 OR): Ist ein Werk völlig unbrauchbar, kann die Annahme verweigert werden und der Vertrag wird rückwirkend aufgelöst. Das heisst: Geld und Material zurück. Eine Wandlung kommt jedoch nur in den seltensten Fällen infrage.

Was tun, wenn die Handwerker bocken?

Nur zu oft müssen Bauherren heute damit rechnen, dass die Unternehmer sich sperren, wenn es um die Behebung eines Mangels geht. Entweder wird versucht, die Verantwortung auf andere abzuschieben, oder eine Mängelrüge wird bewusst erst in vierter Priorität behandelt. Wenn Mängel nicht behoben werden, haben Sie verschiedene Möglichkeiten, zu Ihrem Recht zu kommen:

- **Ersatzvornahme:** Falls der Unternehmer auf Ihre Rüge und weitere Fristansetzungen nicht reagiert, Sie immer wieder vertröstet oder die Verantwortung nicht übernehmen will, können Sie ihm schriftlich eine letzte Frist setzen und eine Ersatzvornahme androhen (siehe Musterbrief). Lässt er die Frist verstreichen, können Sie den Mangel von einer anderen Firma beheben lassen – auf Kosten des Unternehmers. Aber aufgepasst: Die Summe einzutreiben, kann schwierig werden.
- **Rückbehalt:** Gemäss Bundesgericht (BGE 89 II 235 und andere) kann die Zurückhaltung von maximal 10 Prozent des Werklohns des Unternehmers ein zulässiges Mittel zur Durchsetzung der Ansprüche sein. Das heisst, Sie behalten die letzten 10 Prozent des Rechnungsbetrags bis nach der Abnahme zurück und zahlen diesen Betrag erst, wenn die Arbeit für einwandfrei befunden oder ein entdeckter Mangel behoben ist.

MUSTER: ANDROHUNG DER ERSATZVORNAHME

Franz K.
Waldeggstrasse 15
3000 Bern

Generalbau AG
Herr Hermann N.
Postfach
3000 Bern 3

Bern, 28. November 2020

Androhung einer Ersatzvornahme

Sehr geehrter Herr N.

Nach unserer Mängelrüge vom 15. Oktober 2020 haben Sie sich den Parkettboden zwar kurz angesehen. Seither aber haben wir nichts mehr von Ihnen gehört. Nachdem Sie nun auch die im Schreiben vom 12. November 2020 gesetzte Frist haben verstreichen lassen, fordere ich Sie ein letztes Mal auf, die Mängel innerhalb von zwei Wochen, spätestens bis zum 12. Dezember 2020, zu beheben.

Sollten die Mängel bis zu diesem Datum nicht beseitigt sein, werde ich sie durch eine andere Firma beheben lassen – auf Kosten Ihres Unternehmens.

Vielen Dank und freundliche Grüsse

Franz K.

- **Gerichtsverfahren:** Baurechtsstreitigkeiten vor dem Richter auszufechten, lohnt sich nur selten. Prozesskosten und Gutachten kosten meist mehr, als damit gewonnen wird.

Die Durchsetzung von Mängelrügen wird immer schwieriger. Dies zeigt auch die Tatsache, dass dazu heute immer häufiger Baujuristen beigezogen oder teure Expertisen in Auftrag gegeben werden.

Achtung: Verjährungsfrist läuft
Auch mit einer schriftlichen, eingeschriebenen Rüge ist die Verjährungsfrist von fünf Jahren nicht aufgehoben. Wenn der Unternehmer den Fall

so lange verschleppt, bis die Frist abgelaufen ist, können Sie Ihr Recht auf Garantie nicht mehr durchsetzen. Wird die Zeit knapp, müssen Sie deshalb unbedingt die Verjährungsfrist unterbrechen. Dazu haben Sie zwei Möglichkeiten:

- **Verzicht auf Einrede der Verjährung:** Sie verlangen von allen beteiligten Unternehmern eine schriftliche Bestätigung, die folgende Formulierung enthalten sollte: «Wir bestätigen, dass wir auf die Einrede der Verjährung betreffend des Mangels XY verzichten werden.» Damit hat der Unternehmer zwar nicht den Mangel anerkannt, aber er kann sich nicht mehr auf die Verjährung berufen.
- **Schlichtungsverfahren:** Weigert sich der Unternehmer, auf die Einrede der Verjährung zu verzichten, können Sie ihn vor die Schlichtungsstelle (auch Friedensrichter oder ähnlich genannt) ziehen und dort die Behebung der gerügten Mängel verlangen. Mit der Einleitung dieses Schlichtungsverfahrens wird die Verjährungsfrist unterbrochen.

TIPP *Ist strittig, ob überhaupt ein Mangel vorliegt, sollten Sie gemeinsam mit dem Handwerker einen Gutachter bestimmen, der die gerügten Mängel beurteilt. Räumen Sie diesem Gutachter umfassende Kompetenzen ein: Er soll entscheiden, wer was bis zu welchem Zeitpunkt zu erledigen hat. Vereinbaren Sie zusätzlich, dass die Partei, die gemäss Gutachten unterliegt, auch die Kosten dafür zu tragen hat. Nur ein Handwerker, der schlecht gearbeitet hat, wird sich vor einem Gutachten drücken wollen.*

Nach dem Einzug

9

Nach dem Einzug stellen sich erst einmal viele neue Fragen: Wie erhalte ich den Wert meiner Immobilie? Welche Versicherungen brauche ich? Wie muss ich mich für spätere Renovationen finanziell absichern? Was kann ich von den Steuern abziehen? Antworten dazu finden Sie in diesem Kapitel.

Der Unterhalt

Die meisten Haus- oder Wohnungsbesitzer sind sich bewusst, dass sie Rücklagen für Unterhalt und Erneuerung bilden sollten. Viele von ihnen tun es trotzdem nicht.

Das kann schwerwiegende Konsequenzen haben: Wer den Unterhalt seines Eigenheims vernachlässigt, mindert dessen Wert und lässt es langfristig verkommen. Wenn später unumgängliche grössere Reparaturarbeiten anstehen, sieht sich ein Hausbesitzer, der dafür keine Rückstellungen gemacht hat, möglicherweise vor einem unlösbaren finanziellen Problem.

Laufender Unterhalt zahlt sich aus

Ein Haus besteht aus vielen Bauteilen, die alle eine unterschiedliche Lebensdauer aufweisen und unterschiedliche Folgekosten mit sich bringen. Das Mauerwerk beispielsweise kann hundert Jahre lang halten, ohne nennenswerte Kosten zu verursachen. Der Anstrich einer Zimmerwand hingegen muss erfahrungsgemäss alle zehn Jahre erneuert werden. Wer ein Haus besitzt, sollte es nicht nur brauchen, sondern auch pflegen – und zwar im eigenen Interesse. Denn durch regelmässige Unterhaltsarbeiten wird nicht nur der Wert der Liegenschaft erhalten, auch die Kosten einer späteren Instandsetzung reduzieren sich. Ausserdem kann mangelnder Unterhalt zu Schäden am Bau führen – mit Folgekosten, die ein Mehrfaches dessen ausmachen, was der normale Unterhalt gekostet hätte.

INFO *Während Hauseigentümer für den Unterhalt ihres Objekts allein verantwortlich sind, haben sich Stockwerkeigentümer an die Richtlinien der Eigentümergemeinschaft zu halten. Diese regeln den Unterhalt aller im gemeinsamen Besitz befindlichen Teile des Hauses wie Dach, Lift oder Heizung. Für den Unterhalt innerhalb der eigenen Wohnung ist hingegen jeder Stockwerkeigentümer selber zuständig.*

Auch vonseiten der Bank kann ein Vernachlässigen des Unterhalts Folgen haben. Denn die Banken nehmen periodisch Neubewertungen der Liegenschaften in ihrem Portefeuille vor. Ist eine Liegenschaft in einem schlechten Zustand, wird sie unter Umständen tiefer bewertet, und die Bank könnte sich veranlasst sehen, die Konditionen für den Hypothekarkredit zu ändern. In Extremfällen ist es möglich, dass beispielsweise die Amortisationszahlungen erhöht werden.

TIPP *Überprüfen Sie Ihr Eigenheim regelmässig auf kleine Schäden und Abnutzungen. Je mehr Sie über die Lebensdauer und die Pflege aller Bauteile wissen, umso einfacher wird es, diese richtig zu unterhalten (eine Lebensdauertabelle samt Pflegehinweisen finden Sie unter www.beobachter.ch/download). Mit einer guten Pflege Ihres Objekts erhöhen Sie die Lebensdauer der einzelnen Bauteile; zudem können Sie die Investitionen teilweise in der Steuererklärung zum Abzug bringen (siehe Seite 237).*

Rücklagen bilden

Dass der Unterhalt zur Finanzplanung gehört, erfahren Eigenheimbesitzer schon, wenn sie bei der Bank für einen Hypothekarkredit vorstellig werden. Denn die Berater rechnen bei der Tragbarkeitsprüfung einen Prozentsatz für Unterhalt und Nebenkosten dazu (siehe Seite 27). Darüber, wie hoch dieser Prozentsatz in der Realität aussieht, sind sich selbst Experten uneinig: Die einen empfehlen, dafür 0,7 Prozent zu budgetieren, die anderen gehen von knapp 4 Prozent aus. Verwirrend ist zudem, dass die einen ihre Prozentangaben auf den Baupreis, die anderen auf den Gebäudeversicherungswert beziehen.

Bewährt hat sich in der Praxis, jährlich rund 1 Prozent der Liegenschaftskosten (Preis für Land und Bau) für allfällige Reparaturarbeiten auf die Seite zu legen – vorausgesetzt, das Haus oder die Wohnung ist neu gebaut oder zumindest renoviert und in einem tadellosen Zustand.

Diese Rücklagen reichen aus, um den Wert Ihrer Immobilie zu erhalten, jedoch nicht, um ihn zu steigern. Das heisst konkret: Wenn Sie nach 25 Jahren die Küche ersetzen, werden Sie sie mit diesem Geld weder vergrössern noch an die neusten Anforderungen anpassen können.

VERWENDUNG DER RÜCKLAGEN

Wenn Sie 1 Prozent der Liegenschaftskosten für Unterhalt zur Seite legen, werden Sie den Betrag in der Regel wie folgt aufteilen:

0,7 Prozent für Nebenkosten und laufenden Unterhalt, nämlich:

- Versicherungsprämien
- Öffentliche Abgaben (Wasser, Abwasser, Kehricht- und Grünabfuhr, Liegenschafts- oder Grundsteuern etc.)
- Kosten für Telekommunikationsanschluss
- Betriebskosten (Heizöl, Gas, Strom, Serviceabonnements, Kaminfeger, Reinigungs- und Unterhaltsmaterial)
- Laufender Unterhalt (Reparaturen an technischen Geräten, kleinere Reparaturen am Gebäude etc. Der laufende Unterhalt sorgt lediglich für die Gebrauchsfähigkeit der Geräte und Objekte, aber nicht für den Ersatz.)
- Garten- und Umgebungsunterhalt

0,3 Prozent Rückstellungen für spätere grössere Investitionen:

- Ersatz von Geräten
- Renovationsarbeiten
- Ersatz der Küche oder des Badezimmers

Wichtig ist, dass das Geld für diese Auslagen nicht nur auf dem Papier budgetiert ist, sondern auch tatsächlich auf die Seite gelegt wird. Dafür bieten sich zwei Strategien an:

- **Strategie 1:** Eine feste Summe wird monatlich auf ein eigens dafür eingerichtetes Sparkonto überwiesen. Diese Summe setzt sich aus dem Geld für den kurz- und den langfristigen Unterhalt zusammen, beträgt also rund 1 Prozent der Liegenschaftskosten, abhängig vom Alter des Hauses. Aus dem Konto werden laufend kleinere Handwerkerrechnungen und je nach Bedarf alle fünf bis zehn Jahre grössere Unterhaltsarbeiten beglichen. Die Sparrate kann zusätzlich mit einem Reservebetrag für Phasen mit höheren Hypothekarzinsen ergänzt werden.
- **Strategie 2:** Das Geld für den kurzfristigen Unterhalt wird ebenfalls auf ein Konto eingezahlt (rund 0,7 Prozent der Liegenschaftskosten). Der Anteil für den langfristigen Unterhalt jedoch wird der Amortisationszah-

lung an die Bank zugeschlagen (rund 0,3 Prozent) und so durch Tilgung der Hypothekarschuld indirekt zurückgestellt. Steht beispielsweise die Erneuerung der Küche oder der Fassade an, kann die Hypothek um die Investitionskosten wieder erhöht werden. Damit ergibt sich dank der Einsparungen auf der Zinsseite eine gute Rendite. Leider steigen längst nicht alle Banken auf diese Variante ein. Ausserdem birgt diese Art der Rückstellung eine Gefahr in sich: Jede Aufstockung der Hypothek geht mit einer Überprüfung der Liegenschaft und der finanziellen Verhältnisse des Schuldners durch die Bank einher. Wird die Liegenschaft plötzlich tiefer bewertet oder haben sich die Einkommensverhältnisse verschlechtert, kann es sein, dass die Bank eine Kreditaufstockung nicht bewilligt oder sogar eine Erhöhung der Amortisationszahlungen verlangt.

Investitionen richtig planen

DIE KÜCHE VON FAMILIE A. war alt und gefiel nicht mehr. Eine neue Küchenkombination mit modernen Geräten war fällig. Die Renovation wurde durchgeführt – alles war bestens. Drei Jahre später stellt sich heraus, dass die Wasserleitungen ersetzt werden müssen. Dazu muss die eben erst eingesetzte Küchenkombination wieder ausgebaut werden. Herr und Frau A. ärgern sich. Hätten sie alles auf einmal erledigen lassen, wären ihnen unnötige Kosten erspart geblieben.

Grössere Investitionen ins Eigenheim wollen gut geplant sein. Denn wenn einfach drauflosrenoviert wird, kann viel Geld verpulvert werden, oder die getätigten Investitionen zahlen sich bei einem Wiederverkauf der Immobilie nicht aus. Die häufigsten Gründe für Renovationen oder Umbauten im grossen Stil sind veränderte Anforderungen ans Eigenheim (siehe auch Seite 77) oder an die Ästhetik sowie alterungsbedingte Erneuerungen.

Es empfiehlt sich, bei jedem Umbau und jeder grösseren Renovation einen Architekten beizuziehen, der eine Gebäudediagnose vornimmt. Er kann Sie auf weitere nötige Arbeiten aufmerksam machen, die im Zug der Renovation am besten auch gleich durchgeführt werden. Ausserdem wird er Sie beraten, welche Investitionen sich im Hinblick auf einen späteren Verkauf lohnen. Wer beispielsweise viel Geld in durchgestylte Badezimmer oder eine Designküche investiert, wird erstaunt sein, wie wenig Einfluss dieser finanzielle Aufwand auf den Verkaufspreis hat. Umgekehrt werden andere Renovationen oder Umbauten überproportional belohnt, und Sie holen bei einem Wiederverkauf mehr heraus, als Sie investiert haben. Dies kann etwa bei einem Ausbau des Dachstocks oder beim Anbau eines ganzjährig benutzbaren Wintergartens der Fall sein. Denn die Vergrösserung der Wohnfläche wird auf dem Markt meist mit einer tüchtigen Wertsteigerung honoriert (zum Umbau siehe auch Seite 181).

TIPP *Im Internet können Sie sich unter www.iazicifi.ch den Marktwert einer geplanten Investition berechnen lassen. Nachdem Sie einen Bewertungsbogen ausgefüllt haben, wird in einem ersten Schritt der Verkaufswert Ihrer Immobilie im Ist-Zustand errechnet. Dann haben Sie die Möglichkeit, drei weitere Varianten berechnen zu lassen. So können Sie eruieren, wie sich eine ins Auge gefasste Investition auf den Wert Ihrer Liegenschaft auswirkt.*

Finanzen und Versicherungen

Finanzielle Fragen werden Sie auch nach dem Einzug beschäftigen. Wer beispielsweise eine Geldmarkt- oder eine variable Hypothek abgeschlossen hat, muss den Hypothekenmarkt genau im Auge behalten. Und auch eine Festhypothek läuft irgendwann aus – hier lohnt es sich ebenfalls, die Erneuerung früh genug anzugehen.

Ausserdem sind Versicherungen abzuschliessen, die im Schadenfall das finanzielle Risiko im Rahmen halten. Und nicht zuletzt werden Sie sich als Eigenheimbesitzer auch intensiver mit den Steuern auseinandersetzen.

Erneuerung des Hypothekarkredits

Nie aus den Augen verlieren sollten Immobilienbesitzer die Situation auf dem Hypothekenmarkt. Haben Sie zum Beispiel eine variable Hypothek abgeschlossen und besteht – bei momentan tiefen Zinssätzen – eine Aussicht auf einen längerfristigen Anstieg? Dann müssen Sie sich überlegen, ob es nicht sinnvoller wäre, auf eine Festhypothek umzusteigen. Haben Sie eine Hypothek mit fester Laufzeit, sollten Sie sich spätestens ein halbes Jahr vor Ablauf mit der aktuellen Zinssituation und den Prognosen beschäftigen. So haben Sie Zeit, sich auf die kommende Veränderung einzustellen und wenn nötig Massnahmen einzuleiten, damit es nicht plötzlich finanziell eng wird.

Wenn Sie eine Kombihypothek haben – beispielsweise eine feste und eine variable Hypothek oder zwei Festhypotheken mit unterschiedlicher Laufzeit –, sind Sie allenfalls an Ihre Bank gebunden. Sie werden kaum eine andere Bank für eine halbe Hypothek finden. Ansonsten steht Ihnen der Wechsel zu anderen Hypothekarmodellen oder auch zu einem anderen Finanzinstitut grundsätzlich offen. Gehen Sie gleich vor wie beim ersten Abschluss einer Hypothek (siehe Seite 101).

Über eines sollten Sie sich allerdings im Klaren sein: Auch die Bank kann sich bei Ablauf Ihrer Hypothek überlegen, ob sie weiter mit Ihnen zusammenarbeiten will, und sie wird einer Erneuerung möglicherweise nur zu schlechteren Konditionen zustimmen. Dies hauptsächlich dann, wenn Ihre Liegenschaft an Wert verloren hat oder wenn sich Ihre finanzielle Situation so geändert hat, dass die Tragbarkeitsrechnung negativ ausfällt (siehe Seite 27). Letzteres ist vor allem zu beachten, wenn die Pensionierung ansteht und sich damit auch die Einkommenssituation ändern wird (siehe Seite 83).

Versicherungen für Eigenheimbesitzer

Hochwasser im Keller oder Sturmschäden am Dach: Was einen als Mieter eher noch kaltliess, treibt einem als Eigentümer den Schweiss auf die Stirn. Doch mit den richtigen Versicherungen kann das finanzielle Risiko verringert werden.

Elementarschäden – infolge Hochwasser und Überschwemmung, Sturm, Hagel, Schneedruck, Lawinen, Erdrutsch, Felssturz und Steinschlag – sowie Feuerschäden sind bereits in der Gebäudeversicherung eingeschlossen, die in den meisten Kantonen obligatorisch ist. Ein Risiko, das Hausbesitzer aber gemäss Schadenliste der Versicherer ebenso ernst nehmen

DIE WICHTIGSTEN VERSICHERUNGEN IM ÜBERBLICK

Produkt	Versicherte Risiken	Versicherungsnehmer
Gebäudeversicherung (Feuerversicherung)	Feuer- und Elementarschäden	Gebäudebesitzer
Gebäudehaftpflicht	Personen- und Sachschäden an Dritten	Gebäudebesitzer
Wasserversicherung	Schäden am Gebäude durch wasserführende Leitungen oder Regen, Schnee und Schmelzwasser	Gebäudebesitzer
Glasbruch	Zerstörung von Glas- und Keramikteilen am Gebäude	Gebäudebesitzer
Einbruchdiebstahl	Einbruchschäden am Gebäude	Gebäudebesitzer
Hausrat	Diebstahl oder Beschädigung von beweglichen Gegenständen im Haushalt	Bewohner
Erdbebenversicherung	Zerstörung und Folgeschäden am Gebäude durch Erdbeben	Gebäudebesitzer
Privathaftpflicht	Personen- und Sachschäden an Dritten	Gebäudebesitzer
Erwerbsunfähigkeits- und/oder Todesfallrisikoversicherung	Finanzielle Absicherung der Familie	Gebäudebesitzer

sollten wie Feuerschäden, sind sogenannte Gebäudewasserschäden: eine gebrochene Wasserleitung etwa, die die Wände durchfeuchtet, Regenwasser, das in den Estrich dringt, oder eine Überschwemmung im Keller, verursacht durch einen Rückstau in der Kanalisation. Ohne seperate Versicherung zahlen Sie solche Schäden selbst. Das spricht für den Abschluss einer Gebäudewasserversicherung.

Sinnvoll ist zudem eine Haftpflichtversicherung: Wird der teure Ferrari der Nachbarin durch einen Ziegel beschädigt, der von Ihrem Dach herunterfällt, haften Sie als Hauseigentümer für den Schaden. Die Versicherungsgesell-

Bemerkungen	Beispiel
In allen Kantonen obligatorisch, ausser GE, TI, VS sowie AI (Ausnahme: Bezirk Oberegg)	Ein Baum stürzt im Sturm auf das Hausdach.
Für ein selbst bewohntes Einfamilienhaus oder eine Liegenschaft mit maximal drei Wohnungen (eine davon selbst bewohnt) reicht eine Privathaftpflichtversicherung.	Ein Dachziegel beschädigt das Auto des Nachbarn.
In einigen Kantonen kann die Wasserversicherung in die kantonale Gebäudeversicherung mit eingeschlossen werden.	Eine Wasserleitung birst und durchfeuchtet die Wände.
Für selbst bewohnte Häuser und Wohnungen kann das Glasbruchrisiko in der Hausratversicherung mitversichert werden.	Eine Fensterscheibe geht zu Bruch.
Bei selbst bewohnten Häusern und Wohnungen übernimmt die Hausratversicherung den Gebäudeschaden.	Einbrecher beschädigen die Haustür.
	Durch einen Brand werden die Möbel zerstört.
Deckt Kosten, die von den bereits existierenden Erdbebenpools der Gebäudeversicherer nicht getragen werden.	Nach einem Erdbeben stürzt das ganze Haus ein.
Wenn keine Gebäudehaftpflicht abgeschlossen wurde.	Ein Dachziegel beschädigt das Auto des Nachbarn.
Ist vor allem sinnvoll, wenn viel Fremdkapital aufgenommen wurde.	Der Vater, der hauptsächlich erwerbstätig ist, erkrankt, verunfallt oder stirbt.

schaften unterscheiden zwischen selbst bewohnten Ein- bis Dreifamilienhäusern und grösseren Mehrfamilienhäusern. Gehört Ihr Eigenheim in die erste Kategorie, reicht eine Privathaftpflichtversicherung, um den Schaden am Ferrari zu decken. Wenn nicht, sollten Sie eine Gebäudehaftpflichtversicherung abschliessen.

Die Versicherungen rund ums Haus decken nur Gebäudeschäden. Möchten Sie auch die Möbel, die Hi-Fi-Anlage oder das Klavier gegen Feuer- und Wasserschäden oder Diebstahl versichert wissen, brauchen Sie zusätzlich eine Hausratversicherung. Darüber hinaus gibt es eine grosse

Palette an weiteren Absicherungsmöglichkeiten: von der Erdbeben- über die Glasbruch- bis zur Kulturenversicherung, mit der man selbst das Risiko einer Beschädigung der Ziersträucher im Garten abdecken kann.

TIPPS *Welche Versicherungen Sie als Hauseigentümerin oder Wohnungseigentümer abschliessen, hängt in erster Linie von Ihrem Sicherheitsbedürfnis und Ihrer Bereitschaft zum «kalkulierten» Risiko ab.*

Die Prämien der verschiedenen Versicherungen variieren von Versicherer zu Versicherer teils deutlich. Holen Sie deshalb mehrere Offerten von verschiedenen Anbietern ein und vergleichen Sie die Kosten und Bedingungen.

Steuern für Eigenheimbesitzer

Ihr Eigenheim erscheint auf zwei Arten in Ihrer Steuererklärung: Der Steuerwert von Land und Gebäude wird zum Vermögen, der Eigenmietwert zum Einkommen geschlagen. Das würde Ihre steuerliche Belastung negativ beeinflussen – wären da nicht noch die Schulden, die Schuldzinsen und die Unterhaltskosten, die Sie wiederum abziehen können. Die oft gehörte Ansicht, dass Immobilienbesitz automatisch die Steuerlast verringere, stimmt jedoch nicht.

Der Eigenmietwert

Der Eigenmietwert ist eine Schweizer Spezialität, die im Ausland nur selten zur Anwendung kommt. Er stellt ein fiktives Einkommen dar, das der Eigentümer einer Liegenschaft erzielen könnte, wenn er das Objekt nicht selbst bewohnen, sondern vermieten würde. Wie dieser Wert eruiert wird, ist kompliziert und von Kanton zu Kanton unterschiedlich. Meist orientiert sich der Eigenmietwert aber am Marktwert – an der Miete, die man für ein ähnliches Objekt an gleicher Lage zu zahlen hätte. Wer also umfangreiche Renovationen, insbesondere An- und Ausbauten, vornimmt, muss mit einem höheren Eigenmietwert rechnen.

Die Höhe des Eigenmietwerts Ihrer Immobilie wird Ihnen in der Regel von der Steuerbehörde schriftlich mitgeteilt; in einigen Kantonen erhalten

Sie eine sogenannte Verfügung. Dieser Betrag wird in der Steuererklärung zu den Einkünften gerechnet.

INFO *Mittelfristig könnte es beim Eigenmietwert und bei der Besteuerung von Wohneigentum zu Änderungen kommen. Zwar wurde die Initiative des Hauseigentümerverbands, «Sicheres Wohnen im Alter», im September 2012 knapp abgelehnt. Anfang 2019 legte der Bund jedoch konkrete Vorschläge vor; die Wirtschaftskommission des Ständerats beauftragte darauf die Verwaltung mit weiteren Abklärungen. Mit einer Anpassung des Gesetzes ist frühestens 2021 zu rechnen. Vorgesehen ist die komplette Abschaffung des Eigenmietwerts für selbst bewohntes Eigentum. Im Gegenzug würden auch die meisten Steuerabzüge wegfallen (für Hypothekarzinsen, Unterhalt). Eine Ausnahme ist vorgesehen für Erwerber, die zum ersten Mal Wohneigentum kaufen: Sie sollen in den ersten zehn Jahren einen Teil der Hypothekarzinsen weiterhin abziehen dürfen.*

Erscheint Ihnen der Eigenmietwert zu hoch und haben Sie eine Verfügung der Steuerbehörde erhalten, können Sie diese fristgerecht anfechten. Ihre Anfechtung müssen Sie begründen: etwa mit wertmindernden Faktoren wie Geruchsimmissionen, Fluglärm, einer neuen, stark befahrenen Strasse vor Ihrem Haus, die die Steuerbehörde nicht berücksichtigt hat. Haben Sie den Eigenmietwert nur mitgeteilt erhalten, können Sie diesen in der Steuererklärung abändern – unter Angabe von Gründen natürlich.

TIPP *Für eine im Bau stehende oder vorübergehend nicht bewohnte Liegenschaft muss kein Eigenmietwert versteuert werden. Klären Sie zudem ab, ob durch veränderte Verhältnisse – zum Beispiel wenn die Kinder ausgezogen sind oder der Partner gestorben ist – eine sogenannte Unternutzung besteht: Für Räume, die dauerhaft nicht mehr benutzt werden, können Sie unter Umständen einen Abzug vom Eigenmietwert vornehmen.*

Abzug der Hypothekarschuld und der Schuldzinsen

Die Hypothekarschuld können Sie in der Steuererklärung vom Vermögen abziehen. Hypothekarzinsen sowie Zinsen für private Darlehen, die Sie während der Steuerperiode gezahlt haben, setzen Sie vom Einkommen ab.

Baukredit vs. Hypothek

ACHTUNG *Die Zinsen für einen Baukredit werden von den Steuerbehörden als Baukosten betrachtet und sind deshalb nicht abzugsfähig. Das gilt für die direkte Bundessteuer und in vielen Kantonen auch für die Staatssteuer. Versuchen Sie daher, statt eines Baukredits von Anfang an eine Hypothek abzuschliessen.*

Abzug der Unterhalts- und Verwaltungskosten

Aufwendungen für Unterhaltsarbeiten können vom Eigenmietwert abgezogen werden. Zur Wahl steht dabei ein Pauschalabzug oder – falls die Pauschale überschritten wird – ein Abzug in der Höhe der tatsächlichen Ausgaben.

Die **Pauschalen** sind je nach Kanton unterschiedlich hoch; viele Kantone wenden aber folgende Regel an: Für Objekte, die weniger als zehn Jahre alt sind, kann ein Pauschalabzug von 10 Prozent des Eigenmietwerts gemacht werden, für ältere ein Abzug von 20 Prozent.

Machen Sie Abzüge für Ihre **effektiven Aufwendungen** geltend, müssen Sie vor allem eines beachten: Unterhaltsarbeiten können nur abgesetzt werden, soweit sie werterhaltenden Charakter haben. Das trifft etwa zu beim Ersatz der alten Badewanne durch eine ähnliche neue. Lassen Sie aber einen Whirlpool einbauen, können Sie nicht die ganzen Kosten abziehen. Die Abgrenzung, welche Aufwendungen nun werterhaltend und welche wertvermehrend sind, ist oft schwer zu machen und führt immer wieder zu Diskussionen mit den Steuerbehörden. Möchten Sie diesem Konflikt aus dem Weg gehen, informieren Sie sich, bevor Sie renovieren, beim Steueramt, wie es Ihren konkreten Fall einschätzt.

Eine Ausnahmeregelung besteht für Investitionen in **energiesparende Massnahmen:** Obwohl sie wertvermehrend sind, dürfen sie abgezogen werden. Generell nicht abzugsberechtigt sind hingegen Investitionen in Neu- und Ausbauten, beispielsweise in einen Wintergarten, einen Anbau oder einen Dachausbau. Die meisten Steuerämter publizieren im Internet Listen, die aufzeigen, welche Abzüge geltend gemacht werden können.

TIPPS *Grössere Renovationen mit werterhaltendem Charakter sollten Sie aus steuertechnischen Gründen gut planen. Übersteigen die Aufwendungen nämlich Ihr steuerbares Einkommen, können Sie nicht alle Kosten abziehen. Arbeiten dieser Grössenordnung sollten Sie deshalb zeitlich so legen, dass sie den Jahres-*

Interessante Tabelle

UNTERSCHIEDLICHE STEUERBELASTUNG FÜR DIESELBE EIGENTUMSWOHNUNG

	Beim Erwerb 20 % Eigenkapital		15 Jahre später, 2. Hypothek amortisiert 35 % Eigenkapital		Nach der Pensionierung 80 % Eigenkapital	
Verkehrswert		800 000.–		800 000.–		800 000.–
Eigenmietwert[1)]		24 000.–		24 000.–		24 000.–
Unterhaltsabzüge pauschal 20 %[2)]		–4 800.–		–4 800.–		–4 800.–
1. Hypothek à 2,5 %	520 000.–	–13 000.–	520 000.–	–13 000.–	130 000.–	–4 000.–
2. Hypothek à 2,5 %	120 000.–	–3 000.–				
Veränderung des steuerbaren Einkommens		+3 200–		+6 200.–		+15 200.–
Veränderung der Steuerbelastung (Grenzsteuersatz 25 %)[3)]		**+800.–**		**+1 550.–**		**+3 800.–**

1) Faustregel für Eigentumswohnungen im Kanton Zürich: Verkehrswert × 3 %.

2) Abzugsfähig sind 20 % des Eigenmietwerts oder die effektiven Unterhaltskosten.

3) Der Steuereffekt resultiert aus der Veränderung des steuerbaren Einkommens multipliziert mit dem Grenzsteuersatz. Dieser Grenzsteuersatz ist je nach Einkommenssituation unterschiedlich. Er entspricht dem Ansatz, mit dem die obersten 1000 Franken Einkommen steuerlich belastet werden.

Quelle: VZ VermögensZentrum, 2019

wechsel mit einschliessen. Dann lassen sich die Abzüge auf zwei Steuerperioden verteilen.

In welchem Jahr die Aufwendungen abzugsberechtigt sind, ist kantonal unterschiedlich geregelt. Im Kanton Bern etwa zählt das Datum der Rechnungsstellung, in Zürich können Sie zwischen dem Datum der Rechnungsstellung und demjenigen der Bezahlung wählen. Fragen Sie beim Steueramt nach.

Eine Ausnahme bilden die Kosten für grössere energetische Sanierungen: Mit Inkrafttreten der neuen Liegenschaftskostenverordnung per 1. Januar 2020 darf man solche Ausgaben auf bis zu drei aufeinanderfolgende Steuerperioden verteilen – unabhängig davon, in welchem Jahr die Arbeiten oder die Rechnungstellung stattgefunden hat.

Einfluss auf die Vermögenssituation

Wie sich ein Eigenheimkauf auf die Steuerbelastung und die Vermögenssituation auswirkt, hängt von mehreren Faktoren ab: von der Höhe der Hypothek, von den aktuellen Zinssätzen, vom Einkommen (Progression) und davon, wie viel abzugsberechtigte Unterhaltsarbeiten vorgenommen wurden. Vereinfacht gesagt: Je höher die Schuldzinsen und die Investitionen in den Unterhalt, desto höher die möglichen Abzüge. Nur darf man dabei nicht vergessen, dass den Einsparungen bei den Steuern höhere Ausgaben gegenüberstehen. Ob es sich lohnt, die Ausgaben zu vergrössern – etwa in Form einer Hypothekenaufstockung –, nur um die Steuerschuld zu reduzieren, muss individuell berechnet werden. Eines zeigt die Tabelle auf der vorangehenden Seite jedenfalls deutlich: Die weitverbreitete Ansicht, Eigenheimbesitz führe in jedem Fall zu einer Steuerreduktion, entspricht nicht den Tatsachen.

TIPP *Die meisten Gemeinden bieten heute die Möglichkeit einer elektronischen Steuererklärung an. Mit diesen Tools können Sie berechnen, welche Auswirkungen Änderungen der Hypothekarzinsen auf Ihre Steuerschuld haben.*

Wenn es finanziell eng wird

Die Festhypothek läuft dummerweise in einer Hochzinsphase aus, der Job wird gekündigt, die Tochter braucht eine teure Zahnkorrektur: Das alles sind Gründe, die dazu führen können, dass ein Eigenheimbesitzer in arge finanzielle Nöte gerät. Bevor Sie aber über einen Hausverkauf nachdenken, prüfen Sie unbedingt folgende Möglichkeiten:

- Fragen Sie beim Steueramt, ob Ihr Eigenmietwert hinuntergesetzt werden kann. Macht der Eigenmietwert mehr als ein Drittel der verfügbaren Einkünfte aus, kommt einem die Behörde manchmal entgegen.
- Erstellen Sie ein Haushaltsbudget und überprüfen Sie dieses auf grössere Sparpotenziale (nur noch ein Auto statt zwei, ein kleineres Auto, Verzicht auf Ferien, Einschränkung bei teuren Hobbys). Formulare, die Ihnen die Zusammenstellung erleichtern, finden Sie im Internet unter www.budgetberatung.ch.
- Bei grösseren finanziellen Problemen sollten Sie sich mit einer Schulden- oder Budgetberatungsstelle in Verbindung setzen (www.schulden.ch).

- Informieren Sie Ihren Hypothekargeber über Ihre Situation: Wenn für das Finanzinstitut absehbar ist, dass sich die Situation wieder verbessert, wird es als Überbrückung unter Umständen für eine gewisse Zeit auf die Amortisationszahlungen verzichten oder einwilligen, dass die geschuldeten Hypothekarzinsen statt bezahlt auf Ihre Hypothek geschlagen werden. Dieses Vorgehen birgt allerdings ein Risiko: Das Finanzinstitut könnte Ihre Anfrage zum Anlass nehmen, Ihnen den Hypothekarkredit zu kündigen.
- Gibt es Verwandte oder Bekannte, die Sie unterstützen können (Erbvorbezug, Darlehen)?
- Können Sie einen finanziell potenten Solidarschuldner auftreiben, der zusammen mit Ihnen gegenüber der Bank für Ihren Hypothekarkredit bürgt?
- Versuchen Sie für einzelne Räume Ihres Hauses Untermieter zu finden oder vermieten Sie einen nicht gebrauchten Garagenplatz.
- Gibt es Möglichkeiten, Ihr Arbeitspensum oder das des Partners, der Partnerin aufzustocken?

Hilft alles nichts, werden Sie Ihr Haus verkaufen müssen. Dies selber zu tun, ist immer noch besser als eine von der Bank angeordnete Zwangsversteigerung. Dort wird oft nur ein Preis erzielt, der unter dem eigentlichen Verkehrswert liegt.

Der Wiederverkauf

10

Die Zeiten, als ein Haus oder eine Wohnung für «immer» gekauft wurde, sind vorbei. Auch in der Schweiz dreht sich der Immobilienmarkt heute schneller, es wird gekauft und wieder verkauft. Damit der Verkauf aber gut und zu einem fairen Preis über die Bühne geht, sollte man rechtzeitig mit der Planung beginnen und wissen, wo die heiklen Punkte sind.

Vorbereitung für den Wiederverkauf

Ein erfolgreicher Verkauf des eigenen Hauses oder der eigenen Wohnung braucht Zeit. Wer unter Druck verkauft, erzielt meist einen schlechteren Preis. Wer dagegen frühzeitig mit der Planung beginnt, kann zum einen Renovationsarbeiten entsprechend ausrichten (siehe Seite 231) und zum anderen die Hypothekarfinanzierung anpassen. Sorgfältig abwägen sollten Sie vor einem Verkauf auch, ob Sie die Sache selber in die Hand nehmen oder eine Fachperson beauftragen wollen.

Noch immer gilt der Frühling als die Jahreszeit, in der die meisten Immobilien die Hand wechseln. Wenn alles zu blühen beginnt, scheint auch der Wunsch nach einem Eigenheim stärker zu sein. Falls Sie es richten können, lohnt es sich also, Ihr Haus oder Ihre Wohnung im Frühling auf den Markt zu bringen.

Die Ausrichtung der Hypothek

Mit der Übergabe des Objekts an die neuen Eigentümer endet auch die Hypothekarfinanzierung durch Ihre Bank. Auf diesen Zeitpunkt hin müssen Sie die Hypothek kündigen und der Bank den noch offenen Kreditbetrag mit dem Geld aus dem Verkauf zurückzahlen.

Ist Ihr Eigenheim über eine Festhypothek finanziert, wird dieser Schritt nicht ganz einfach sein. Denn wenn Sie eine solche Hypothek vor Ende der Laufzeit kündigen, müssen Sie eine happige Strafgebühr zahlen. Wenn Sie Glück haben, können Sie die Hypothek auf den Käufer Ihrer Liegenschaft übertragen. Das funktioniert aber nur, wenn sie einen im Vergleich zu den aktuellen Marktangeboten attraktiven Zins aufweist, der Käufer zur Übernahme bereit ist und die Bank einwilligt. Denn diese ist zu einer Übertragung nicht verpflichtet. Erfüllt der Käufer die Kreditbedingungen der Bank nicht, wird sie das Gesuch ablehnen. Am grössten sind die Chancen, wenn Sie das Objekt innerhalb der Verwandtschaft verkaufen. Dann sind die meisten Banken kulanter und machen bei einer Übertragung mit.

Kein Problem beim Verkauf haben Sie dagegen mit einer variablen Hypothek. Diese können Sie unter Einhaltung der im Vertrag vereinbarten Kündigungsfristen (meist drei oder sechs Monate) jederzeit auflösen.

TIPP *Wenn Sie über einen Verkauf Ihrer Liegenschaft nachdenken, sollten Sie frühzeitig das Gespräch mit der Bank suchen und die Finanzierung entsprechend anpassen. Steht eine Ablösung der Hypothek an, wechseln Sie am besten auf ein Produkt mit kurzen Kündigungsfristen, auch wenn der Zins vielleicht etwas weniger attraktiv ist. Das erspart Ihnen viele Umtriebe und allfällige Strafgebühren.*

Selber verkaufen oder einen Makler beauftragen?

Ob Sie Ihre Liegenschaft selber auf dem Markt anbieten und verkaufen oder damit besser einen Profi beauftragen, hängt von verschiedenen Faktoren ab. Wenn Sie bereits Interessenten an der Hand haben, die das Objekt

SELBER VERKAUFEN: WENN SIE ZU FOLGENDEN FRAGEN JA SAGEN KÖNNEN

- Handelt es sich bei Ihrem Haus oder Ihrer Wohnung um ein durchschnittliches Objekt, wie es häufig auf dem Markt zu finden ist? Sollte es sich innert einiger Monate verkaufen lassen?
- Haben Sie genügend Zeit, um alle Verkaufsunterlagen zusammenzustellen, Inserate zu schalten, Telefonanrufe und E-Mails zu beantworten, Unterlagen zu versenden, das Objekt zu zeigen und die Verkaufsgespräche zu führen?
- Verfügen Sie über ein gewisses Verkaufstalent und sind Sie Kundengespräche gewohnt?
- Kennen Sie den lokalen Immobilienmarkt so gut, dass Sie wissen, zu welchen Preisen Konkurrenzobjekte gehandelt werden und welche Lagen derzeit gefragt sind?
- Können Sie Interessenten Ratschläge zur Finanzierung der Liegenschaft geben?
- Sind Sie mit dem Ablauf eines Verkaufs vertraut (Anzahlungen, Kaufverträge, Notariat, Grundbucheintrag, Bezahlung) und können Sie Interessenten diesbezüglich beraten?

mit grosser Wahrscheinlichkeit kaufen werden, oder wenn einige Voraussetzungen erfüllt sind (siehe Kasten auf der vorangehenden Seite), können Sie einen Verkauf gut selber in die Hand nehmen. Wenn nicht, sollten Sie den Beizug eines Immobilienmaklers ins Auge fassen.

Der Immobilienmakler

Das Obligationenrecht (OR) legt die Funktion eines Maklers genau fest: Der Makler ist ein Zwischenhändler, der für eine bestimmte Zeit und ein bestimmtes Honorar die Gelegenheit erhält, ein Objekt zu vermitteln oder zu verkaufen (Art. 412 ff. OR).

Zum Honorar des Maklers – das als Pauschale oder in Prozent des Verkaufspreises festgelegt wird – kommen die Kosten für die Erstellung der Verkaufsunterlagen sowie das Schalten von Inseraten. Diese gehen ebenfalls zulasten des Auftraggebers. Eine gute Maklerin sollte das Honorar sowie die Nebenkosten aber wieder hereinholen, indem sie das Objekt zu einem Preis verkauft, der über demjenigen liegen, den man als Liegenschaftsbesitzer bei einem Verkauf auf eigene Faust hätte erzielen können.

INFO *Ein Grossteil der Makler legt das Honorar in Prozent des Verkaufspreises fest (siehe nächste Seite). Es gibt aber auch Anbieter, die mit Fixpreisen arbeiten. Vor allem für Standardobjekte, die schnell einen Käufer finden, kann ein solches Angebot günstiger sein. Wichtig zu wissen: Die Pauschalen sind in der Regel an eine fixe Laufzeit gebunden und müssen zumindest teilweise im Voraus bezahlt werden. Nach Ende der Laufzeit besteht die Möglichkeit, das Mandat gegen einen Aufpreis zu verlängern. Vereinzelt finden sich auch Fixpreismakler, die eine Geld-zurück-Garantie bieten, falls das Objekt innerhalb der abgemachten Zeit nicht zum vereinbarten Preis verkauft werden kann. Auf jeden Fall gilt: Prüfen Sie die Vertragsbedingungen sorgfältig und vergleichen Sie die Kosten von Fixpreis und prozentualer Beteiligung kritisch.*

Den richtigen Makler finden

Grundsätzlich sollten Sie mit einem Makler zusammenarbeiten, der den lokalen Markt sehr gut kennt. Nur er kann die Verkaufschancen Ihrer

Liegenschaft richtig beurteilen und einen marktgängigen Preis vorschlagen. Zudem verfügt ein Makler aus der Region auch über eine Adresskartei mit Interessenten, die vor Ort auf der Suche nach einem Eigenheim sind.

Meist sind in einer Region mehrere Makler und Immobilientreuhänderinnen tätig. Sie können also eine Auswahl treffen. Berücksichtigen Sie dabei folgende Punkte:

- Suchen Sie im Internet auf spezialisierten Immobilienseiten (siehe Adressen im Anhang) nach Objekten in Ihrer Region. So sehen Sie schnell, welche Makler hier häufig tätig sind. Das elektronische Telefonbuch oder Suchmaschinen liefern Ihnen weitere mögliche Anbieter von Maklerdienstleistungen.
- Fragen Sie herum, wer schon mit welcher Maklerin gearbeitet hat und wie zufrieden die Leute mit dem Ergebnis waren.
- Haben Sie die Namen möglicher Makler beisammen, lassen Sie diese das Objekt besichtigen und eine Offerte für die Übernahme des Verkaufsmandats einreichen. Die Offerte sollte neben Angaben zum Honorar und weiteren Kosten auch eine Einschätzung der Verkaufschancen und eine Vorstellung vom erzielbaren Preis beinhalten.
- Lassen Sie sich Referenzen geben und überprüfen Sie diese.
- Arbeiten Sie nur mit Maklerinnen und Maklern zusammen, die Mitglied des Branchenverbands SVIT sind und/oder zu einem der schweizweit tätigen Maklernetzwerke wie Era, Remax und Alacasa gehören (Adressen im Anhang). So stellen Sie sicher, dass gewisse Mindestanforderungen punkto Service und Ausbildung erfüllt sind. Zudem können Sie bei Unstimmigkeiten bei der jeweiligen Zentrale reklamieren.
- Arbeiten Sie nie mit Maklern zusammen, die ohne festes Büro, Internetauftritt und eigenes Briefpapier tätig sind und als einzigen Kontakt eine Mobiltelefonnummer angeben.

Der Maklervertrag

Wenn Sie die richtige Vertrauensperson für Ihren Immobilienverkauf gefunden haben, sollten Sie unbedingt einen schriftlichen Vertrag abschliessen. Dieser Maklervertrag muss folgende Punkte klar regeln (eine Vertragsvorlage finden Sie im Anhang und online unter www.beobachter.ch/download):

- **Laufzeit:** Üblich sind zwölf Monate. Um den Druck zu erhöhen, können Sie auch eine kürzere Zeit wählen.

- **Exklusivauftrag:** Halten Sie fest, ob die Maklerin exklusiv für den Verkauf zuständig ist oder ob es Ihnen freisteht, auch andere Makler zu beauftragen. Grundsätzlich ist es jedoch nicht empfehlenswert, mehrere Makler parallel zu beauftragen. Das führt meist nur zu Verwirrungen, etwa weil Ihr Objekt dann bei mehreren Büros ausgeschrieben ist.
- **Honorar:** Legen Sie den Prozentsatz am Verkaufspreis fest, der dem Makler zusteht. Üblich sind in florierenden Märkten wie Zürich oder Genf 2,5 bis 3 Prozent des Verkaufspreises. In Regionen mit geringerer Nachfrage können es auch bis zu 5 Prozent sein. Regeln Sie im Vertrag, ob das Honorar auf der Basis des zu Beginn besprochenen Preises oder des tatsächlich erzielten Verkaufspreises errechnet wird. Letzteres empfiehlt sich, damit der Makler den Ansporn hat, einen guten Preis zu erzielen. Halten Sie zudem fest, welche Leistungen im Honorar eingeschlossen sind, was über die Nebenkosten abgerechnet wird und zu welchem Zeitpunkt das Honorar zu bezahlen ist.
  Häufig anzutreffen ist heute auch die Variante, einen Zielpreis zu vereinbaren. Verkauft die Maklerin die Liegenschaft dann zu einem höheren Preis, erhält sie eine zusätzliche Gewinnbeteiligung – zum Beispiel 10 Prozent. Die Höhe der Beteiligung sollte im Vertrag festgehalten werden. Durch eine solche Vereinbarung wird die Maklerin motiviert, einen möglichst guten Preis zu erzielen – etwa indem sie ein Bietverfahren durchführt (siehe Seite 57).
- **Nebenkosten:** Legen Sie fest, wie hoch das maximale Budget des Maklers ist: für Inserate, das Erstellen der Verkaufsunterlagen und weitere Auslagen, etwa das Einholen externer Schätzungen.
- **Auftragsinhalt:** Halten Sie genau fest, welche Leistungen die Maklerin im Rahmen des Vertrags zu erbringen hat. Üblicherweise umfasst die Arbeit die gesamte Durchführung des Verkaufs bis zur Beurkundung. Dazu gehören:
  - Festlegung des Verkaufspreises
  - Erstellen der Verkaufsdokumentation
  - Marketingmassnahmen
  - Käufersuche
  - Organisation und Durchführung von Besichtigungsterminen
  - Verhandlungen mit den Kaufinteressenten
  - Prüfung und Anpassung des Kaufvertrags

- Organisation der Beurkundung
- Sicherstellung des Kaufpreises mittels eines Zahlungsversprechens der Bank des Käufers
- Zum Teil auch die Übergabe des Objekts an den Käufer

Werden nicht alle diese Leistungen erbracht oder werden zusätzliche Aufgaben übernommen, müssen Sie das Honorar der Maklerin entsprechend nach unten oder oben korrigieren.

- **Verkaufsobjekt:** Definieren Sie klar, welches Objekt verkauft werden soll (Adresse, Katasternummer, Objektart, eventuell zugehörige Nebenbauten). Halten Sie zudem fest, was alles mitverkauft wird und im Preis eingeschlossen ist (zum Beispiel Möbel, Geräte).
- **Verkaufspreis:** Die Höhe des Verkaufspreises und die Art des Verkaufs (Fixpreis oder meistbietend) gehören unbedingt in den Vertrag.
- **Mandatsende:** Halten Sie fest, auf welches Datum hin das Mandat endet, falls es zu keinem Verkauf kommt, und welche Bedingungen für eine Verlängerung gelten. Machen Sie keine stillschweigende Verlängerung ab. Viele Standardverträge für Makler haben eine fixe Laufzeit von sechs oder zwölf Monaten.
- **Entschädigung bei Nichtverkauf:** Halten Sie fest, was geschieht, wenn das Objekt am Ende der Vertragslaufzeit nicht verkauft wurde. Üblicherweise steht dem Makler auch dann eine Entschädigung für seinen Aufwand zu. Führen Sie im Vertrag auf, was zu welchen Ansätzen verrechnet werden darf (Stundenaufwand und -ansatz für Besichtigungen, Spesen für Telefon und Autokilometer), oder vereinbaren Sie einen prozentualen Anteil des abgemachten Honorars als Pauschale für den Fall, dass kein Verkauf zustande kommt.
- **Kostendach**: Eine faire und bewährte Möglichkeit ist es, im Maklervertrag zwei Kostendächer festzuhalten. Beispielsweise eines für die Zeit bis zur Ausschreibung des Objekts und eines für den Rest des Auftrags. Die Maklerin informiert Sie, sobald das erste Kostendach erreicht ist, und Sie haben dann die Möglichkeit, aus dem Vertrag auszusteigen und nur den Betrag des Kostendachs zu bezahlen. Kommt der Verkauf zustande, ist dann aber natürlich nicht der Betrag des Kostendachs, sondern der abgemachte Prozentsatz vom Verkaufspreis als Honorar geschuldet.
- **Entschädigung bei Eigenverkauf:** Regeln Sie, ob die Maklerin auch ein Honorar erhält, wenn Sie die Liegenschaft selber verkaufen können

oder wenn ein anderer Makler einen passenden Käufer findet. Die meisten Standardverträge sehen vor, dass die Maklerin auch bei einem Eigenverkauf das volle Honorar erhält. Im Minimum steht ihr aber eine Entschädigung für den bereits geleisteten Stundenaufwand sowie für die Nebenkosten zu.

- **Informationspflicht:** Üblicherweise werden Sie als Auftraggeber im Vertrag mit dem Makler dazu verpflichtet, ihm alle nötigen Informationen zur Verfügung zu stellen. Dazu gehören auch Hinweise auf Mängel oder Probleme des Objekts. Damit wird sichergestellt, dass der Makler später nicht für Probleme mit der Liegenschaft zur Rechenschaft gezogen wird, von denen er keine Kenntnis hatte.
- **Rechenschaft:** Vereinbaren Sie mit der Maklerin, dass sie Ihnen regelmässig, beispielsweise monatlich, Rechenschaft über die geleistete Arbeit abliefert – etwa durch eine Auflistung der Kaufinteressenten, mit denen sie Kontakt hatte, der durchgeführten Besichtigungen oder der geschalteten Inserate.
- **Vollmacht:** Bevollmächtigen Sie die Maklerin dazu, alle erforderlichen Unterlagen für den Verkauf zu beschaffen und alle dafür nötigen Verhandlungen zu führen.
- **Schiedsgerichtsbarkeit**: Halten Sie fest, welcher Ort für die Schiedsgerichtsbarkeit gilt. Damit vermeiden Sie, sollte es zu einem Streit kommen, Sprachprobleme oder Diskussionen über unterschiedliche kantonale Regelungen.

Beim Maklervertrag handelt es sich – wenn nichts anderes abgemacht wird – um ein Auftragsverhältnis. Wen Sie mit der Arbeit der Maklerin nicht zufrieden sind, können Sie den Auftrag jederzeit beenden und müssen sie nur für den geleisteten Aufwand entschädigen.

Welchen Wert hat die Liegenschaft?

Wenn Sie Ihre Liegenschaft erfolgreich selber verkaufen wollen, müssen Sie den Marktwert kennen. Dieser entspricht meist weder dem Preis, den Sie am liebsten erzielen würden, noch dem Preis, den Sie selber einmal gezahlt haben, plus die von Ihnen im Lauf der Zeit getätigten Investitionen. Einen verlässlichen Wert liefert Ihnen ein versierter Liegenschaftenschätzer oder eine Schätzung mit speziellen Computerprogrammen (siehe Seite 55).

Die Festlegung des Verkaufspreises

Nicht immer wird sich der Marktpreis mit Ihrer Wunschvorstellung decken. Vor allem bei Liegenschaften weit abseits der Zentren und der grossen Verkehrswege kann es sein, dass der erzielbare Verkaufspreis unter dem ursprünglichen Kaufpreis (plus Investitionen) liegt.

Auch wenn es wehtut, sollten Sie sich bei der Festlegung des Preises von den Gegebenheiten des Marktes leiten lassen und keinen überhöhten Betrag festsetzen. Ein Verkauf wäre sonst reine Glückssache.

Grundsätzlich haben Sie zwei Möglichkeiten der Preisgestaltung: Entweder nehmen Sie den Schätzwert und schlagen einen kleinen Betrag darauf – sozusagen Ihr Spielraum, um den Sie den Preis in den Verhandlungen auch wieder zu senken bereit sind. Oder Sie legen den Schätzwert als Verhandlungsbasis fest und führen eine oder zwei Bieterrunden durch (siehe Seite 57).

TIPP *Haben Sie den Preis oder die Verhandlungsbasis einmal festgelegt und veröffentlicht, sollten Sie nicht mehr davon abweichen. Erst wenn Sie sehen, dass sich zu diesen Bedingungen überhaupt kein Käufer finden lässt, können Sie die Preisgestaltung nochmals überdenken und den Wert korrigieren.*

So verkaufen Sie Ihre Liegenschaft auf eigene Faust

Nicht nur der Preis, auch gut gestaltete Unterlagen, Inserate am richtigen Ort und die fachgerechte Präsentation Ihres Eigenheims an den Besichtigungsterminen sind wichtige Faktoren für einen erfolgreichen Verkauf ohne Beizug eines Maklers. Die folgenden Abschnitte liefern Ihnen die Informationen dazu.

Die Verkaufsunterlagen

Gut präsentierende Unterlagen sind eine wichtige Visitenkarte für Ihre Immobilie. Diese sollen dem Käufer nicht nur einen ersten, umfassenden Eindruck von der Liegenschaft geben, sondern auch ausführlich genug sein (siehe Checkliste), damit er bei seiner Bank ein Kreditbegehren stellen kann.

Wenn Sie Zugang zu einem Computer mit Scanner sowie einer Digitalkamera haben und genügend versiert sind im Umgang damit, können Sie

CHECKLISTE: VERKAUFSDOKUMENTATION

- Übersichtskarte der Gemeinde mit markiertem Objekt
- Übersichtskarte Quartier mit markiertem Objekt und Markierung wichtiger Angebote im Umfeld (Haltestelle öffentlicher Verkehr, Schulen, Kindergarten, Einkaufs- und Freizeitmöglichkeiten)
- Auflistung aller Verkehrsverbindungen zu wichtigen Zielen (öffentlicher Verkehr und Strasse)
- Liste aller wichtigen Angebote im Umfeld (Einkauf, Schule, Kindergarten, Freizeit) mit Angabe der Distanz in Metern oder Kilometern
- Kurzer Beschrieb des Objekts (Grundstücksfläche, Anzahl Geschosse, Wohnfläche, Bauweise, Baujahr, Renovationen mit Jahreszahl, Garagen- oder Parkplätze; bei Stockwerkeigentum zusätzlich Angaben zum gesamten Objekt und zur Anzahl Eigentümer)
- Wichtige Ausstattungsdetails (Heizungsanlage, Warmwasseraufbereitung, elektrische Anlagen, Telefon, Netzwerkverkabelung, spezielle Installationen und Ausbauten)
- Alle Pläne (Situationsplan, Pläne aller Geschosse im Massstab 1:100, Schnitte, Fassadenansichten)
- Aktuelle Fotos von innen und aussen; optimal geeignet sind Aussenaufnahmen vom Frühling oder Sommer, aber auch ein Winterbild bei schönem Wetter und mit verschneitem Garten; falls vorhanden auch Luftaufnahmen.
- Grundbuchauszug (inklusive Dienstbarkeiten, siehe auch Seite 66) und Katasterplan
- Police der Gebäudeversicherung
- Preis oder Verhandlungsbasis
- Bei Stockwerkeigentum: Höhe der Einlage im Erneuerungsfonds und Regelung dazu (im Preis eingeschlossen oder separate Verrechnung)
- Übernahmetermin
- Bericht des Schätzers oder ausgedruckte Computerbewertung
- Kontaktadresse mit Telefonnummer und E-Mail

die Verkaufsdokumente selber erstellen und mit einem Farblaser-Gerät ausdrucken. Oder Sie beauftragen ein Kopiercenter mit dem Ausdruck.

Erstellen Sie zusätzlich ein PDF-File Ihrer Dokumentation. Dieses können Sie Interessenten per E-Mail zukommen lassen oder auf der Website, auf der Sie Ihr Objekt inserieren, zum Herunterladen bereitstellen. So sparen Sie Porto- und Druckkosten.

TIPP *Wenn Sie geübt sind im Erstellen von Websites, können Sie mit den Unterlagen der Verkaufsdokumentation eine eigene Site erstellen und die Adresse in den Inseraten angeben.*

Gezielt inserieren

Die Erfahrung von Immobilienmaklern zeigt: Die Mehrheit der Objekte wird von Interessenten gekauft, die in einem Umkreis von 10 bis 15 Kilometern wohnen. Dieser Tatsache sollte man sich bewusst sein, um nicht unnötig viel Geld in falsch platzierte Inserate zu stecken.

In einem ersten Schritt lohnt es sich, die Verkaufsabsicht im Quartier oder im Dorf bekannt zu machen. Dazu helfen ein Schild am Haus, Mund-zu-Mund-Propaganda, Kundeninserate im Quartier- oder Dorfladen oder Handzettel, die in der Nachbarschaft verteilt werden.

Parallel dazu können Sie Ihr Objekt auch auf einer Website aufschalten. Verschiedene lokale Portale, darunter auch einige Banken, bieten die Möglichkeit von Gratisinseraten. Bevor Sie Ihr Objekt zusätzlich gegen Bezahlung auf eine national bekannte Plattform stellen, sollten Sie prüfen, welche die grösste Anzahl Objekte in Ihrer Region anbietet (Adressen im Anhang). Am besten suchen Sie auf den verschiedenen Seiten nach einem Objekt, das Ihrem eigenen entspricht. Dort, wo Sie das grösste Angebot finden, sollten Sie die Anzeige für Ihr Haus oder Ihre Wohnung ebenfalls aufschalten.

Das Auge kauft mit

Der erste Eindruck einer Liegenschaft ist entscheidend für den Verkaufserfolg, denn die Käufer lassen sich oft stark vom Gefühl leiten. Also sollten Sie Ihre Liegenschaft optisch herausputzen. Dabei lohnen sich

IMAGEPOLITUR FÜRS EIGENHEIM

- **Garten:** Gestutzte Büsche lassen den Garten nicht nur gepflegt wirken, sondern bringen auch Licht ins Haus. Nicht vergessen sollten Sie, den Rasen zu mähen, die Beete zu jäten und kaputte Platten auf Terrassen und Wegen zu ersetzen.
- **Fassade:** Mit einer schmutzigen oder abblätternden Fassade wirkt die ganze Liegenschaft heruntergekommen. Dann empfiehlt sich eine Reinigung und das Ausbessern beschädigter Stellen. Ist die Fassade in einem sehr schlechten Zustand, kann sich sogar ein Neuanstrich lohnen.
- **Eingang:** Der Eingang ist die Visitenkarte Ihres Hauses. Eine abgenutzte Tür, eine defekte Klingel oder ein verbeulter Briefkasten hinterlassen einen schlechten Eindruck. Neuanstrich, Reparatur oder Austausch polieren die Optik auf.
- **Sauberkeit:** Ein gründlicher Frühlingsputz vor dem Besuch der ersten Kaufinteressenten ist ein Muss. Regnet es zwischen den Besuchstagen, sollten die Fenster nachgeputzt werden.
- **Zimmer:** Mit Möbeln vollgestellte und mit Bildern vollgehängte Zimmer sehen kleiner aus. Haben Sie die Möglichkeit, einige Möbel und Gegenstände zu entfernen, wirken die Zimmer grösser. Wo nötig, sollten Sie auch zu Farbe und Roller greifen.
- **Küche:** Die Optik der Küche ist eines der wichtigsten Entscheidungskriterien beim Kauf. Schränke, Kühlschrank und Ofen sollten Sie deshalb sorgfältig reinigen und aufräumen. Achten Sie darauf, dass alle Geräte voll funktionstüchtig sind – auch die Beleuchtung im Backofen und Kühlschrank – und dass der Kühlschrank nicht zu voll ist.
- **WC und Bad:** Neben der Küche stehen die Nasszellen ganz oben auf der Besichtigungsliste. Hier lohnt sich eine ausführliche Putzaktion. Einen abgenutzten Duschvorhang oder einen kaputten WC-Deckel sollten Sie austauschen. Hängen Sie vor der Besichtigung frische Handtücher auf und räumen Sie Zahnbürsten, Zahnpasta und Ähnliches weg.
- **Beleuchtung:** Dunkle Räume wirken wenig attraktiv. Die Vorhänge sollten Sie deshalb weit öffnen, um Licht hereinzulassen und die Aussicht zu präsentieren. In Räumen ohne Fenster empfiehlt es sich, alle Lampen einzuschalten. Tauschen Sie wo nötig die Leuchtmittel gegen solche mit höherer Leistung aus.
- **Garage, Keller, Estrich:** Vollgestellt mit Velos und Gerümpel, wirkt auch eine Doppelgarage klein. Misten Sie deshalb aus und reinigen Sie die Räume gründlich. Gleiches gilt für Estrich und Keller.

Eine praktische Checkliste für die Instandstellung Ihres Eigenheims finden Sie unter www.beobachter.ch/download.

auch kleine Investitionen – etwa der Neuanstrich von Zimmern, der Austausch eines verschlissenen Bodens, die Reinigung der Fassade oder der Beizug eines Gärtners, der den Garten aufpeppt.

Für etwas in die Jahre gekommene Häuser oder Wohnungen an Orten mit einer weniger hohen Nachfrage und grosser Konkurrenz, kann sich unter Umständen auch ein «Home Staging» lohnen. Das Vorbild dazu stammt, wie die englische Bezeichnung vermuten lässt, aus den USA. Bei einem Staging peppt ein Inneneinrichtungsprofi das Objekt im Innern auf und versucht, möglichst den Geschmack der angestrebten Käuferschaft zu treffen. Dazu werden etwa Ihre Möbel gegen extra angemietete ausgetauscht, Küche und Bad mit Accessoires optisch aufgehübscht, andere Lampen montiert oder Räume entrümpelt. Ein solches Staging kostet zwar schnell einmal einige Tausend Franken. Geht dadurch der Verkauf schneller über die Bühne oder lässt sich ein höherer Preis erzielen, kann es sich aber durchaus lohnen. Ob und wo der Aufwand sinnvoll ist, müssen Sie für Ihre konkrete Situation prüfen.

Auch ohne Beizug von Experten lohnt es sich aber, vor der Schaltung des ersten Inserats zumindest die äussere Optik des Objekts aufzufrischen. Der Fokus liegt dabei auf der Fassade und dem Garten. Denn die meisten Interessenten nehmen, sobald sie vom Verkauf wissen, zuerst einmal einen Augenschein von aussen vor. Und da ist der erste Eindruck entscheidend: Gemäss Untersuchungen entscheidet sich in den ersten 30 Sekunden, ob sich jemand weiter für eine Immobilie interessiert.

TIPP *Um nicht jeden zweiten Tag Ihr Haus, Ihre Wohnung für Interessenten herrichten machen zu müssen, legen Sie am besten einige Daten fest, an denen Sie Besichtigungen durchführen. Dabei lohnt es sich, wenn möglich den Wetterbericht zu berücksichtigen. Denn bei Sonne wirkt Ihr Haus viel freundlicher als an einem grau verhangenen Tag.*

Die Besichtigung

Damit die Besichtigung reibungslos abläuft und Sie den Interessenten genügend Zeit widmen können, sollten Sie sie nicht alle gleichzeitig bestellen. Planen Sie je nach Grösse des Objekts zwischen 30 und 45 Minuten pro Partei ein und lassen Sie neue Interessenten erst auf Besichtigungstour, wenn die vorherigen gegangen sind.

Mit Vorteil machen Sie mit den Interessenten einen festgelegten Rundgang durch alle Räume und den Garten. Überlegen Sie sich im Voraus, was Sie über das Objekt erzählen wollen. Dabei lohnt es sich, in erster Linie Fakten – also Flächen, Renovationen oder Ausbaupotenziale – zu nennen und emotionale Dinge beiseitezulassen. Diese mögen für Sie interessant sein, für eine mögliche Käuferin hingegen nicht. Auf Fragen sollten Sie ehrlich antworten, denn ein Interessent wird schnell spüren, ob Ihre Angaben stimmen. Das gilt insbesondere auch für den Grund des Verkaufs.

TIPP *Überlegen Sie sich im Voraus, welche Fragen zu Ihrem Haus Sie stellen würden, und tragen Sie die Antworten für sich bereits zusammen. So können Sie während der Besichtigung schnell und kompetent reagieren. Haben Sie eine Antwort nicht auf Anhieb parat, bieten Sie an, diese telefonisch oder per E-Mail nachzuliefern.*

Die Haftung beim Verkauf

Üblicherweise werden gebrauchte Immobilien ohne irgendwelche Garantieleistungen verkauft. Ist eine Interessentin zum Kauf bereit, sollten Sie sie auf diesen Umstand aufmerksam machen und darauf achten, dass im Verkaufsvertrag alle Garantieleistungen wegbedungen werden (siehe Seite 130). Haben Sie vor dem Verkauf grössere Umbau- oder Renovationsarbeiten ausgeführt, können Sie die dafür geltenden Garantien gemäss SIA-Norm 118 oder Werkvertrag nach OR (siehe Seite 217 und 219) auf den Käufer übertragen.

Im Rahmen der Aufklärungspflicht sind Sie als Verkäufer oder Verkäuferin verpflichtet, Ihnen bekannte Mängel offenzulegen. Tun Sie dies nicht und kann der Käufer beweisen, dass Sie ihm die Mängel arglistig verschwiegen haben, können Sie schadenersatzpflichtig werden.

Anhang

Musterverträge

Adressen und Links

Literatur

Stichwortverzeichnis

Alle Musterverträge stehen online zum Herunterladen bereit: www.beobachter.ch/download (Code 9155).

Musterverträge

DARLEHENSVERTRAG

zwischen

Peter M., Bachstrasse 111, 8000 Zürich, als Darlehensnehmer

und

Rita H., Talweg 1, 8400 Winterthur, als Darlehensgeberin

1. Rita H. gewährt Peter M. ein Darlehen von 25 000 Franken (in Worten: fünfundzwanzigtausend Franken). Der Vertrag zwischen den beiden Parteien beginnt nach der Überweisung des Darlehens auf das Konto 25-343535-343 bei der Interbank, Zürich, und beidseitiger Unterzeichnung am 4. Juni 2020.
2. Das Darlehen wird vom Darlehensnehmer zum Kauf einer Eigentumswohnung an der Bachstrasse 95, 8000 Zürich, verwendet.
3. Der vorliegende Darlehensvertrag kann von beiden Seiten frühestens zwei Jahre nach Inkrafttreten und mit einer Frist von sechs Monaten gekündigt werden.
4. Peter M. verpflichtet sich, das Darlehen in fünf Raten von 5000 Franken bis zum 31. Juli 2025 zurückzuzahlen. Die erste Rückzahlung erfolgt am 31. Juli 2021.
5. Peter M. zahlt der Darlehensgeberin auf dem jeweils noch ausstehenden Darlehensbetrag einen Zins. Der Zinssatz entspricht demjenigen des variablen Zinses für erstrangige Hypotheken bei der Interbank, Zürich, und passt sich laufend diesem an. Zu zahlen ist der Zins jeweils halbjährlich am 31. Januar und am 31. Juli, erstmals am 31. Januar 2021.
6. Als Sicherheit für das Darlehen erhält Rita H. von Peter M. einen Inhaberschuldbrief im 3. Rang in der Höhe von 25 000 Franken auf der unter Punkt 2 genannten Liegenschaft. Dieser Schuldbrief wird durch ein im Grundbuch eingetragenes Grundpfandrecht abgesichert.

Im Übrigen gelten für diesen Darlehensvertrag die Bestimmungen des Schweizerischen Obligationenrechts (Art. 312 ff. OR).

Zürich, 15. Juli 2020

Darlehensnehmer:	Darlehensgeberin:
Peter M.	Rita H.

GESELLSCHAFTSVERTRAG

1. Sabina C., Waldstrasse 1, 5000 Aarau, und Jan O., Waldstrasse 1, 5000 Aarau, kaufen als Mitglieder einer einfachen Gesellschaft das Einfamilienhaus an der Luegislandstrasse 23 in 5413 Birmenstorf zum Preis von Fr. 630 000.– im Miteigentum. Sie werden das Haus gemeinsam bewohnen.
2. Finanziert wird der Kauf durch eine Hypothek von Fr. 430 000.– und Eigenkapital von Fr. 200 000.–. Beide Gesellschafter tragen die Finanzierungskosten zu gleichen Teilen und steuern je Fr. 100 000.– zum Eigenkapital bei. Die jeweils erforderlichen Beträge sind fristgerecht auf das Gesellschaftskonto «Rubrik Eigenheim Birmenstorf» bei der Raiffeisenbank in Zürich einzuzahlen. Die Gesellschafter verfügen über dieses Konto mit Kollektivunterschrift.
3. Beide Gesellschafter tragen die laufenden Kosten der Liegenschaft (Hypothekarzins, Unterhalt, diverse Nebenkosten etc.) zu gleichen Teilen.
4. Beide Gesellschafter haben die gleichen Mitbestimmungsrechte. Können sich die Parteien nicht einigen, entscheidet der Präsident des zuständigen Bezirksgerichts endgültig.
5. Jeder Gesellschafter ist berechtigt, den Gesellschaftsvertrag unter Einhaltung einer Kündigungsfrist von sechs Monaten auf einen beliebigen Termin hin zu kündigen. Die verbleibende Partei ist verpflichtet, die Liegenschaft nach Ablauf der Kündigungsfrist innert einer Frist von weiteren sechs Monaten zu übernehmen. Während dieser Zeit trägt die verbleibende Partei sämtliche Liegenschaftskosten allein.
   Ist es der verbleibenden Partei nicht möglich, die Liegenschaft innert der genannten Frist zu übernehmen, ist die Liegenschaft an eine Drittperson zu verkaufen. Der Verkauf wird über folgenden Liegenschaftenmakler abgewickelt: Interimmobilia, Bahnhofstrasse 1, 5000 Aarau. In diesem Fall tragen die Parteien sämtliche Liegenschaftskosten bis zum Verkauf gemeinsam.
6. Der Verkaufserlös oder ein allfälliger Verlust wird zu gleichen Teilen unter den Gesellschaftern aufgeteilt.
7. Beim Tod eines Gesellschafters fällt sein Anteil an den überlebenden Gesellschafter.

Aarau, 10. Mai 2010

Sabina C. Jan O.

MIETVERTRAG

zwischen

Maria F., Rosengasse 5, 4000 Basel, als Eigentümerin/Vermieterin

und

Harald P., Bergstrasse 100, 4410 Liestal, als Mieter

1. Harald P. wird am 1. Mai 2020 in die Eigentumswohnung von Maria F. an der Rosengasse 5 in Basel einziehen. Sein Arbeitszimmer steht ihm zur Alleinbenutzung zu; am Rest der Wohnung – mit Ausnahme des Arbeitszimmers der Eigentümerin – hat er ein Mitbenutzungsrecht.
2. Der monatlich im Voraus zu zahlende Mietzins beträgt pauschal Fr. 1520.–, inkl. aller Nebenkosten sowie der Mitbenutzung des Garagenplatzes.
3. Das Mietverhältnis kann beidseitig unter Einhaltung einer Kündigungsfrist von drei Monaten auf den nächsten ortsüblichen Kündigungstermin aufgelöst werden.*
   Die beiden Parteien können sich schriftlich auch auf eine Beendigung zu einem anderen Zeitpunkt einigen.

Basel, 20. April 2020

Eigentümerin:
Maria F.

Mieter:
Harald P.

Beilage: Inventar

* Drei Monate Kündigungsfrist sind – ausser bei möblierten Zimmern – im Mietrecht zwingend. Allerdings können im schlimmsten Fall bis zum nächsten ortsüblichen Kündigungstermin fast neun Monate verstreichen. Möchten Sie sich einen flexibleren Ausstieg offenhalten, wählen Sie besser folgende Formulierung: «Das Mietverhältnis kann beidseitig unter Einhaltung einer dreimonatigen Kündigungsfrist auf jedes Monatsende aufgelöst werden.»

MAKLERVERTRAG/VOLLMACHT

1. Die Unterzeichnende

   Lisa S., Bahnhofstrasse 25, 9000 St. Gallen,
   als Auftraggeberin

   beauftragt hiermit

   Immobilia AG, Hauptstrasse 10, 9000 St. Gallen,
   als Beauftragte

   mit dem Verkauf folgender Liegenschaft:

   Grundbuch-Nummer: 34652
   Gemeinde: Amriswil
   Adresse: Hinterdorfstrasse 304, 9000 St. Gallen
   Richtpreis: Fr. 580 000.–

   Die Beauftragte hat im Sinn von Artikel 412 ff. OR Gelegenheit, den Abschluss eines Verkaufs-, Kauf- oder Tauschvertrags nachzuweisen oder den Abschluss eines solchen Vertrags zu vermitteln.

2. Die Auftrag- und Vollmachtgeberin erklärt hiermit, verfügungsberechtigte Eigentümerin der unter Ziffer 1 genannten Liegenschaft, die sie zu veräussern beabsichtigt, zu sein.

3. Die Beauftragte wird bevollmächtigt, alle für das Zustandekommen des Geschäfts erforderlichen Arbeiten wie Besichtigung, Ausschreibung der Liegenschaft, Beschaffung von Liegenschaftsbeschreibungen und Grundbuchauszügen, Verhandlungen mit Interessenten, Behörden und Banken, Korrespondenzen und dergleichen auszuführen.

4. Die Auftraggeberin hat der Beauftragten eine Provision von 3 Prozent (zuzüglich Mehrwertsteuer) des effektiv erzielten Verkaufspreises oder einen Betrag von Fr. 11 000.– zu zahlen, wenn der Vertrag infolge Nachweises oder infolge der Vermittlung der Beauftragten zustande gekommen ist. Die Entschädigung ist zahlbar am Tag der notariellen Beurkundung des Kaufvertrags oder eines dahinzielenden Vorvertrags, eines Vorkaufs- oder Kaufrechtvertrags.

5. Kommt ein Kauf bzw. Verkauf der in Ziffer 1 genannten Liegenschaft während der Dauer des gegenwärtigen Vertrags zustande, hat die Beauftragte Anspruch auf die in Ziffer 4 festgesetzte Provision. Wird die Liegenschaft ohne Mitwirkung der Beauftragten durch die Auftraggeberin oder durch eine Drittperson verkauft, hat die Beauftragte gegenüber der Auftraggeberin Anspruch auf die Hälfte der in Ziffer 4 genannten Vermittlungsprovision.

6. Kommt das in Ziffer 1 genannte Geschäft während der Dauer dieses Vertrags nicht zustande, hat die Auftraggeberin der Beauftragten ihren Zeitaufwand gemäss SVIT-Honorarrichtlinien zu entschädigen. Kommt das in Ziffer 1 genannte Geschäft nach Beendigung des gegenwärtigen Vertrags zustande, hat die Beauftragte dann gleichwohl Anspruch auf die volle Provision gemäss Ziffer 4, wenn zwischen ihren Bemühungen während der Auftragszeit und der Entschliessung einer Drittperson zum Geschäftsabschluss der sachliche oder psychologische Zusammenhang gegeben ist.

7. Die Auftraggeberin bezahlt die Insertionskosten. Als Kostendach für diese werden Fr. 2500.– festgelegt.

8. Gerichtsstand ist St. Gallen.

9. Dieser Auftrag hat Gültigkeit für die Dauer von sechs Monaten.

10. Die Auftraggeberin bestätigt, dass kein weiterer Maklervertrag für die in Ziffer 1 genannte Liegenschaft besteht, und verpflichtet sich, für das in Ziffer 1 genannte Objekt keine weiteren Maklerverträge abzuschliessen sowie keine unentgeltlichen Vermittlerdienste von dritter Seite anzunehmen. Ferner verpflichtet sich die Auftraggeberin, der Beauftragten sämtliche ihr vor und/oder nach Abschluss dieses Vertrags bekannten und/oder bekannt gewordenen Interessenten schriftlich und mit Namen und Adresse unverzüglich anzuzeigen. Bei Verletzung dieser Pflichten durch die Auftraggeberin bleiben die Ansprüche der Beauftragten ungeschmälert bestehen.

    Die Auftraggeberin bestätigt, die SVIT-Honorarrichtlinien zu kennen.

11. Die Beauftragte ist berechtigt, Anzahlungen im Namen der Auftraggeberin entgegenzunehmen.

St. Gallen, 4. August 2020

Die Auftraggeberin:	Die Beauftragte:
Lisa S.	Immobilia AG

Quelle: SVIT Sektion Bern

Adressen und Links

Amtsstellen und Verbände

Bundesamt für Energie (BFE)
EnergieSchweiz
3063 Ittigen
Tel. 058 462 56 11
www.energieschweiz.ch
Aktionsprogramm zur Realisierung der energie- und klimapolitischen Ziele

Bund Schweizer Architekten
Pfluggässlein 3
4001 Basel
Tel. 061 262 10 10
www.bsa-fas.ch
Datenbank für Architektur-Interessierte

Casafair
Bollwerk 35
3001 Bern
Tel. 031 311 50 55
casafair.ch
Vertrtitt sozial orientierte und umweltbewusste Haus- und Wohnungseigentümer

Entwicklung Schweiz, Schweizer Branchenverband der Generalunternehmer
Bahnhofplatz 1
3011 Bern
Tel. 031 382 93 82
www.entwicklung-schweiz.ch

Hauseigentümerverband Schweiz (HEV)
Seefeldstrasse 60
8032 Zürich
Tel. 044 254 90 20
www.hev-schweiz.ch
Vertritt die Interessen der Hauseigentümer

Schweizer Immobilienschätzer-Verband
Poststrasse 23
9001 St. Gallen
Tel. 071 223 19 19
www.siv.ch
Liste akkreditierter Schätzerinnen und Schätzer

Schweizerischer Anwaltsverband
Marktgasse 4
3001 Bern
Tel. 031 313 06 06
www.sav-fsa.ch
Führt Listen der Mitglieder mit Spezialisierung

Schweizerischer Baumeisterverband
Weinbergstrasse 49
8042 Zürich
Tel. 058 360 76 00
www.baumeister.ch

Schweizerischer Ingenieur- und Architektenverein (SIA)
Selnaustrasse 16
Postfach
8027 Zürich
Tel. 044 283 15 15
www.sia.ch
Setzt sich für die Entwicklung der Technik, der Baukultur und der Umweltgestaltung ein; führt SIA-Regelwerk; bietet Muster für Architektenverträge an

Schweizerischer Notarenverband
Schwanengasse 5/7
3011 Bern
Tel. 031 326 51 90
www.schweizernotare.ch

Schweizerischer Verband der Immobilienwirtschaft (SVIT)
Giessereistrasse 18
8005 Zürich
Tel. 044 434 78 88
www.svit.ch
Fachverband der Immobilienfirmen und Berufsverband der Immobilienfachleute

Schweizer Stockwerkeigentümerverband
Mettmenriedt-Weg 5
8606 Greifensee
Tel. 043 244 56 40
www.stockwerk.ch
Plattform der Stockwerkeigentümer

Wohnbaugenossenschaften Schweiz (WBG)
Bucheggstrasse 109
8042 Zürich
Tel. 044 360 28 40
www.wbg-schweiz.ch
Dachorganisation der gemeinnützigen Wohnbaugenossenschaften

Wohnen Schweiz
Verband der Baugenossenschaften
Obergrundstrasse 70
6002 Luzern
Tel. 041 310 00 50
www.wohnen-schweiz.ch
Dachverband der gemeinnützigen Wohnbaugenossenschaftent

WWF Schweiz
Hohlstrasse 110
8010 Zürich
Tel. 044 297 21 21
www.wwf.ch
Umweltorganisation mit starkem Engagement im Bereich Energiesparen

Beratung

Beobachter-Beratungszentrum
Das Wissen und der Rat der Expertinnen und Experten in acht Fachbereichen stehen den Mitgliedern des Beobachters im Internet und am Telefon zur Verfügung. Wer kein Abonnement der Zeitschrift oder von Guider hat, kann online oder am Telefon eines bestellen und erhält sofort Zugang zu den Dienstleistungen.

- www.guider.ch: Guider ist der digitale Berater des Beobachters mit vielen hilfreichen Antworten bei Rechtsfragen.
- Telefon: Montag bis Freitag von 9 bis 13 Uhr, Direktnummern der Fachbereiche unter www.beobachter.ch/beratung (→ Telefon-Beratung), Fachbereich Wohnen: Tel. 043 444 54 02
- Kurzberatung per E-Mail: Link zu den Fachbereichen unter: www.beobachter.ch/beratung (→ E-Mail-Beratung)
- Anwaltssuche: vertrauenswürdige Anwältinnen und Anwälte in Ihrer Region unter www.beobachter.ch/beratung (→ Anwaltssuche)

Avenergy Suisse
Spitalgasse 5
8001 Zürich
Tel. 044 218 50 10
www.avenergy.ch

Baubioswiss
Binzstrasse 23/A1
8045 Zürich
Tel. 052 212 78 83
www.baubio.ch

Dachverband Budgetberatung Schweiz
Geschäftsstelle
6000 Luzern
Tel. 079 664 09 10
www.budgetberatung.ch

Fachvereinigung Wärmepumpen
Schweiz (FWS)
Steinerstrasse 37
3006 Bern
Tel. 031 350 40 65
www.fws.ch
Beratung zum Einbau von Wärmepumpen

Hindernisfreie Architektur – die Schweizer Fachstelle
Kernstrasse 57
8004 Zürich
Tel. 044 299 97 97
www.hindernisfreie-architektur.ch
Beratung zum alters- und behindertengerechten Bauen und Wohnen

Holzenergie Schweiz
Neugasse 6
8005 Zürich
Tel. 044 250 88 11
www.holzenergie.ch

IG Altbau
Sigismühle 8
5703 Seon
Tel. 062 775 39 35
www.igaltbau.ch
Informationen, Praxisbeispiele und Handwerkerverzeichnis zur Sanierung von Altbauten

IG Passivhaus Schweiz
Lussistrasse 7
8536 Hüttwilen
Tel. 052 740 01 48
www.ig-passivhaus.ch
Informationen zu Gebäuden mit Passivhausstandard (Minergie-P)

Kammer Unabhängiger
Bauherrenberater (KUB)
Brunaustrasse 39
8002 Zürich
Tel. 044 521 02 07
www.kub.ch
Unterstützt Bauherren in Fragen der Machbarkeit und der Umsetzung von Bauarbeiten

Minergie Schweiz
Bäumleingasse 22
4051 Basel
Tel. 061 205 25 50
www.minergie.ch
Informationen rund ums Thema Minergie

Pink Cross
Monbijoustrasse 73
Postfach
3001 Bern
Tel. 031 372 33 00
www.pinkcross.ch
Unterstützt gleichgeschlechtliche Paare in Rechtsfragen (Wohneigentum, Steuerfragen etc.)

Schuldenberatung Schweiz
Dachverband der Schuldenberatungsstellen
www.schulden.ch
Adressen der kantonalen Beratungsstellen auf der Website

Swissolar – Schweizerischer Fachverband
für Sonnenenergie
Neugasse 6
8005 Zürich
Tel. 044 250 88 33
www.swissolar.ch

Verband der Schweizerischen
Gasindustrie (VSG)
Grütlistrasse 44
Postfach
8027 Zürich
Tel. 044 288 31 31
www.gazenergie.ch

Finanzielles

Avobis Group AG
Brandschenkestrasse 38
8001 Zürich
Tel. 058 958 90 00
www.avobis.ch
Suche nach preiswerten Hypotheken

Fahrländer Partner AG
Raumentwicklung
Seebahnstrasse 89
8003 Zürich
Tel. 044 466 70 00
www.fpre.ch
Hedonische Bewertung von Liegenschaften

HypoPlus AG
Stockerstrasse 38
8002 Zürich
Tel. 044 500 71 61
www.hypoplus.ch
Suche nach preiswerten Hypotheken

IAZI AG
Informations- und Ausbildungs-
zentrum für Immobilien
Tramstrasse 10
8050 Zürich
Tel. 043 501 06 00
www.iazicifi.ch
Hedonische Bewertung von Liegenschaften

MoneyPark AG
Churerstrasse 54
8808 Pfäffikon
Tel. 044 200 75 97
www.moneypark,ch
Suche nach preiswerten Hypotheken

VermögensPartner AG
Oberer Graben 2
8400 Winterthur
Tel. 052 224 43 43
www.vermögens-partner.ch
Finanz- und Hypothekarberatung

VZ VermögensZentrum
Gotthardstrasse 6
8002 Zürich
Tel. 044 207 27 27
www.vermoegenszentrum.ch
Unabhängiges Finanzdienstleistungs-
unternehmen; Hypothekarzinsvergleich

Wüest Partner AG
Bleicherweg 5
8001 Zürich
Tel. 044 289 90 00
www.wuestpartner.com
Hedonische Bewertung von Liegenschaften

Weiterführende Links

www.baubio.ch
Baubioswiss, Fachverein für gesundes Bauen, Wohnen und Arbeiten

www.baudokumentation.ch
Informationsplattform für Bauprodukte, Architekturprojekte und Expertenprofile

www.bauen.ch
Ratgeberportal rund ums Planen, Bauen und Wohnen

www.bauen.com
Deutsches Bauherrenportal, sehr reichhaltig

www.bauexperte.ch
(→ Download)
Checkliste für Bauherren zur Bauabnahme

www.bauteilclick.ch
Liste aller Bauteilbörsen der Schweiz

www.bauteilkatalog.ch
Ökologische Informationen zu einzelnen Bauteilen

www.comparis.ch
Internet-Vergleichsdienst; neutraler Kostenvergleich von Hypotheken und Versicherungen

www.coutalides.ch
Auf Wohnschadstoffe spezialisierte Firma

www.dasgebaeudeprogramm.ch
Informationen zur finanziellen Unterstützung energetischer Sanierungen durch Bund und Kantone; mit den Kontaktadressen in allen Kantonen und mit Gesuchsformularen

www.energie-experten.ch/energiefranken
Infotool zu den an Ihrem Ort erhältlichen Fördergeldern für energetische Sanierung

www.energybox.ch
Informationen zu Stromsparpotenzialen

www.evalo.ch
Praktisches Tool zur Ermittlung des Potenzials einer energetischen Sanierung

www.footprint.ch
Onlinetest des WWF zur eigenen Umweltbilanz

www.forum-asbest.ch
Führt eine Liste der Labors, die sich mit Altlasten (Asbest) beschäftigen

www.fsc-schweiz.ch
Informationen zum FSC-Label

www.geak.ch
Informationen zum Gebäudeenergieausweis der Kantone

www.fagewo.ch
www.gesundes-haus.ch
Infos zum gesunden Bauen und Wohnen

www.hausinfo.ch
Infoportal für Wohneigentümer

haus-planen.ch
Artikel zu den einzelnen Schritten einer Hausplanung

www.heatbox.ch
Contracting für Heizungsanlagen

www.holzbaubuero.ch
Beratung rund um vorgefertigte Holzbauten

www.labelinfo.ch
Informationen zu allen Ökolabels

www.lignum.ch
Informationen zum Bauen mit Holz

www.modulart.ch
Plattform mit Informationen zu ganz oder teilweise vorgefertigten Bauten

mynewenergy.ch
Tool für Berechnungen und Vergleiche rund um Ökostrom

www.natureplus.org
Label für ökologische Baustoffe

www.probewohnen.ch
Möglichkeit zum Probewohnen in Bauten nach Standard Minergie-P

www.raumlufthygiene.ch
Auf Wohnschadstoffe spezialisierte Firma

www.renovero.ch
Internet-Marktplatz, auf dem Auftraggeber ihre Aufträge beschreiben können und von interessierten Handwerkern Offerten erhalten

roethlisbergers-baublog.com
Blog eines Baufachmanns mit interessanten Informationen zu Honoraren, Verträgen und weiteren Themen aus der Bauwelt

www.s-cert.ch
Schweizerische Zertifizierungsstelle für Bauprodukte

www.topten.ch
Übersicht über sparsame Haushaltgeräte

www.wohnbaugenossenschaft-gruenden.ch
Ausführliche Anleitung zur Gründung einer Wohnbaugenossenschaft

www.wwf.ch/heizen
Informationen zum sparsamen Heizen und zur Ökologie von Heizsystemen

www.zbgr.ch
Onlineverzeichnis der Schweizer Grundbuchämter mit Suchfunktion

Architektensuche online
www.bsa-fas.ch
www.sia.ch/referenzen
www.swiss-architects.com
vsi-asai.ch

Immobilienanzeigen online
www.alle-immobilien.ch
www.anzeiger.ch
www.immoscout24.ch
www.homegate.ch
Siehe auch Websites der Kantonalbanken

Literatur

Beobachter-Ratgeber

Birrer, Mathias: **Nachbarschaft – Was gilt im Konfliktfall?** Rechtliche Informationen und Tipps für einvernehmliche Lösungen. Beobachter-Edition, Zürich 2017

Birrer, Mathias: **Stockwerkeigentum.** Kauf, Finanzierung, Regelungen der Eigentümergemeinschaft. 7. Auflage, Beobachter-Edition, Zürich 2016

Richle, Thomas; Weigele, Marcel: **Vorsorgen, aber sicher!** So planen Sie Ihre Finanzen fürs Alter. 4. Auflage, Beobachter-Edition, Zürich 2018

Studer, Benno: **Testament, Erbschaft.** Wie Sie klare und faire Verhältnisse schaffen. 17. Auflage, Beobachter-Edition, Zürich 2017

Von Flüe, Karin: **Eherecht.** Was wir beim Heiraten wissen müssen. 11. Auflage, Beobacher-Edition, Zürich, 2015

Von Flüe, Karin: **Paare ohne Trauschein.** Was sie beim Zusammenleben regeln müssen. 9. Auflage, Beobachter-Edition, Zürich 2019

Westermann, Reto; Meyer, Üsé: **Das Eigenheim verkaufen, vererben oder vermieten.** Verkaufswert ermitteln, Käufer finden, Weitergabe regeln, Steuern sparen. 2. Auflage, Beobachter-Edition, Zürich 2019

Weitere Bücher

Blaich, Jürgen: **Bauschäden.** Expertisen schaffen Klarheit. Faktor Verlag, Zürich 2014

Coutalides, Reto: **Innenraumklima.** Wege zu gesunden Bauten. 3. Auflage, Werd Verlag, Zürich 2015

Diverse Autoren: **Minergie.** Faktor Verlag, Zürich 2018

Diverse Autoren: **Zero – Konzepte für Null- und Plusenergiehäuser.** Faktor Verlag, Zürich 2013

Frey, Carina: **Clever umbauen.** Komfortabel in die besten Jahre (E-Book). Verbraucherzentrale NRW 2019

Hodgson, Roy: **Gartendesign – Gartengestaltung.** Callwey Verlag, München 2015

Kunzmann, Michael; Nestic, Cornelia: **Hypotheken.** VZ VermögensZentrum, Zürich 2018

Ragonesi, M.; Menti, U.-P.; Tschui, A.; Zurfluh, B.: **Minergie-P.** Das Haus der 2000-Watt-Gesellschaft. 3. Auflage, Faktor Verlag, Zürich 2010

Rötzel, Adolf: **Schadstoffe am Bau.** Fraunhofer IRB Verlag, Freiburg 2009

Schweizerischer Ingenieur- und Architektenverein: **Planen und Bauen.** Ein Vademecum des SIA für künftige Bauherren. SIA, Zürich 2003

Spörrle, Mark; Sabeth Ohl, Kathrin: **Normal ist das dicht!** Hilfe, Handwerker – ein Überlebensführer (satirischer Ratgeber). Verlag Herder, Freiburg 2009

Umweltbundesamt, Berlin (D): **Leitfaden zur Vorbeugung, Erfassung und Sanierung von Schimmelbefall in Gebäuden.** 2017
Download: www.umweltbundesamt.de
(→ Publikationen)

Bundesamt für Energie, Bern
- Denkmal und Energie – Historische Bausubstanz und zeitgemässer Energieverbrauch im Einklang
- Die beste Heizung für Ihr Haus
- Kosten und Nutzen – Wärmeschutz bei Wohnbauten
- Neubauten mit tiefem Energieverbrauch
- Pelletfeuerungen in Einfamilienhäusern

Download unter www.energieschweiz.ch
(→ Publikationen)

Verein Minergie, Basel
- Minergie – Wohnen im Minergie-Haus: Tipps für Bewohnerinnen und Bewohner
- Minergie – Der Schweizer Standard für Komfort, Effizienz und Werterhalt
- Baustandard Minergie – Der Standard für Komfort und Energieeffizienz
- Baustandard Minergie-P – Niedrigstenergie-Bauten für höchste Ansprüche
- Baustandard Minergie-A – Energetisch unabhängig, höchste Qualität und Komfort
- Minergie Eco – Der Zusatz für Gesundheit und nachhaltige Bauweise
- Minergie Systemerneuerung – Die Lösung für eine einfache energetische Erneuerung

Download unter www.minergie.ch
(→ Publikationen)

Stichwortverzeichnis

Meine persönlichen Notizen

Ratgeber, auf die Sie sich verlassen können

Beobachter EDITION

Ausziehen – umziehen – einziehen

Zeitplan, Züglete, Reinigung – dieser umfassende Umzugsratgeber beinhaltet neben rechtlichen Informationen viele praktische Tipps, Checklisten und Formulare für den perfekt organisierten Umzug.

168 Seiten, broschiert
ISBN 978-3-03875-200-4

Nachbarschaft – Was gilt im Konfliktfall?

Nachbarschaftskonflikte – eines der am häufigsten angefragten Themen im Beratungszentrum des Beobachters. Dieser Ratgeber bietet viele hilfreiche Tipps dazu, wie Lösungen gefunden werden können, und enthält skurrile, amüsante und unfassbare Geschichten zum Leben mit Nachbarn.

208 Seiten, Klappenbroschur
ISBN 978-3-03875-030-7

Vorsorgen, aber sicher!

Wie sieht die persönliche Vorsorge aus? Was tragen Liegenschaften dazu bei und wie lassen sich steuerliche Vorteile nutzen? Wer seine Pläne verwirklichen und für einen gesicherten Ruhestand sorgen möchte, sollte dies frühzeitig angehen. Dieser Ratgeber weist den Weg.

248 Seiten, Klappenbroschur
ISBN 978-3-03875-122-9

Die E-Books des Beobachters: einfach, schnell, online. **www.beobachter.ch/ebooks**